21 世纪高职高专规划教材·市场营销系列

市场调研实务操作

杨凤荣　主　编

刘晓红　副主编

清华大学出版社
北京交通大学出版社
·北京·

<h2 style="text-align:center">内 容 简 介</h2>

　　本书以市场调查的运作过程为主线，系统地阐述了市场调查的基本原理及各种方法在实践的操作运用技巧，内容包括：市场调查综述，组织机构和人员，运作程序，调查策划，抽样设计和问卷设计，二手资料和原始资料的采集方法，调查资料处理与描述，调查资料的统计分析方法，市场调查报告的撰写等。每章前后分别附有学习目标、思考练习题，供复习巩固之用。

　　本书可作为高等职业教育财经类专业本科、专科的试用教材或教学参考书，也可作为高校大学本科、专科教材或教学参考书，还可供广大企业营销管理人员阅读。

图书在版编目（CIP）数据

市场调研实务操作/杨凤荣主编. —北京：清华大学出版社；北京交通大学出版社，2008.9（2010.9重印）

（21世纪高职高专规划教材·市场营销系列）

ISBN 978-7-81123-327-8

Ⅰ. 市… Ⅱ. 杨… Ⅲ. 市场-调查-高等学校：技术学校-教材 Ⅳ. F713.52

中国版本图书馆 CIP 数据核字（2008）第 090889 号

策划编辑：吴嫦娥
责任编辑：郭东青
出版发行：清 华 大 学 出 版 社　　邮编：100084　　电话：010-62776969
　　　　　北京交通大学出版社　　邮编：100044　　电话：010-51686414
印　刷　者：北京东光印刷厂
经　　　销：全国新华书店
开　　　本：185×230　印张：18.25　字数：420千字
版　　　次：2008 年 8 月第 1 版　2010 年 9 月第 2 次印刷
书　　　号：ISBN 978-7-81123-327-8/F·352
印　　　数：4001～7 000 册　定价：29.00 元

本书如有质量问题，请向北京交通大学出版社质监组反映。对您的意见和批评，我们表示欢迎和感谢。
投诉电话：010-51686043，51686008；传真：010-62225406；E-mail：press@bjtu.edu.cn。

出版说明

高职高专教育是我国高等教育的重要组成部分，它的根本任务是培养生产、建设、管理和服务第一线需要的德、智、体、美全面发展的高等技术应用型专业人才，所培养的学生在掌握必要的基础理论和专业知识的基础上，应重点掌握从事本专业领域实际工作的基本知识和职业技能，因而与其对应的教材也必须有自己的体系和特色。

为了适应我国高职高专教育发展及其对教学改革和教材建设的需要，在教育部的指导下，我们在全国范围内组织并成立了"21世纪高职高专教育教材研究与编审委员会"（以下简称"教材研究与编审委员会"）。"教材研究与编审委员会"的成员单位皆为教学改革成效较大、办学特色鲜明、办学实力强的高等专科学校、高等职业学校、成人高等学校及高等院校主办的二级职业技术学院，其中一些学校是国家重点建设的示范性职业技术学院。

为了保证规划教材的出版质量，"教材研究与编审委员会"在全国范围内选聘"21世纪高职高专规划教材编审委员会"（以下简称"教材编审委员会"）成员和征集教材，并要求"教材编审委员会"成员和规划教材的编著者必须是从事高职高专教学第一线的优秀教师或生产第一线的专家。"教材编审委员会"组织各专业的专家、教授对所征集的教材进行评选，对所列选教材进行审定。

目前，"教材研究与编审委员会"计划用2~3年的时间出版各类高职高专教材200种，范围覆盖计算机应用、电子电气、财会与管理、商务英语等专业的主要课程。此次规划教材全部按教育部制定的"高职高专教育基础课程教学基本要求"编写，其中部分教材是教育部《新世纪高职高专教育人才培养模式和教学内容体系改革与建设项目计划》的研究成果。此次规划教材按照突出应用性、实践性和针对性的原则编写并重组系列课程教材结构，力求反映高职高专课程和教学内容体系改革方向；反映当前教学的新内容，突出基础理论知识的应用和实践技能的培养；适应"实践的要求和岗位的需要"，不依照"学科"体系，即贴近岗位，淡化学科；在兼顾理论和实践内容的同时，避免"全"而"深"的面面俱到，基础理论以应用为目的，以必要、够用为度；尽量体现新知识、新技术、新工艺、新方法，以利于学生综合素质的形成和科学思维方式与创新能力的培养。

此外，为了使规划教材更具广泛性、科学性、先进性和代表性，我们希望全国从事高职高专教育的院校能够积极加入到"教材研究与编审委员会"中来，推荐"教材编审委员会"成员和有特色的、有创新的教材。同时，希望将教学实践中的意见与建议，及时反馈给我们，以便对已出版的教材不断修订、完善，不断提高教材质量，完善教材体系，为社会奉献更多更新的与高职高专教育配套的高质量教材。

此次所有规划教材由全国重点大学出版社——清华大学出版社与北京交通大学出版社联合出版，适合于各类高等专科学校、高等职业学校、成人高等学校及高等院校主办的二级职业技术学院使用。

21世纪高职高专教育教材研究与编审委员会

2008年5月

前　言

在市场经济条件下，企业要想在市场竞争中立于不败之地，所有经营活动必须面向市场，一切以消费者需求为中心。而市场又是动态发展和不断变化的，要准确掌握不确定的市场信息，并依据其发展规律来制定企业营销策略，企业必须对目标市场进行调查和研究，系统了解市场状况，捕捉市场各种信息，科学地预测市场未来。作为市场主体的现代企业，要想及时把握市场脉搏，搞好市场营销活动，增强企业营销管理决策和营销策划的科学性，提高企业适应市场的能力和竞争能力，谋求市场最大经济效益，必须从实际出发，重视和加强市场调查工作。

市场调查是建立在社会学、心理学、经济学、营销学、统计学、计算机科学等多个学科基础上的应用科学。随着市场经济的健全和发展，特别是在加入WTO后我国经济全面融入世界经济，企业间的竞争进一步加剧，准确、全面的市场和市场环境信息成为企业做出科学决策的基础。越来越多的企业开始重视市场调查，这也使得大批的国内专业市场调查公司日益成长和成熟起来，对市场调查这门学科的研究也日益朝着广度和深度方向发展。

高职高专是我国高等教育的重要组成部分，大力发展高职高专教育，培养大批社会急需的各类应用型专门人才，对于提高我国劳动者的素质，促进社会进步和经济建设，都将起到重要作用。本书以规范、系统、实用、创新为准则，结构清晰，内容精练，符合当前国家教育部在质量工程文件中强调的重视实践教学的精神。

我们编写这本教材时，力求能贴近高等职业教育教学实践，更好地体现出高等教育知识性与职业性相结合的特色，紧紧围绕高职高专创新人才的培养目标，坚持创新、改革的精神，体现新的课程体系、新的教学内容和教学方法，以提高学生整体素质为基础，以能力为本位，兼顾知识教育、技能教育。编者针对市场调查学科所具有的较强的实践性的特点，以及结合高职高专学生的教育和职业定位，本书既有一般理论的阐述，又有实践所需要的具体方法的介绍。为了便于阅读与学习，编写时在各章前添加了学习目标；在各章后精心设计了思考练习题，主要是测试学生对基本概念的理解；实践训练及案例分析的目的是为了培养学生的动手能力和解决问题的能力。

本书由西安财经学院从事市场研究教学的两位教师编写，杨凤荣担任主编，刘晓红担任副主编。具体编写分工为：杨凤荣编写第1章、第2章、第4章、第6章、第7章、第8章和第9章，撰写前言和自测题；刘晓红编写第3章、第5章和第10章；最后由杨凤荣审核并总纂。

　　本书在编写过程中，承蒙西安方元市场研究公司的庄元总经理为本书提供了宝贵的素材和修改意见，同时也得到西安财经学院市场营销系广大师生的热情关心和大力协助，特致谢忱。本书编写时参考了国内外多位同行的著作和文献，书中引用的部分案例和对其他同类书刊、互联网上有关内容的参考借鉴，均已在书中相应的位置或书末的参考文献中做了注释，在这里向诸位作者表示敬意和感谢。

　　市场调查还是一门年轻的学科，尚需不断地实践来丰富和发展。由于编者理论水平及实战经验尚有欠缺，书中难免会有不妥和错误之处，肯请诸位同仁及广大读者批评指正。

编　者
2008 年春于西安

目　录

第1章

市场调查综述

【学习目标】

　　通过本章的学习，理解市场调查的基本概念和方法，了解市场调查的原则、程序和内容；熟悉不同类型市场调查机构类型及职能，市场调查机构的部门设置和人员的配备要求，对市场调查形成全面、正确的认识，为本课程的学习奠定了基础。

1.1　市场营销信息系统

　　在市场经济条件下，企业各个职能部门的管理人员会遇到大量的决策问题。一类是处理日常事务的决策，主要依靠的是决策者个人的经验和判断能力；第二类决策与过去的经验几乎没有关系，管理者面临的是以前从未遇到过的情况，这类决策一般需要大量的信息作为依据，为其提供这个依据的是市场营销信息系统。另外，依靠决策者个人的经验和判断进行决策难免会受主观因素和偏见的影响，所以现代营销管理中进行决策时所需要的信息，越来越多地由市场营销信息系统提供。

1.1.1　市场营销信息

　　市场营销信息反映的是人类社会的市场经济活动，是营销活动中人与人之间传递的社会信息，是信息传递双方能共同理解的数据、文字和符号。在竞争性的市场上，无数市场营销活动参与者以买者和卖者的身份交替出现，他们既是信息的发布者，也是信息的接受者，营销信息已经渗透到社会经济生活的各个领域。

市场营销信息是企业了解市场、掌握市场供求发展趋势，了解用户、为用户提供产品和服务的重要资源，是企业进行营销决策和编制计划的基础，也是监督、调控企业营销活动的依据，一个四通八达的营销信息网络，可把各地区、各行业的营销组织连结成多结构、多层次的统一的大市场。所以，对于企业营销者来说，需要有一个市场营销信息系统来方便企业获取市场营销信息和提高企业营销决策投入的能力。

随着市场的国际化和竞争的激烈化，市场营销决策的重要性不断提高。企业界出现这样一种趋势，即管理部门对市场营销信息的需要量越来越多、质量要求越来越高，不少企业把信息当作第五项重要资源，把市场调查作为一种长期职能。另一方面，近半个世纪以来，信息技术的快速发展和应用，也为企业长期地、大范围地、低成本地收集和处理市场营销信息创造了条件。

1.1.2 建立市场营销信息系统的意义

企业的市场营销过程，实际上是一个信息处理过程。在企业的市场营销活动中，客观上存在对信息的收集、加工、储存、使用等活动。特别是在市场经济条件下，市场营销活动的内容越来越复杂，与外部环境的联系越来越广泛，企业与市场的互相依存度更高，市场竞争更激烈。企业为了在市场竞争中获胜，对市场信息的依赖性日益加强。与此同时，随着信息时代的到来，信息量激增，企业对市场信息的识别、收集、加工和应用的要求日益加大。在这种情况下，依据传统的、由各部门各自为政的、以手工为主的对市场信息进行收集、加工处理和使用的做法已远不能适应企业的需要。数量很多的信息接受者和使用者，分别从数量更多的市场信息源去收集各种市场信息，很不经济，造成社会劳动的极大浪费。同时，由于各个市场信息接受者和使用者的业务能力、认识水平、加工方法、目标要求不一样，必然造成重复、脱节，甚至不统一等问题，这与现代市场营销管理所要求的高效、快速、统一协调等原则很难符合。因此，需要建立相应的市场营销信息系统，以满足企业对信息的需要。

建立市场营销信息系统后，市场信息源与市场信息的接受者和使用者之间，由该系统作为中介，此时，由市场营销信息系统，统一对市场信息进行收集、加工处理、提供，可以大大提高信息的使用效益。

(1) 信息传递的通道大大简化，可以保证传递及时，避免混乱和失真；

(2) 可以减少加工、使用中的重复劳动，节约社会劳动；

(3) 可以避免互相之间产生矛盾和脱节等现象；

(4) 综合加工可以大大提高市场信息的使用价值，发挥其多功能、多用途的作用，提高其准确性和适用性；

(5) 有利于加速信息技术的发展，提高信息工作者的效率。

如果把市场营销信息系统作为企业中的一个专业管理信息系统，与企业中的其他专业管理信息系统一起，共同组合成统一的企业管理信息系统，会使整个企业的经营管理效率大为提高。如果进一步把企业的信息系统同社会上的有关系统耦合，联成网络，将会使企业的市场调查与预测等市场信息工作更快速、高效。企业可以及时地了解市场动态，做出反应，从而为企业的市场营销决策提供可靠的依据。

1.1.3　市场营销信息系统的构成

市场营销信息系统（Marketing Information System，MIS）是指在企业中由人、计算机和程序组成的一种相互作用的联合体。企业利用这个系统来及时地、不断地收集、挑选、分析、评估和提供适当的、及时准确的信息，以利于营销管理者对市场营销计划进行分析、改进、执行和控制。

不同的企业，市场营销信息系统的构成会有所不同，但基本框架大体相同，一般由内部报告系统、营销情报系统、营销调研系统、信息分析系统 4 个子系统构成。

市场营销信息系统大体的工作流程是：

（1）由市场营销经理或决策者确定所需信息的范围；

（2）根据需要建立企业市场营销信息系统内的各子系统，由有关子系统去收集环境及企业内部的信息，再对所得信息进行处理；

（3）由市场营销信息系统在适当时间，按所需形式，将整理好的信息送至有关决策者；

（4）市场营销经理做出的决策再作用于环境。市场营销信息系统如图 1-1 所示。

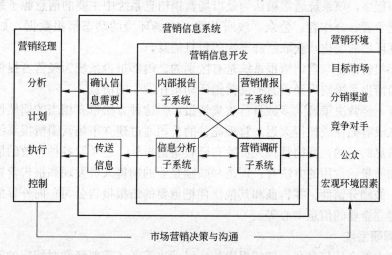

图 1-1　市场营销信息系统

1. 内部报告系统

内部报告系统又称内部会计系统或订货处理系统,是一个处理订单、销售、存货水平、应收账款、应付账款等信息的系统,是营销信息系统中最基本的系统,通过分析这些信息,企业能够发现重要的市场机会和潜在的问题。

企业内部报告系统的核心是订单——发货——账务处理循环。这类信息应能及时提供给有关经营者使用,以便帮助经营者制定各种营销政策、加强对营销活动的控制。营销信息在该系统中的传递过程如下:

(1) 企业收到客户的订货单以后,先审核其信用数据,并检查公司可以供应的存货;

(2) 将订单复印数份,分送顾客和销售部门,作为凭证;

(3) 登入发货账册和发出提货单;

(4) 到仓库提货并发运;

(5) 通知会计做账。

以上5个步骤在作业上就是订单——发货——账务处理。这些工作做得好坏对客户的服务质量、销售成本和时效都有很大的影响。内部报告系统一般有征信的作用,营销部门通过这一系统,可以分析出该订单是否值得接受和存货供应是否有问题。一项有效的顾客服务,需要营销人员随时掌握存货数量与发货日期,对于季节性的商品更是如此。

企业内部的会计系统向营销管理人员提供的是关于企业内部实际上发生了什么的数据。在此系统的运行过程中,提高销售报告的及时性至关重要。在企业间的竞争中,营销管理人员经常遇到的问题是在销售发生一段时间后才收到报告,从而致使企业坐失良机,甚至遭受惨败。

2. 营销情报系统

营销情报系统是向营销管理人员提供企业外部营销环境中各种因素发展变化情报的一整套信息来源和程序,该系统通常被认为是市场营销信息系统中主要的信息源子系统。它能够提供顾客、竞争者、合作者、公众、政府及整个市场环境的动态情报数据,如同企业的触角,密切观察环境的变化,获取新鲜事物的每日信息。

企业内部报告系统与营销情报系统是有区别的。内部报告系统为经营者提供营销结果的数据,而营销情报系统则为经营者提供营销活动正在发生的信息。

一般而言,经营决策者大多数自行收集情报,但这种方法带有相当的偶然性,一些有价值的信息可能没有抓住或抓得太迟。管理完善的公司通过建立市场营销情报系统来达到获取高质、高效信息的目的,营销管理人员除自己收集情报外,还采取各种有效的措施提高营销情报的数量和质量。常用的方法有:训练和鼓励企业的销售人员发现和报告营销环境发展变化的新情况;鼓励分销商、零售商和其他伙伴把重要的情报报告公司;向外界的情报供货商购买情报;建立企业的信息中心等。

3. 营销调研系统

除了收集内部会计信息和营销情报以外,经营决策者还需要经常对特定的问题和机会进行集中的研究,需要作一个市场调查,一个产品偏好试验,一个地区的销售预测或广告效益研究。经营者自己往往没有技能或时间去获得这一信息，需要委托调查机构来进行正式的营销调研。营销调研是指系统地设计、收集、分析和提出数据，以及提出与公司所面临的特定的营销状况有关的调查研究结果。因此，营销调研系统是指对与公司所面临的特定的营销状况有关的信息进行调查、收集、整理、分析和研究的信息系统。

4. 信息分析系统

该系统由分析市场营销数据和问题的先进技术所组成，是企业用来整理、加工、分析来自各个信息源子系统的营销数据的机构、程序和技术手段。完善的营销分析系统，通常由数据库、统计库和模型库三部分组成。

在现代市场营销观念的指引下，企业要想通过比竞争者更好地满足市场消费需求，赢得竞争优势，从而取得合理的利润，就必须从研究市场出发，对市场进行各种定性与定量的分析，预测目前和未来市场需求规模的大小。由于收集、存储、交流和分析信息的技术的进步，信息技术在营销领域的应用持续增长，市场营销信息系统为企业及时掌握必要和可靠的信息，做出正确的营销决策提供依据，其作用日益显得重要。

从市场营销信息系统的组成来看，发现市场营销信息源并从中获得所需数据，是市场营销信息系统主要的任务。而这一工作，就是市场调查。在深入调查、掌握信息的基础上，营销管理者才能认识市场的发展规律，制定向新企业、新产品投资以及营销组合策略的决策。对于现代企业来讲，要占领市场并获得预期效果，必须依赖于行之有效的经营决策，而行之有效的经营决策要以科学的市场调查为前提条件，这就必须以及时掌握市场信息、搞好市场调查为基础。

1.2　市场调查的概念和作用

1.2.1　市场调查的概念

市场调查，也叫市场营销调研、市场调研或市场研究。市场调查在我国是一门新兴的学科，由于市场经济、市场营销始终处于不断发展之中，市场调查也随之不断发展。对这一概念的理解，国内外的专家学者有不同的观点和看法。一种观点是把市场调查理解为对市场的调查研究（Market Research）。由于对市场的理解存在差异，市场调查的概念又分为狭义和广义两种。

狭义的市场调查是把市场理解为顾客的集合，认为市场调查就是研究顾客的各种需求，是以科学的方法和手段收集消费者对产品购买及其使用的有关数据、意见和要求、购买的行为和动机等，显然，这相当于对消费者及其行为研究。广义的市场调查是从整个市场的角度出发，包含了从认识市场到制定营销决策的一切有关市场营销活动的分析和研究。认为市场调查是运用科学的方法和手段收集产品从生产者转移到消费者手中的一切与市场活动有关的数据，并进行分析研究的过程。

国外较有影响的是美国市场营销学会对市场调查所下的定义，即：市场调查是一种通过信息将消费者、顾客和公众与营销者联结起来的职能。这些信息用于识别和确定营销机会及问题，产生、提炼和评估营销活动，监督营销绩效，改进人们对营销过程的理解。市场营销调查规定了解决这些问题所需的信息，设计收集信息的方法，管理并实施信息收集过程，分析结果，最后要沟通所得的结论及其意义。根据这种解释，广义的市场调查不仅包括消费者调查，还包括市场分析、销售分析、广告研究、营销环境研究等多方面的调查研究。广义的市场调查不只限于市场营销行为，而且涵盖了意识形态（如民意调查）等。事实上，目前国内外调查业的发展，已将市场调查、民意调查、行为调查、社会调查等逐步融为一体。

另一种观点是把市场调查理解为市场营销调研（Marketing Research），目前国内外越来越多的学者倾向于采用这种定义，我们亦认同这种观点。

综合国内外各种定义，我们认为：市场调查是指个人或组织针对企业特定的营销问题，采用科学的方法，全面系统地收集、整理、分析和研究与企业营销活动有关的信息数据，为企业的管理者制定和改进营销决策提供依据的全部工作过程。

1.2.2　市场调查的作用

在通过市场调查收集到相关资料以后，才能根据本企业实际状况，确定营销活动的最佳方案，做出决策。在深入调查、掌握信息的基础上，营销管理者才能认识市场的发展规律，制定向新企业、新产品投资及营销组合策略的决策。对于现代企业来讲，要占领市场并获得预期效果，必须依赖于行之有效的经营决策，而行之有效的经营决策要以科学的市场调查为前提条件，这就必须以及时掌握市场信息、搞好市场调查为基础。

1. 为企业经营决策提供依据

企业要做出正确的市场营销决策，就必须通过市场调查，及时准确地掌握市场情况，使决策建立在坚实可靠的基础之上。市场调查对于市场营销决策的重要作用，主要包括两个方面的内容。一方面，唯有通过科学的市场调查，才能减少不确定性，使市场营销决策有可靠的依据，降低企业市场营销决策的风险程度；另一方面，在市场营销决策的实施过程中，企业可以通过市场营销调研检查市场营销决策的实施情况，及时发现决策中的失误和外界条件的变化，起到反馈信息的作用，为进一步调整和修改决策方案提供新的依据。

2. 有利于企业发现市场营销机会

在市场竞争激烈的情况下，企业由于对市场信息掌握不够，从而坐失良机或销售受阻的情况比比皆是，及时地发现市场机会或问题，是企业经营管理的重要内容之一。市场营销机会与市场营销环境的变化密切相关，通过市场调查，可以使企业随时掌握市场营销环境的变化，并从中寻找到企业的市场营销机会，为企业带来新的发展机遇。不断寻找新的市场机会，如新产品、潜在市场等，是企业在市场竞争中发展、扩张的需要，出现症结则是企业实现经营目标的障碍。及时地发现并解决问题，是企业保持持续稳定经营的有力保障。

3. 有利于提高企业的市场竞争能力

现代市场的竞争实质上是信息的竞争，谁先获得了重要的信息，谁就可能在市场竞争中立于不败之地。通过市场调查摸清竞争对手占有市场的情况，做到知己知彼。因此，只有坚持不懈地进行市场调查，不断收集和反馈消费者及竞争者的信息，才能正确把握经营策略的制定和调整，从而在市场上站稳脚跟，立于不败之地。此外，通过市场调查可以对企业的综合竞争力进行评估和研究，挖掘企业最具竞争优势和发展潜力的生产经营项目，培育和创造新的市场，从而将企业的核心竞争力转化为市场竞争优势。

4. 有利于企业优化市场营销组合

根据市场调查的结果，企业可以分析现有产品被消费者认可的程度，对产品及包装的偏好，开发新产品对消费者有无吸引力；定价多高消费者可以接受，分析产品的价格策略，确定合适的定价；运用何种营销手段加强促销活动，广告宣传应侧重强调哪一个部分才能吸引更多人的注意；经销商对此种产品的看法，他是否愿意经营。因此，在企业的市场营销策略实施过程中，必须通过市场营销调查，充分掌握所没有预料到的环境条件的变化，研究环境条件的变化对企业市场营销策略的影响，并根据这些影响对企业的市场营销策略进行调整。

5. 可以充实和完善企业营销信息系统

企业营销信息系统是企业管理信息系统的一个重要的组成部分，包括外部环境、市场供求、企业产销存或购销存、财务、产品、价格、竞争、销售渠道及营销活动等诸多方面的信息。其信息来源主要是内部报告和市场调查，信息输出主要是为市场预测和营销决策等提供信息支持。把由市场调查所获得的数据存入相应的数据库文件中，以便应用程序调用。以数据库应用系统实现信息管理进而实现数据库营销是最为方便而有效的。因此，市场调查不仅可以充实和完善企业营销信息系统，而且可以为预测决策提供系统的、动态的信息服务。

1.3　市场调查的原则和范围

1.3.1　市场调查的原则

市场调查的目的是为经营管理决策提供信息支持，为了提高市场调查的效率和信息的质量，市场调查应遵循以下原则。

1. 客观性原则

市场调查必须实事求是，尊重客观事实，调查人员应以客观的态度反映实际情况，避免主观偏见。有时调查出来的结果与客户的预测不一致，甚至可能对客户不利，在这种情况下，只要整个调查过程是科学的，结果是可靠的，客户最终会接受事实，千万不可为了迎合客户而擅自修改数据。只有客观反映市场情况，才能真正发挥市场调查的作用，促进整个调查行业的规范发展和繁荣。

2. 准确性原则

市场调查工作收集到的数据、情报和信息，在经过调查人员的筛选、整理、分析以后得出调查结论，供企业决策之用。要使企业的经营活动在正确的轨道上运行，就必须要有准确的信息作为依据。因此，市场调查收集到的数据，必须真实、准确地描述客观现象的数量表现和属性特征，调查误差应尽可能小，没有系统性偏差，没有人为干扰。调查数据涉及的主体单位、时间、地点都要准确无误；数据的计量范围、计量单位要科学，要有可靠的计量依据。调查资料所描述的与调查项目有关的背景数据、主体数据和相关数据都必须真实可靠，不能虚构。

3. 全面性原则

全面性原则又称系统性原则，是指市场调查必须全面系统地搜集有关市场经济信息数据。只有这样，才能充分认识调查对象的特征，从大量的市场经济信息中认识事物发展的内在规律和发展趋势。企业的生产和经营活动既受内部也受外部因素的影响和制约，而各因素之间是相互联系、相互作用的。由于很多因素之间的变动是互为因果的，这就要求必须从多方面描述和反映调查对象本身的变化和特征，做到调查项目齐全且具有连续性，以便不断积累信息，进行系统的动态的分析和利用。

4. 时效性原则

时效性原则是指搜集、发送、接收、加工、传递和利用市场调查数据的时间间隔要短，效率要高。只有这样，才能提高市场调查数据的价值，抓住时机，使生产经营决策及时进行。如果不能充分利用有限的时间尽可能多地搜集所需的数据情报，不仅会增加费用支出，更严重的是造成经营决策的滞后，使企业生产的产品不能适销对路。所以，市场调查的时效性应表现为及时捕捉和抓住市场上任何有用的情报信息，及时分析，及时反馈，为企业在经营过程中适时地制订方案和调整决策创造条件。

5. 经济性原则

经济性原则又称节约性原则，是指市场调查应按照调查的目的要求，选择恰当的调查方法，争取用较少的费用获取更多的调查资料。为此，市场调查要进行调查项目的成本效益分析，即在调查内容不变的情况下，比较不同的调查方式的费用大小，从中选择调查费用少，又能满足调查目的和要求的调查方式方法，并制订出相应的调查方案。

6. 科学性原则

市场调查的结果是要为经营决策服务的，这就要求市场调查具备高度的科学性。科学性原则要求市场调查人员对于市场信息有着高度敏锐的感觉和较强的判断把握能力，以及对客户高度负责的精神，必须通过科学的方法获得市场信息。主要体现在两个方面：一方面，市场调查工作的态度和方法是科学的；另一方面，市场调查的结果是科学的。只有以科学的态度，运用科学的手段，才能得到科学的市场调查结论。为了在时间和经费有限的情况下，获得更多更准确的数据和信息，要求从界定调查课题、确定调查目标和内容、设计调查方案、抽样设计到数据收集、数据分析和统计处理等过程都必须严格遵循科学的程序。

需要强调的是，运用市场调查通常可以得到比投入费用高几倍价值的信息，但由于影响市场变化的因素是众多的，并具有不确定性，加之市场调查受时空范围和调查经费的约束，致使获取的信息是不完全的，因此不可避免地会有误差和疏忽。正是由于信息的不完备，再加上信息的分析、人员和处理手段上的差异，使得调查结果存在不同程度的缺陷。因此，对于市场调查的结果，既不可把它作为经营决策的唯一依据，也不可因其存在的不足而完全否定，要把它当作企业经营决策过程中的重要参考依据，因为影响决策的因素还有很多。

1.3.2　市场调查的范围

市场调查运用的方法和技术，不仅仅限于调查特定的营销问题，它的研究范围是相当广泛的，贯穿市场营销管理的整个过程，在各个环节出现的一些特定的营销问题，都可以通过市场调查的方法提供解决问题的参考。大体上，市场调查可以分为宏观市场调查和微观市场调查。宏观市场调查是以全国市场为对象，对市场总体进行的调查，它的研究内容具有高度的概括性，是总体市场上的普遍性问题。宏观市场调查，主要包括对市场总需求的调查和市场总供给的调查，在此将不做具体阐述。下面是从企业生产与经营的角度出发，重点研究企业的微观市场调查。

1. 市场营销环境调查

企业的营销环境包括微观环境和宏观环境，它们通过直接的和间接的方式给企业的营销活动带来影响和制约。微观环境包括企业内部、营销渠道、顾客、竞争者和社会公众等；宏观环境主要包括人口、经济、自然、技术、政治法律及社会文化环境等。市场营销环境调查的内容主要有三个层次。

（1）总体环境调查。主要内容包括政治环境、法律环境、人口环境、经济环境、社会文化环境、科学技术环境、自然环境及国际环境调查等。

（2）产业环境调查。重点考察所处行业或想进入行业的生产经营规模、产业状况、竞争状况、生产状况、产业布局、市场供求情况、产业政策、行业壁垒和进入障碍及行业发展前景等等。

（3）竞争环境调查。竞争环境调查是从个别企业出发思考问题，观察各家同行与特定企业的竞争状况，或者观察同行在原材料取得、产品市场占有上与其他企业的竞争情况。

2. 市场需求调查

市场需求是指一定时期的一定市场范围内有货币支付能力的消费者购买商品或服务的总量，又称为市场潜力。市场需求的大小决定着市场规模的大小，对企业投资决策、资源配置和战略研发具有直接的重要影响。市场需求调查的内容包括市场需求量、需求结构、消费动机与行为、市场需求变动影响因素等调查。

3. 市场供给调查

市场供给是指在一定时期和一定市场范围内可投放市场出售的商品总量，又称为市场可供量、市场供给潜力或商品资源。市场供给的大小，能够反映市场供应能力的大小，能否满足市场需求的需要，是决定市场供求状态的重要变量。其调查研究的主要内容包括市场供应量、供应结构、生产与供应状况和供应变动影响因素、供应变动关系等。

4. 市场销售潜力研究

市场销售潜力是指企业的某个产品品牌或某类商品在一定时间范围内能够获得的最大销售额。企业对市场销售潜力进行调查，有利于企业的经营管理决策和资源的合理分配，帮助确定产品目标和经营战略，以及在新产品评价和有效处理一系列营销决策问题上有着重要的作用。市场销售潜力研究的基本程序、内容和方法如下。

（1）市场需求潜力测定。

（2）市场占有率的确定。

（3）市场销售潜力的确定与评估。

（4）市场营销策略调查。

5. 消费者行为研究

消费者行为研究是运用各种市场调查技术和方法，对消费群体的认知、态度、动机、选择、决策、购买、使用等阶段进行系统的研究，为企业测定市场潜力、界定市场目标、制订产品研发和营销策略提供完整的消费者市场研究成果。消费者行为研究涉及的研究方向和研究内容较多，应根据研究的具体目的和要求，界定研究的方向和内容，特别要抓住购买能力、购买动机、购买行为、认知度和满意度等关键项目和要素进行调查研究。

6. 顾客满意度研究

顾客满意度研究是指通过构造顾客满意度评价指标体系，通过调查研究获取顾客对本企业产品或服务的有关评价信息，在此基础上，对顾客的满意度进行综合性评定，分析认知度、满意度、忠诚度或重购率水平的高低，剖析顾客缺憾，揭示提升顾客满意度的关键因素，为企业制定提高顾客满意度的策略，减少顾客抱怨和顾客流失，增加重购率，创造良好的口碑，以提升企业的形象。顾客满意度研究涉及定性与定量等各种调研分析方法、满意度指标体系的确立与测量、关键满意要素的优劣判定，以及针对满意水平的资源配置与产品服务策略制订，因此，顾客满意度研究是一项综合性很强的市场调查。

调查的主要内容如下。

（1）顾客满意度调查。

（2）员工满意度调查。

（3）满意度水平测定。

（4）满意度要素分析。

（5）提升满意度的策略。

7. 生活形态研究

生活形态研究是对特定的目标群体的生活形态进行连续性的追踪调查研究。内容包括对消费群体的价值观的区隔研究、不同区域消费结构形态研究、青少年时尚消费观念研究、不同收入阶层生活消费特征研究、不同经济发展阶段的生活形态变迁研究和高收入阶层投资行为研究及社会群体婚姻观念变动研究等。

8. 广告研究

广告研究由于其特定的研究内容和相对独立的研究方法，形成市场营销调研中一个独立的分支领域，它的研究内容主要包括：为广告创作而进行的广告主题和广告文案的测试；为媒体选择而进行的广告媒体调查，如电视收视率调查、广播收听率调查、期刊或报纸阅读率调查等；为评价广告效果而进行的各类消费者广告前的态度和行为调查、广告中接触效果和接受效果调查及广告后态度和行为跟踪调查等；为制定企业的广告策略而进行的消费者媒体行为和习惯的调查等。

9. 商圈研究

商圈研究是运用特定的市场调查方法，通过调查分析商业网点商圈的构成、范围和特点，以及引起商圈规模变化的因素，为商业项目可行性研究、商业网点选址或制定营销策略提供科学依据。商圈研究是现代销售店投资项目评估和经营管理的重要手段，因而受到商家的普遍重视。它可以帮助商家确定商业投资的可行性、选址和商圈范围；可以帮助商家进行商圈环境分析，评估商圈的竞争格局、市场机会和发展潜力，可以了解商圈消费群体的购买行为和市场潜力，为市场营销策略的制定提供依据。

10. 市场策略研究

市场策略研究是从企业生产经营决策或市场营销决策的角度，对特定的决策问题进行调查研究，以求获得解决问题的路径、对策和方案，又称问题解决的研究。市场策略研究的课题都是与企业的生产经营活动或市场营销策略构成要素直接相关的重大项目，主要有以下几个方面。

(1) 市场细分研究。

(2) 产品市场研究。

(3) 品牌扩张研究。

(4) 产品包装研究。

(5) 产品价格分析。

(6) 销售渠道研究。

(7) 促销活动调查。

(8) 竞争对手研究。

在美国，十种最普遍的市场调查活动是：市场特性的确认、市场潜量的衡量、市场份额的分析、销售分析、企业趋势分析、长期预测、短期预测、竞争产品研究、新产品的接受和潜量研究、价格研究。

1.4　市场调查的分类

　　市场调查方法很多，当调查目的确定之后，采用不同的调查方法会产生不同的结果。为了便于分析和研究，选择恰当的调查方法和技术，有必要将各种不同的市场调查进行系统的归纳和分类。

1.4.1　根据市场调查功能分类

　　根据市场调查功能，可以分为探索性调查、描述性调查、因果关系调查和预测性调查。

1. 探索性调查

　　探索性调查是指市场情况不十分明晰，当研究的问题或范围不明确时所采用的一种方法。为了发现问题，找出问题的症结，明确进一步深入调查的具体内容和重点而进行的非正式的调查。例如，某公司拟投资开设一家新的大型超市，首先可作探测性调查。从店址选择、需求大小、顾客流量、交通运输条件、投资额等方面初步论证其可行性。如果可行，则可作进一步的深入细致的正式调查。

　　探索性调查不如正式调查严密、科学，一般不制订详细的调查方案或调查问卷，尽量节省时间以求迅速发现问题。它主要利用现成的历史数据、业务数据和核算数据，或政府公布的统计资料和长远规划、学术机构的研究报告等现有的二手资料进行市场研究，或邀请熟悉业务活动的专家、学者、专业人员，对市场有关问题做初步的分析研究。

2. 描述性调查

　　描述性调查是指对需要调查的客观现象的有关方面进行事实资料的收集、整理和分析的正式调查。它要解决的问题是说明"是什么"，即它主要描述调查现象的各种数量表现和有关情况，为市场研究提供基础资料。

　　描述性调查的设计通常比较正规，步骤细致。要求在设计中能清楚地界定出六大要素，即 5W1H：WHAT（什么事），WHO（涉及对象），WHERE（在何处），WHEN（在何时），WHY（为什么，什么原因），HOW（怎样办，以何种方式）。用描述性调查解决诸如"是什么"的问题，它比探索性调查要更深入、更细致，通常会描述被调查者的人口统计学特征、习惯偏好和行为方式等。描述性调查假定调查者事先已对问题有许多相关的知识，并能够事先拟订正规化和结构化的调查方案，事先构建具体的假设。一般是采用大样本概率抽样调查的方法，所以，得到的结果比探索性调查更精确。

　　描述性调查与探索性调查相比，要求有详细的调查方案，要进行实地调查，掌握第一手原始资料，尽量将问题的来龙去脉、相关因素描述清楚；要求系统地搜集、记录、整理有关数据和有关情况，为进一步的市场研究提供市场信息。

3. 因果关系调查

因果关系调查又称相关性调查，是结论性调研中的一种，是指为了探索有关现象或市场变量之间的因果关系而进行的市场调查。它所回答的问题是"为什么"，其目的在于找出事物变化的原因和现象间的相互关系，找出影响事物变化的关键因素，如价格与销售量、广告与销售量的关系中，哪个因素起主导作用，就需要采用因果关系调查来检验。

因果关系研究的方法和其他研究方法不尽相同，考察因果关系时需要对有些可能影响结果的变量进行控制，这样自变量对因变量的影响才能被测量出来。研究因果关系的主要方法是实验调查。

4. 预测性调查

预测性调查是指为了预测市场供求变化趋势或企业生产经营前景而进行的具有推断性的调查。它所回答的问题是未来市场前景如何，其目的在于掌握未来市场的发展趋势，为市场管理决策和企业营销决策提供依据。

预测性调查可以充分利用描述性调查和因果关系调查的现成资料，但预测性调查要求搜集的信息要符合预测市场发展趋势的要求，既要有市场的现实信息，更要有市场未来发展变化的信息。

以上 4 种调查的研究设计并不是绝对相互独立进行的，调查目的不同，调查的方法也不同。一般说来目前大多数市场调查中往往会采用两种以上的调查方法收集信息。如何将不同类型的方法相结合则取决于被调查问题的性质。选择调查方法的原则如下。

（1）如果对调查问题的情况几乎一无所知，就要从探索性调查开始。

（2）在大多数情况下，探索性调查只是整个调查框架中最初的一步，还应继续进行描述性调查或因果关系调查。

（3）并不是所有的方案设计都要从探索性调查开始，这取决于调查者对调查问题定义的准确程度，依据调查者对处理问题途径的掌握程度。

一般地，探索性调查和描述性调查经常被使用，而因果关系调查和预测性调查则不太常用。

1.4.2 按市场调查作用分类

按市场调查的作用不同可分为定性调查和定量调查。

1. 定性调查

这是指对不能量化的事物运用心理学知识、逻辑判断和推理，对被访问者进行某一方面的深入了解。其作用在于对问题的定位提供背景知识；提供处理问题的思路并借以制订假设；确定定量调查中的变量等。

定性调查研究中常用的市场调查方法有深度访谈法、小组（焦点）访谈法和投射法。

2. 定量调查

这是指从数量特征入手，运用某些数据处理技术，研究事物的特征及发展的规律。其主要作用在于运用给定的假设和变量，进行数据收集、整理和分析，从而提供量化的结论。定量调查中常用的市场调查方法有问卷调查法、观察调查法和实验调查法。

1.4.3 根据市场调查资料来源分类

根据市场调查资料来源可分为二手资料调查和一手资料调查。

1. 二手资料调查

文案调查，又称案头调研或二手资料分析，是市场研究人员对现成的资料、报告、文章等信息数据进行收集、分析、研究和利用的一种市场调研方法，经常用于探索性的研究阶段。

2. 一手资料调查

一手资料收集又称原始资料调查或实地调查，是为了特定的研究目的，调查员依照调查方案直接向被访者收集第一手的信息数据。实地调查的方法又可以具体分为访问法、观察法和实验法。

1）访问法

调查员利用事先拟定的调查提纲或问卷，直接向被访者询问的一种调查方法。由于访问法能够收集到广泛的信息数据，因而在市场调查中最为常用。访问法又可分为问卷调查法、深度访谈法、小组座谈法和投射法。其中问卷调查法又分为面访法（入户、拦截）、电话访问法（传统电话、计算机辅助电话）、邮寄法、留置法（面送、固定）等。投射法也叫投影技法，它通过设置某种刺激物让被访者解释他人的行为，从而将其自己所关心的问题的潜在动机、态度或情感间接投射出来。这是一种无结构的、非直接的调查方式。

2）观察法

观察法是调查者在现场对被调查者的情况直接进行观察、记录，以取得市场信息数据的一种调查方法。

3）实验法

实验法是研究人员通过设计一定的实验条件，将调查项置于实验环境中收集信息的一种方法，这种方法主要用于因果关系研究调查。

1.5 市场调查的组织机构

市场调查通常是一种组织行为，必须由一定形式的组织机构来运作。市场调查机构是指专门或主要从事市场调查活动的单位或部门，是一种服务性的组织机构。专门从事市场调查活动的单位，称为专业市场调查机构。企业调查机构是指企业或公司内部设立的主要从事市场调查活动的部门，也称为非独立性市场调查机构。我国的绝大多数企业主要是委托专业的市场调查公司来开展市场调查活动，目前市场调查行业的主流是专业市场调查公司。

1.5.1　市场调查机构的类型

1. 非专业市场调查机构

非专业市场调查机构一般是指企业或公司所属的调查部门，在国外许多企业尤其是大公司，如美国的 P&G 公司、福特汽车公司、可口可乐公司，都有自己的市场调查部门。目前我国许多大中型企业或公司如海尔公司等，也设有类似部门，称为市场调查部或市场研究室，专门地、全面地负责企业各项市场调查任务。也有的企业让某个职能部门在主要职责外兼管全部或承担部分企业市场调查任务，较多集中于市场部、企划部、公关部、广告部、销售部等职能部门，并且配备数量不等的专兼职市场调查人员。

企业调查机构的职能比较有限，很少直接从事第一手资料的调查研究。主要职责是搜集第二手商业情报资料，与专业化的调查公司联络，建议企业进行某些适当的市场调查。当企业需要进行第一手资料的调查时，他们要为企业选择合适的专业化调查公司，协助策划与确认市场调查方案，同时参与、监督、审查受托方的调查工作。

2. 专业市场调查机构

专业市场调查机构也称独立性市场调查机构，它是企业之外接受各方委托从事市场调查的主体，是进行市场调查的独立组织。不管是政府机构，还是商业性组织，对专业化市场调查公司所提供的数据资料的依赖性都越来越强。其主要类型为以下三种。

1) 完全服务公司

完全服务公司有能力完成其委托人所要求的全部市场调查工作，能够自己找出问题，进行调查设计，收集和分析数据，并且完成最后的报告。显然，这些公司有必需的人才和设备来完成整个任务。

(1) 综合性市场调查公司。这是专业市场调查机构中数量最多的类型，它是专门从事市场调查事务的机构，专营市场调查业务，提供综合的服务，具有较强的市场调查能力，服务意识强，调查策划能力强，有专门的调查队伍或调查网络体系，市场调查的专业化程度高，能够承担企业委托的各类市场调查项目，调查项目的质量能得到有效的控制。

从业务范围考察，可分为综合性公司和专业性公司，其中前者调查的领域涉及面较广，它可承担多种类型不同行业各个层次的调查任务，而后者一般比较熟悉少数行业或领域的知识，它长于承担涉及相关行业或领域的调查任务。从规模方面分析，它有大中小的区别；一般来说，大型市场调查公司专职人员拥有量在百名上下，而中小型市场调查公司往往只有数十名专职人员。从主办者角度看，它主要包括中外合资调查公司、政府部门或研究机构设立的调查公司、民营调查公司等几种。

这类公司在接受委托后，必须针对客户所提出的调查原则要求，制定调查方案，然后根据客户确认的调查方案实施调查并汇总调查结果，提出调查报告。一般从研究方案、问卷设计、抽样技术、现场实施、数据分析到研究报告的所有市场调查环节都能独立进行设计操作，并能熟练运用入户调查、街头拦截、开调查会、个案访谈、电话调查、网上调查等各种方式收集资料。如美国的 A·C·尼尔森市场调查公司、盖洛普市场调查公司、我国的华南市场研究有限公司、北京的零点调查公司、上海大正市场调查公司和香港市场研究社（SRH）等均属于这种类型。也有称这些公司为标准服务公司的，他们能提供全套的综合的服务，同时该公司的报告和数据只提供给唯一的委托客户，但提供的服务式样是标准化的。

（2）广告研究公司。科学化的广告活动策划都是在市场调查的基础上进行的，稍有规模的广告公司一般都设有调查部门，主要任务是经营广告业务，接受客户市场调查的委托，但此业务多数与广告活动有关。就我国当前情况来看，广告公司的调查部门主要承担的是广告制作前期调查和广告效果调查两大调查任务。须指出的是，广告公司的调查部门在进行市场调查时主要执行的是方案策划与研究报告撰写，至于现场调查特别是量化调查的现场操作环节一般均由其他市场调查公司配合完成。

（3）辛迪加信息服务公司。辛迪加是 Syndicate 的译音，其原来的意思是报业的联合组织，有新闻可以在各报同时发表。辛迪加服务就是定期地收集各种各样的数据和信息，一般都整理成数据集以刊物的形式提供给订户，现在主要是提供软盘。他们收集一般的资料（主要提供受众的媒体资料和零售资料），但不是专门为某个客户服务的，任何人都可以购买他们的资料。这类公司数量少，但规模大，有大量的客户作为公司所提供数据的订户。美国营业额排名在前面的调查公司如 A·C·尼尔森等，向订户提供有关全美电视收视率的数据，美国的电视台、电台、广告公司及许多企业几乎都是尼尔森数据的固定订户。我国台湾地区的润利事业有限公司、内地的央视调查咨询中心下属的央视—索福瑞媒介研究公司也都属于辛迪加服务公司。

（4）管理咨询公司。这类公司一般由资历较深的专家、学者和有丰富实践经验的人员组成，主要为委托企业提供管理咨询服务，充当企业顾问和参谋的角色。服务的内容包括企业诊断性调查、专项调查研究、项目的可行性分析和经营策略研究等。这类公司的主要任务是为企业的生产与经营活动提供技术方面、管理方面的咨询服务。咨询公司在咨询业务活动中，很多方面需要进行市场调查，调查结果是咨询目标分析与建议提出的重要依据。咨询公司一般由专家、学者和富有实践经验的人员组成，其中前者侧重于咨询的前期设计及最终研究报告的撰写，后者侧重涉及咨询目标的具体调查工作。

2）有限服务公司

有限服务公司专门从事某个方面或某几个方面的调查工作，主要是为其他市场调查公司提供各种辅助性服务。如提供抽样样本、现场服务、市场细分、数据输入服务和统计分析等专业性强、技术含量高的服务项目。可以预期，随着整个市场调查行业的发展，分工日趋精细，这类公司在我国将有很好的发展前景。

（1）现场服务公司。有的市场调查公司由于规模小，考虑到自己进行现场工作经济上不划算，就把这一块业务再委托给现场服务公司。现场服务公司除了现场收集资料外不做其他任何业务，既不进行上游的调查方案设计，也不从事下游的数据分析，仅对现场质量控制拥有丰富经验，可进行专门的拦截访问、电话访问、深度小组讨论、邮寄调查或入户调查。对现场服务也可以进一步分类，比如，有的公司专门进行个人访问，有的专门进行邮寄调查，有些公司被称作"电话信息库"，专门进行电话访问。有的调查公司提供场外督导管理、案情摘要和现场审计。有的调查中心开展对消费者的售点拦截访问。快速调查公司提供经过培训的人员对行人进行拦截访问。

（2）市场细分专业公司。这类公司对所从事的行业都有较深入的了解，主要业务是对特定的调查对象进行数据收集，如小孩、少年、青年或位于特定区域的人们。有些营销调查公司针对某个特定的行业人员进行调查，如专门对非营利机构进行调查。

（3）数据输入服务公司。计算机使得调查人员能够在访问的同时将数据输入分析软件，从而极大地提高了效率。

这类公司专门编辑已完成的问卷，进行编码和数据输入，提供高质量的软件系统和数据输入服务。

（4）调查样本公司和科学电话样本公司。这类公司是专门从事样本设计及分发的公司，该公司有自己的调查部。一个拥有全国样本的公司可以自己进行电话调查，从而节约时间。综合系统样本公司也是一家样本设计和分发公司，它列出各种家庭及不同行业的样本、行政区样本和用于选择非正规样本的程序。

（5）专门进行数据分析的公司。这类公司在调查过程中为数据分析和解释提供技术帮助，拥有专门的高级分析人才和先进的分析软件，采用复杂的数据分析技术，如多元回归分析、因子分析、聚类分析、列联分析等。

3）其他专业机构

随着我国市场经济的运行，各级各省市的调查机构都应运而生，如政府信息统计部门、高校调查研究中心、科研单位的研究中心等。这些机构一般都不是商业性的经营机构，除为政府决策部门提供各种资料外，有时也向企业或投资者提供有偿的市场调查或咨询服务。

1.5.2 专业市场调查机构的职能

专业市场调查机构的核心职能是服务,具体来讲,它的职能如下。

1. 承接市场调查项目

专业市场调查机构拥有管理学、经济学、心理学、统计学、社会学、营销学、广告学、计算机科学等学科的专业人才,拥有具有一定社会交往与应变能力的协调人员,还拥有一批训练有素的专职与兼职操作人员。在较为长期的市场调研实践活动中,它积累了丰富的经验,完全有能力承接来自社会各方的委托,并按相应的研究要求,展开市场调研活动。一般而言,大多专业市场调查机构能够承担的市场调查业务范围较广,研究领域较宽。

2. 提供市场咨询

专业市场调查机构在日常经营业务活动中积累了相当数量的研究结果,它们涉及到不同的研究类型和研究领域。正是凭借这一专业优势,再结合宏观经济形势、政府政策倾向等,可以为社会和企业提供诸如产品投放、营销网络、促销手段、实施与控制等市场营销体系方面的各类咨询服务,从而为企业科学决策与经营管理提供依据。

3. 提供市场资料

专业市场调查机构一般拥有稳定、高效的信息网络,订有各种专业报纸杂志,定期采购各种统计年鉴、行业名录等信息工具书籍,加之日常市场调研的成果积累,所以它们掌握着大量的经过归类整理的比较有时效性的现成资料与信息,这些现成资料与信息就成为它们为社会和企业服务的重要资源。

4. 管理培训

专业市场调查机构除自身拥有一定的专门人才外,一般都聘请部分专家学者、企业中高层主管为顾问,凭借这一优势,可以开展有关企业战略、市场营销、人力资源管理、商务沟通领域的新知识、新政策、新经验等方面的专项培训,从而为提高企业经营管理人员的水平服务。

1.5.3 当前中国市场调查行业的类型及特点

1. 市场调查行业的类型

我国目前有三类市场调查公司,即外资调查公司、有政府背景的国有调查公司及民营调查公司,它们在规模、市场定位、营销手段等方面都有很大差异。

(1)外资调查公司。如 A·C·尼尔森、盖洛普、SRG 等,外资调查公司进入中国是基于大型跨国公司对国内市场的调查需求及庞大的市场潜力,这类公司前期投入多、规模大、办公环境优越。优势为:①项目质量水平高,操作的规范性较强,各部门分工明确;②业务量较为稳定,重要客户来自海外,国内客户群小。③研究人员素质较高,调查方面的培训能力很强。劣势为:①调查项目的报价很高,超出国内客户的承受能力;②高级管理人员流失现象严重。③对于较为特殊、针对性强的地域性项目优势不明显。

（2）有政府背景的国有调查公司。国家统计局及各省的统计局都设有调查公司，如华通现代等。这类公司的优势是：①能发挥其城市调查队、农村调查队的网络优势，项目成本很低；②拥有政府信息资源，容易获得很多行业背景数据；③依靠其成本低和行业数据的优势，信息咨询业务有较广泛客户群。劣势是：①个人工作绩效与回报得不到保障；②市场压力不明显，项目针对性较差；③受政府部门管理，缺乏独立性；④实地调查数据误差较大。

目前，很多国有调查公司已与外资公司合资。如国家统计局下属的华通现代已与美国的Market Fact 合资，中央电视台下属的央视已与法国最大的收视率调查公司合资。它们将外资的管理、技术与政府部门的行业优势、数据资源结合起来，在专业调查项目上具有很强的行业优势，如央视－索福瑞的收视率调查等。

（3）民营专业调查公司，即以市场调查为主要业务，不从事其他经营活动，此类调查公司大多是股份制，投资人和经营人一体化。此类公司数量最多，规模较小。优势在于：①市场营销能力较强，对客户的反应迅速，服务意识较强；②采用项目主任负责制，有利于最大限度地激发个人的积极性和责任心；③能够满足客户的特别需要，获得信息的手段较灵活；④报价方面具有较强的竞争力。劣势在于：①执行多城市项目时竞争力较差；②人员流失现象严重，严重影响项目质量；③市场开拓的难度较大。

尽管三种类型的市场调查公司各具特色，但作为专业调查公司，它们之间的共同点是：首先，都着眼于长期发展，在项目质量上比较负责任，客户群相对固定。其次，三类调查公司在决定调查结果准确性的实地工作中差异不大，各公司访员素质差异不明显；第三，项目区域性较强。第四，资产重组基本在行业内部发生。由于客户对市场调查的需求量尚难以吸引外来资金注入到调查行业，故短期内调查行业三方并存的局面不会被打破。

外资调查咨询虽然在很多方面比本土公司有强大的优势，但他们在中国许多咨询失败的案例也充分说明他们对本土市场缺乏了解或只流连于表象的变化，还不太适合中国国情。但我们不能低估国外一流调查咨询公司在中国的价值，正是他们为中国企业带来了最新的经营理念，以及国际知名公司的运作经验和管理方法。国内大部分企业管理的底子很薄，迫切需要管理咨询公司和他们一起就某方面的问题进行实施式的咨询。在此情势下，本土市场调查公司应该抓住机遇，不断发展壮大，才能增强竞争的实力。

2. 市场调查行业的特点

国内市场调查业的发展与跨国公司在我国市场上展开的行动紧密相关。一方面，在包装消费品市场上，如宝洁、联华等公司对消费者意见的高度关注为市场调查公司的出现奠定了市场需求的基础。另一方面，伴随着进入我国的国际调查集团，如盖洛普、SRG 等相继在国内设立了分支机构。从行业发展的角度分析，中国调查行业有三个特点。

1）启动资金要求低

注册一个市场调查公司只需 10 万元人民币，项目运作的硬件设施主要是计算机、打印机、传真等必备办公设备，如不考虑项目支出，日常的运营费用只有房租和人员工资两大块。

2）市场进入的技术障碍较高

市场调查公司属于智力密集型企业，一个典型的入户调查项目，就包括抽样、问卷设计、访员培训、实地督导、复核、编码录入、统计分析、报告撰写等多个专业性较强的环节。没有专业知识，即使有再多的资本也难以进入该行业。

3）市场相对有限

当前国内企业对市场调查的需求比较小，而有需求的企业一般已有较满意的合作伙伴。调查公司内部的高层管理人员另立门户的现象则非常普遍，并已成为新生调查公司的主要来源。对于调查公司而言，是否能在有限的市场中开拓是其生存的第一条件。

1.5.4　调查人员的选择与培训

专业市场调查机构由调查公司的负责人和各职能部门或人员组成，包括总经理室、客户服务部、研究开发部、调查部、统计部、资料室、财务部等。一个调查团队应该由各方面的专业人员组成，具体应该包括项目主管、实施主管、调查督导和调查员。

1. 调查员的选择

在市场定量调查研究过程中组织起来的一定数量的承担现场调查工作的人员，即实施调查的人被称为调查员或访问员。在市场调查过程中，资料采集的工作一般是由调查员完成的。调查员本身的条件、素质、责任心等都在很大程度上制约着项目的质量，影响着调查结果的准确性和客观性。调查员应具备以下几方面的基本素质。

（1）要有良好的文字理解能力和交流沟通能力。调查员需要借助调查问卷获取被调查者的信息，因此，调查员需要理解问卷中的提问，以便正确引导被调查者填写问卷。同时，调查者需要善于与人沟通，能够让陌生人在很短的时间里与自己缩短距离，产生信任，很好地获取调查信息。

（2）要有良好的职业道德水平。市场调查是一项重要而又艰巨的工作，调查人员要接触社会的各个方面，工作量大，又繁杂琐碎，带有明显的服务性，并且独立工作的可能性较大，这就要求调查人员有强烈的事业心和责任感。

（3）要有优秀品质及谦虚和善的态度。在进行市场调查的过程中，调查员可能要面对各种挫折，经受各种拒绝、猜测、冷嘲热讽，只有拥有良好的信心和耐心才能坚持下去。调查员在进行调查时要完整地填写问卷，避免错答漏答，要能够捕捉到被调查者的潜台词，这都需要调查员足够细心。

2. 调查员的培训

调查员的培训是各类市场调查中必要的一环，培训的质量还直接关系到操作实施人员的调查访问成效，并与调查结果的公正性及其可利用价值关系重大。

1）培训的基本内容

（1）职业道德教育。主要包括：调查员要利用合法的手段，以严谨的态度去采集市场信息，要坚决杜绝弄虚作假和舞弊行为，以健康和积极的心态面对调查工作，同时要为被调查者和客户保密。

（2）行为规范。主要是指按调查项目的要求，规范其行为。例如，严格按照项目要求确定被调查者，在需要使用随机表确定被调查者时，不要轻易受周围环境（如被调查者的推托）的影响；严格按照规范要求进行操作，包括提问、记录答案、使用卡片等；调查中保持中立的态度，不能加入自己的观点和意见来影响被调查者。

（3）调查技巧的培训。在培训中不仅要告诉调查员怎么做，同时要向其解释为什么要这么做，以及不这样做可能带来的后果。

2）项目培训

项目培训是针对所有调查员进行的，其目的在于让调查员了解项目的有关要求和标准做法，使所有调查员都能以统一的口径和标准的做法进行调查。同时进一步明确调查纪律和操作规范。项目培训的内容通常包括以下三点。

（1）行业背景介绍。市场调查项目会涉及不同的行业，每个行业都有不同的情况和专业知识，而调查员对此未必全都有基本的了解。适当介绍一些行业背景和与调查内容有关的专业知识，有助于调查员理解所调查问题的含义，更好地与被调查者沟通。

（2）讲解问卷内容及抽样方法。向调查员解释问卷中的每一个问题的含义，以及问题之间的逻辑关系。在问卷讲解中，特别注意对复杂题项的分析，分析一般的情况、可能出现的特殊情况，以及处理特殊情况时所应掌握的原则；向调查员介绍抽样方法，因为作为直接操作层的调查员，一定要对样本和总体之间的关系有清楚的认识，保证调查的随机性。如果有抽样的原则和样本具体清单，在调查时一定要忠实于抽样，不能随便改变样本。

（3）其他要求。例如，被调查者的条件（筛选）；需要完成的样本量和时间进度的要求；介绍所需要的调查工具，如胸卡、照片和调查介绍信等。

3）培训的方式方法

访问员是搜集资料、获取信息的调查人员，对他们应进行必要的调查业务训练和访谈技术训练，一般采用讲解法、模拟训练法和实际操作训练法。

（1）讲解法。由项目执行主任或督导采用授课的方式，对访问员的责任、问卷中的每个问题的意思、访问技巧和项目操作进行讲解。

（2）模拟训练法。主要采用情景模拟、问卷试填、案例分析等对访问员进行培训。情景模拟是由受训人员和有经验的访问员分别担当不同角色，模拟各种问题的处理；问卷试填是要求受训人员对调查问卷进行小范围的试验性调查与填写，以便掌握问卷调查与填写的技巧和要求；案例分析是结合某个具体的市场调查实例进行分析，以训练访问员处理各种问题的能力。

（3）实际操作训练法。一般采用以老带新的办法，让有经验的访问员辅导新招聘的访问员，还可以让新访问员在预调查中单独进行访问。

1.6　市场调查的历史沿革和发展趋势

1.6.1　市场调查的历史沿革

市场调查是伴随着商品生产和商品交换的发展而产生和发展起来的，它与市场经济的发展密切相关。17世纪开始的工业革命，使西方资本主义开始发展，市场调查业也就有了发展的历史舞台。从市场调查在国外的发展情形来看，可将其产生和发展的历史划分为4个阶段。

1. 萌芽期：20世纪前

最早有记载的市场调查活动是1824年8月由《宾夕法尼亚哈里斯堡报》对总统大选所进行的民意调查。而最早有记载的第一项正式运用于制定市场决策的调查是由亚耶广告公司于1879年进行的。大约在1895年，专业的学术研究者进入市场调查领域。

2. 成长初期：1900年—1920年

进入20世纪后，消费浪潮的涌现及机器化大生产的增长导致更大规模、更远距离的市场的产生，为了了解更多的消费者购买习惯和对产品的需求，第一家正式的市场调查机构于1911年成立，即科蒂斯出版公司设立的一个商业调查部，部门经理就是现在被称为市场调查先驱的佩林。几年后，斯塔奇拓展了广告反应的认知测度，斯特朗引进了回忆测度和营销量表。

3. 成长期：1920年—1950年

怀特最早将科学研究方法应用到解决商业问题中。20世纪30年代，经济大萧条使市场调查业受到普遍重视和快速发展，问卷调查法得到广泛使用。尼尔森于1922年进入调查服务业，他继承和发展了怀特关于"市场份额"的概念，加之多项其他服务，使之发展为当今全球最大的市场研究机构。20世纪30年代末期，市场调查作为正式课程，在哈佛大学等大学得到普及。特别是广播媒体的发展和第二次世界大战，使市场调查由一种应用学科演变为明确的行业，尤其是实验设计、民意测验、人为因素调查和运筹学等的重要性被广泛地接受。20世纪40年代，默顿发展了小组访谈法。到了20世纪40年代末，随机抽样、心理测试等方法也进入了这个领域。

4. 成熟期：1950年至今

第二次世界大战抑制了需求的增长，市场由卖方市场向买方市场转化。由于广告、创新和其他因素的加入，企业的市场风险加大，因此市场调查被用来发现市场需求，然后再生产适销对路的产品来满足这些需求。20世纪50年代，主要依据顾客人口统计特征的市场细分概念进一步强化。同一时期，人们开始进行动机研究、消费者行为分析。市场细分、动机分析与先进的调查技术结合，导致了这些重要概念的创新。20世纪60年代，随着计算机的诞生，数学模型如随机模型、马尔可夫模型等开始用于市场调查，定性分析与定量分析方法有了长足的发展，产生了人工智能型的专家决策系统软件，为调查人员快速分析、储存和探索大量信息提供了有力的支持。随着通信和计算机技术的快速发展，基于扫描仪的调查、数据库营销和顾客满意度调查越来越受重视。更重要的是，市场调查的范围已扩展到非盈利组织和政府部门等领域。大量的现代化手段和技术的应用，使市场调查研究在20世纪60年代后进入了现代时期。

1.6.2 市场调查的现状和未来发展趋势

大量的市场调查研究和实践工作的开展，大批市场调查机构的建立和对于企业营销活动的影响，使市场调查早在20世纪初就已经发展为一门学科。自第二次世界大战以后，市场调查随着经济和科技的发展，已成为一门集市场营销学、社会学、心理学、语言学、统计学、档案学、计算机应用等学科内容于一体的边缘性、应用性学科。

"冷战"结束后，世界各国竞争的焦点，已经从主要是政治和军事的对抗转移到以经济实力为主的对抗，经济活动的调查工作和市场情报的获取，已成为主要业务。近年来，在商场胜战场的共识驱使下，市场调查和市场情报活动更得到前所未有的发展。以美国为首的发达国家，利用各种高科技手段获取市场情报。前苏联的"克格勃"，在国家内务部解散以后，绝大多数人进入大企业的情报研究部门工作。法国在市场情报战中，主要是利用各种方法收买间谍来达到他们的目的。日本各大商社利用大量的情报人员，在全世界范围内建立了广泛而严密的经济情报网。

今天，经济全球化及互联网和其他信息技术的飞速发展，越来越多地影响着市场调查的发展趋势。由于市场调查能够使执行者获得很高的经济利益，拥有专门技术，因此比较好的市场调查公司，有着很大的市场和美好的发展前景。为了适应跨国公司对海外市场信息的需求，许多国际性市场调查公司积极寻求在海外建立自己的子公司或网络系统，这为发展中国家的市场调查业提供了更多的市场机会。随着客户需求日益复杂、调查技术难度加大、调查成本不断提高，导致更多的市场调查使用者寻求与市场调查提供者之间建立战略联盟，共享数据和能力，并以此作为节约成本的方式。

1.6.3 市场调查在中国的发展

1. 市场调查在中国的现状

我国很早以前就有关于进行市场调查的记载。例如在司马迁的《史记·货殖列传》中，就记载了孔子的学生端木赐和越国大夫范蠡进行市场调查和市场预测的事例。在解放前相当长的一段时间里，由于我国的商品经济不发达，没有商业性的市场调查活动。

新中国成立后的前30年间，由于受到计划经济体制的影响，市场调查在我国没有受到企业的重视，进入20世纪80年代后才逐渐走向正规。真正意义的商业市场调查，则始于20世纪80年代的中期，一些省份的社会与经济发展研究所开始酝酿设立调查机构。1984年底，国家统计局成立了"中国统计信息咨询服务中心"。1988年，广州市委的广州软科学公司成立了广州市场研究公司（GMR），这是业内公认的国内最早的专业市场调查公司。1990年4月，原公司的部分骨干成立了国内第一家私营市场调查企业"华南市场研究有限公司"。

邓小平南巡讲话和党的十四大以后，市场调查开始受到人们的重视，许多专业化的市场研究公司相继成立。全国具有统计系统背景的公司脱颖而出，其中包括北京华通、华联信、上海恒通等，一批民营市场调查公司也相继出现，例如零点、新生代等。与此同时，大批的海外市场调查与咨询公司纷纷登陆我国本土，其中，盖洛普、MBL、A•C•尼尔森、RI等在中国市场有很大影响。20世纪90年代中后期市场调查业呈爆炸式大发展，公司大多集中在广州、北京、上海三个城市，每个省会城市也出现了当地的市场调查公司。2001年，中国加入WTO，为我国市场调查业带来了前所未有的机遇。

经过20多年的发展，我国的市场调查业从最初仅仅集中在北京、上海、广州三地，发展到具有一定数量的、遍布全国各地的、不同规模的市场调查公司，形成了比较完备的覆盖研究中国城乡各个区域的全国性的调查执行网络。据有关资料显示，目前我国提供市场信息服务的各种机构已达到3万余家，以市场调查为主业的机构大约3 000多家，形成一定规模的有400～500家，业内公认规模较大的专业性调查机构不到100家，且大都集中在北京、上海、广州三个城市，2006年，市场研究行业的营业额达30多亿元人民币。

2. 我国市场调查的发展趋势

改革力度的加大和加入WTO后企业生存竞争压力的加剧，都会推动中国的市场调查业在今后几年内出现以下几个方面的变化。

1）极富增长潜力

市场调查在国内起步较晚但发展速度惊人，总营业额的增长率大大超出了全球市场的增长率。2006年中国内地市场调查业的总营业额估计为30多亿元，在世界市场占有率仅为1‰，与中国庞大的调查市场很不相称。但是从另一个角度看，如此小的营业额却说明这个行业有着极大的发展空间。市场调查的需求也将急剧膨胀，这表现在单一企业市场调查的内容开始覆盖全球，资金投入也不断增加，市场调查的需求从目前的家电、食品、药品等轻工行业向工业产品扩散。随着市场意识的增强，企业对市场调查的需求会越来越多。

2）实现技术现代化

技术现代化是与市场调查的专业化同步发展的。没有技术现代化也就没有现代化市场调查业，中国的市场调查业就不可能健康发展。技术现代化主要表现在：更多、更广泛地使用专门设备从事信息的搜集和处理工作。技术引进加快，自动仪将广泛使用于电视收视率监测；电话调查作为重要的调查形式被广泛使用；CATI、CAPI等普及成必备工具，软件的使用与国际接轨，PANEL 等的使用更为客户重视。网上调查兴起，由一两家公司为大多数公司提供抽样服务，但客户以海外客户为主，而且均为全球性项目，国内客户使用网上调查的机会不多；大规模的手工资料录入将被光电录入机取代；随着市场研究对计算机依赖性的增加，一些专用软件将弥补目前所使用的通用统计分析、图文制作的不足，并加强营销决策能力。市场调查产品的包装由印刷方式转变为电子方式，并通过数据传输实现，增加了其便捷、易保存、信息量大、共享性强的优点。

3）走专业化道路

要想生存下去，就必须由被动求生转向主动发展，这就要求调查公司要主动去做出特色，走专业化发展的道路。调查公司的专业化包括几个方面：一是区域的专业化，这样使某些公司由于对某一区域特别熟悉而降低了成本；二是功能上的专业化，这也使某些公司由于越来越细的分工而降低了成本、提高了质量；三是行业上的专业化，这使那些对某一行业特别熟悉的公司转变成专门行业的专门化公司。走专业化道路的好处是，将导致市场调查行业整体价值的提高。未来几年，专业市场调查机构将以更快的速度改善从业人员的素质和设备、软件状况，使其在市场调查方面的专业优势更加突出，吸引大量市场调查业务向专业研究公司集中。

4）走向国际化

由于中国经济所表现的全球化趋势，企业对于快速率、大数量、多种类、跨地域和高质量的市场信息的需求比以往任何时候都表现得更充分、更经常而实际。市场研究行业将面临客户对信息深度加工的要求，面对更多国际同业机构的竞争，面对自身经营管理瓶颈的制约，以及经济全球化所带来的观念、知识、技能、服务模式等多重挑战。在这种形势下，许多公司走上了与国际著名调查机构合资的道路，加强与国际市场调查界的交流，学习他们的技术和经验。入世后，市场调查企业必须借鉴国际同行业的经验，使有条件有实力的企业尽快做强做大，做出品牌。如果说国际市场调查机构凭借其成熟技术和丰富经验在今天的中国还可以独领风骚的话，那么几年后的中国市场调查业将能够以其本地化的优势与之分庭抗礼。

5）行业竞争逐渐走向规范

由于市场调查这个行业进入门槛较低，从业机构和人员素质参差不齐，行业内的竞争过度，出现了一些有待解决的问题，如恶性的价格竞争、访问员作弊、质量低等，特别是报价已远远低于欧美等国家。而事实表明，过低报价的结果，最终降低调查质量，损害客户利益，导致行业进入低价位、低质量的恶性循环。发展中的中国市场调查业已经开始意识到规范市场调查的必要性。2004 年 4 月成立了市场信息调查协会，为本行业提供政策引导、规范行业行为，加强行业自律，使调查业逐渐走上健康有序的竞争之路。大量不能良性发展的小公司自生自灭，实力较强的公司则通过兼并、改组、收购的方式完成集团化过程。

6）资源的争夺更为激烈和明显

资源包括客户资源，更包括人才和代理公司资源。猎头公司频繁的活动使人力成本上升，杭州、成都、武汉、沈阳四城市的优秀代理公司成为外资公司青睐的合资对象，从而掀起了新一轮的合资风潮。行业被社会关注的程度进一步增加，目前的中国市场调查业界，不仅需要一般的访问员、分析人才，更需要那种能通观全局，对市场有敏锐的洞察力、感悟力，能把握市场运行脉搏，又能结合具体案例进行策划、实施，并能全程控制研究质量，从中提炼出对策的高级人才。向往市场研究业的人才日益增加，大量优秀的大学毕业生也将投入此行业就业或自主创业。

7）行业重心继续转移

在经历了由发起地广州转移到北京后，向上海转移的趋势更为明显，包括上海公司的数量和营业额的明显增长，客户在上海的投入、研究重心的转移和对上海市场的重视程度。上海市场研究公司间的互动也将更为频繁。

市场调查在我国的历史是非常短暂的。从总体上说，中国目前的市场调查业还处于初步发展阶段。随着市场的扩大，竞争者的增多，竞争日趋激烈。在此情势下，本土市场调查公司可谓任重而道远，要努力去识别、吸收、营建和巩固自己的竞争优势，更要建立健全相应的法规制度，提倡行业自律和公平竞争，使得市场调查业向良性循环的方向发展。

思考练习题

一、简答题

1. 如何从广义和狭义两个方面理解市场调查的涵义？
2. 市场调查对企业有哪些重要的作用？
3. 试说出市场调查涉及的范围。
4. 简述探索性调查、描述性调查、因果关系调查、预测性调查的特点及其综合应用。
5. 专业市场调查机构有哪些类型？主要职能是什么？

二、思考题

1. 请说明肯德基或者日本家用电器进入中国前，是如何进行市场调查的？他们调查了哪些内容？他们据此进行了怎样的市场营销策划？
2. 谈谈如果把我国的中式快餐打入中东某国，应该进行哪些内容的市场调查？为什么？请进行比较详细的说明。
3. 到图书馆或上网查找资料，要求：① 了解国外知名市场调查公司的情况；② 了解国内排名在前20位的市场调查公司（包括合资公司、民营公司等）的情况。

三、讨论题

到图书馆收集有关资料，查找因为进行科学的市场调查而取得成功的案例，或没有进行系统的市场调查而导致失败的案例，进行课堂讨论，主题为：谈谈现代企业进行市场调查的必要性。

四、案例分析

白叶牌初榨橄榄油的市场调查

作为北京春节食用油市场一枝独秀的橄榄油领导品牌，白叶牌初榨橄榄油从默默无闻到广为人知，销量同比增加了900％，仅仅历时两个多月，其成长速度令人吃惊。总结其经验，除了运用了恰当的战略战术之外，最重要的因素之一是前期的调研工作做得细致扎实，白叶牌初榨橄榄油虽然在世界上享有很高的知名度，却很少为国内消费者知晓，因此我们仍将其视做一个刚进入市场导入期的新产品，并为此安排了为期一个月的市场调研活动。

作为一种保健食用油，橄榄油出色的保健功效可说是利国利民，如何将这种有益于国民健康的食用油在国内市场推广，就必须要了解现在的市场状况。因此，我们设定本次调研的目标，是通过定性及定量的研究，掌握白叶品牌和主要竞争对手的销售形势及市场占有率情况，了解消费者对白叶品牌和竞争对手的认知度和评价，以及消费者人群状况、行为特点、媒介接触偏好、对价格的承受能力，从而为确定市场和产品的定位及进入市场的渠道和手段，制定具有针对性的市场推广策略提供依据，使白叶牌橄榄油成为中国市场同类产品的领导品牌。

我们先是搜集了大量的行业资料，对食用油市场进行了定性分析。从数据上看，进口食用油的价值增幅远远超过数量增幅，说明进口食用植物油中，高价值食用油所占比例越来越大，进口量也越来越多，食用植物油的消费需求日趋多样化、细分化、高档化。同时我们也发现，现阶段食用植物油市场特点主要表现为，城市以食用精制油、农村以消费二级油为主；食用油的品种丰富，因油料和加工工艺的不同而分为20多个品种，但大豆油的消费量最大，占40％以上；不同种类食用植物油的消费表现出明显的地域特征；目前市场上的食用植物油品牌众多，除"金龙鱼"、"福临门"的市场分布较广泛之外，其他品牌的分布也呈现明显的地域特征。说明中小食用油品牌的知名度也具有显著的区域特征。

另外，我们组建了专门的项目团队，对橄榄油现有渠道所占比例，白叶牌橄榄油销售情况，促销效果，消费者主要接触媒介，产品情况，竞争者情况等进行了定性调研，为下一步进行定量分析打下了基础。

问卷调查是市场调查中最有效也是被经常使用的一种定量调查方法，一直被业内人士看作是制胜的法宝。在问卷调查中，问卷设计是非常重要的一个环节，甚至决定着市调的成功与否。为了更好地实现调查目标，我们先确定了要研究的目标和内容，然后对问卷问题进行了缜密设计，内容包括消费者对橄榄油的认知程度、对白叶品牌及其竞争对手的了解程度，购买橄榄油的动机、考虑因素、使用习惯、价格承受能力、主要接触媒介等，力求客观、真实地反映市场情况。

在我们的市场调研活动中，我们没有局限于调查问卷的单调形式，而是在调查问卷里创造性地增添了参与座谈会赠橄榄油的活动，从而达到"一箭三雕"的目的：一是成功邀请消费者参加座谈会，二是可以通过赠品本身试探消费者对橄榄油的接受程度，三是通过座谈会能发现更深层次的市场问题。结果发现消费者对橄榄油十分感兴趣，报名参与座谈者十分踊跃。在历时一个多小时的座谈会上，气氛热烈，很多消费者发言积极，对橄榄油表现出强烈的求知欲望。通过座谈会，我们看到了橄榄油对消费者的吸引力，但是也发现很多人对橄榄油的用法、功能缺乏了解。因此，在制订未来的市场营销方案时，我们将重点放在这一点，以橄榄油的功能、用法作为主要诉求点，采用各种生动有趣的形式，将橄榄油知识的普及教育和白叶品牌紧紧相连，在消费者接受、熟悉橄榄油的同时，也在消费者心中树立了白叶的品牌形象。

问题：

1. 白叶牌橄榄油使用了哪些收集资料的方法，它们各自的优势是什么？
2. 市场研究对于一个企业的营销活动的作用是什么？

第 2 章

市场调查项目策划

【学习目标】

　　通过本章的学习，了解市场调查的一般运作程序；深刻理解市场调查课题的含义和提炼要领；掌握市场调查计划书的具体内容和撰写要求，能根据具体的调查项目进行市场调查策划，并能独立撰写市场调查项目计划书。

　　市场调查是针对企业生产和经营中存在的特定营销问题而进行的活动，是一项系统工程，有很强的目的性。在调查目标确定以后，全部工作需按照一定的程序进行，从准备到调查方案的制定，直至最后的实施和完成，每一阶段都有特定的工作内容。在整个运作过程中，每一环节都很重要，必须事先制定出科学、严密、可行的工作规划和组织措施，来保证调查工作有秩序地进行，以减少盲目性。

2.1　市场调查的运作程序

　　市场调查的程序是指从客户提出调查要求开始到调查结束的全过程及其作业程序。建立一套系统科学的工作程序，是市场调查得以顺利进行、提高工作效率和质量的重要保证。从市场调查的实践情况来看，市场调查因涉及的对象、具体内容、目的的不同而产生种种设计，但基本程序大致包括如图 2-1 所示的以下三阶段 6 个步骤。

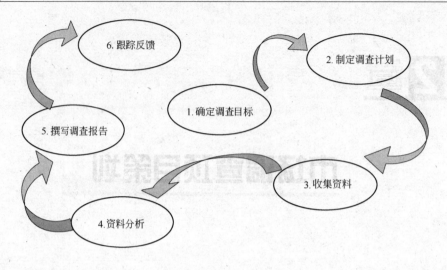

图 2-1　市场调查的步骤

2.1.1　市场调查的计划阶段

市场调查的计划阶段也叫制定调查准备阶段，是从客户提出市场调查的要求开始直到签订协议为止的过程，主要包括客户提出市场调查的要求、明确调查目标、拟订调查方案（包括设计调查问卷）、签署协议等几方面的工作。

1. 确定调查目标

市场调查的启动一般都是客户从自身的需求出发或是由于市场调查公司的激发开始的。准备阶段的工作对进入实质性的调查具有重要意义，提出问题是这个阶段的开始。那么调查研究人员首先要弄清楚客户要调查的问题所在，即明确问题。对调查目标的确定需先搞清以下几个问题：为什么要调查？调查中想了解什么？调查结果有什么样的用处？谁想知道调查的结果？决策者希望从市场调查中得到什么？在这一过程中，研究人员一方面要听取客户的介绍，了解他们的目的、意图及信息需求。另一方面要收集分析相关的二手资料，必要时还要进行小规模定性研究，以便确保对所要调查的问题能够明确地加以界定，或以假设的方式提出来。

2. 制定调查计划

在明确了调查的问题之后，下一步的工作就是做一个调查计划，即拟定调查方案。拟订方案的过程就是市场调查策划。在所要拟订的调查方案中，通常要运用定性研究和系统规划的方法，对市场调查的目的、内容、方法及抽样、调查质量的控制、统计分析、调查的时间进度、费用预算及调查的组织安排等作出具体的规定和设计，在此基础上制定市场调查方案或市场调查计划书。调查计划是否周密合理，会影响到整个市场调查能否顺利开展和调查的质量。所以市场调查计划是衡量一个调查公司研究水平的标准，也是调查公司能否得到客户信任的依据。因此，拟订市场调查计划在整个市场调查活动中尤其重要。

调查方案拟好之后，还必须经过论证，客户在认可或拒绝接受方案之前，会对方案进行严格的审查。在客户对方案的审查过程中，一般是先请调查公司对方案进行说明。听完调查公司的介绍之后，客户再对方案的合理性、价值进行分析、判断和评估。如果方案能够获得客户的基本认可，双方还要进一步研讨、商榷，以及对初步方案进行修改。当调查方案根据客户的要求进行修改并得到客户的认可之后，双方即可按商业规范要求签署协议。

2.1.2　市场调查的实施阶段

明确了法律上的责任和义务之后，就可以开始实施调查了。这一阶段工作包括以下过程。

收集资料

市场调查方案得到客户决策层批准之后，则可按照市场调查方案设计的要求，组织调查人员深入调查单位搜集资料，包括二手资料和原始资料。

市场调查实施阶段就是问卷设计、抽样实施及访问员的招聘和训练。问卷设计以调查方案中界定的调查目的和调查内容为依据，由研究人员进行设计。在许多实际调查中，问卷设计也常常在方案设计的同时完成，并作为方案的一部分内容提交客户审议。问卷初稿设计完成之后，一方面设计者要对问卷进行全面的检查，另一方面也要将问卷提交客户审查。一般通过预调查就可以发现问卷设计的缺陷，再对问卷及抽样计划加以适当的修改。

抽样实施通常包括建立抽样框、抽取受调查者。如果调查访问将在已建立的调查网内进行，那么抽样实施的过程比较简单。访问员的招聘和训练是市场调查过程中极为重要的一个环节，因为资料的采集工作主要是由他们来完成的，因此访问员能否很好地执行访问工作，对调查结果的客观性和科学性影响很大，必须科学细致地进行组织管理和质量控制，使资料的收集做到准确、及时、全面和系统，确保调查的质量。

预调查完成之后，就开始正式的资料采集工作。资料采集通常包括访问、问卷复核和回访三步工作。访问是指由访问员对被抽到的受调查者进行调查；问卷复核是对访问员交回的问卷资料进行检查，以便发现是否存在不符合规范的问题，这一工作通常由督导员来完成；回访是抽取一定的受访者进行第二次访问，目的是了解、判断访问员访问过程的真实性。在问卷复核和回访过程中，如果发现问题，必须立即更正或采取相应的补救措施。

2.1.3　市场调查的分析阶段

1. 资料分析

实地调查结束后，即进入调查资料的整理和分析阶段，收集好已填写的调查表后，由调查人员对调查表进行逐份检查，剔除不合格的调查表，然后将合格调查表统一编号，以便于调查数据的统计。调查数据的统计可利用 Excel 电子表格软件完成；将调查数据输入计算机后，经 Excel 软件运行后，即可获得已列成表格的大量的统计数据，利用上述统计结果，就可以按照调查目的的要求，针对调查内容进行全面的分析工作。

资料分析的第一个步骤是对问卷资料进行统计处理。统计处理包括审核校对、编码、数据录入、数据运算和输出结果等程序，这些工作通常分别由录入员和统计分析师执行。对市

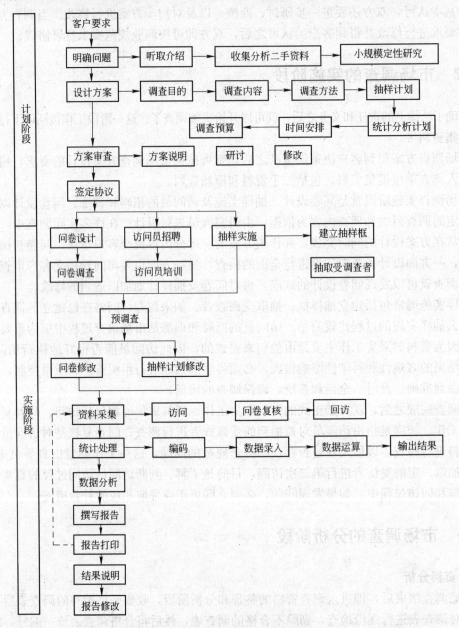

图 2-2　市场调查的运作程序

场调查资料进行分析研究是市场调查的重要环节，要求运用统计分析方法如交叉频率分析法、描述分析法、相关与回归分析法、方差分析法、聚类分析法、判别分析法和主成分分析法等，对大量数据资料进行系统的分析与综合，借以揭示调查对象的情况与问题，掌握事物发展变化的特征与规律性，找出影响市场变化的各种因素，提出切实可行的解决问题的对策（见图 2-2）。

2. 撰写调查报告

当需要的数据结果齐备，对数据所反映的规律、问题有比较清楚的了解之后，研究者就可以着手撰写调查报告。调查报告是市场调查的成果，它所提供的资料会对客户的市场决策产生重要的影响。另一方面，调查报告也是一个市场调查公司的研究水平的体现，所以写作时必须十分慎重。调查报告一般由标题、开头、正文、结尾及附件等要素组成，基本内容有：交代市场调查的基本情况，调查结论和主要内容的阐述，包括情况与问题、结果与原因、启示与建议等，具体内容确定应视调查项目的性质、内容和要求而定。

调查报告写好打印出来之后，还有一个重要的步骤就是举行调查结果汇报会。会议由调查公司的研究人员与客户的有关人员参加。由调查公司的研究人员向客户介绍、说明调查所得到的结果及结果的由来。客户在阅读完报告及倾听研究人员的介绍之后，对不清楚的问题可以在会上提出质疑，研究人员必须对客户的质疑一一做出令人满意的解释。调查结果汇报会结束，针对客户提出的问题，研究人员还要对调查报告作进一步的补充、修改，直至客户满意接受研究报告为止。最后，按照协议规定交给客户两份书面报告及光盘资料。

3. 跟踪反馈

在花费了大量的人力和物力开展营销调查并获得结论和建议后，一个重要的步骤就是付诸实施。管理者应该决定是否采纳研究报告所提出的建议，但是研究人员应当设法了解管理层为什么采纳了研究建议，为什么没有采纳研究建议，以及在管理层采纳研究建议的情况下决策的有效性如何。

这一部分是很容易被调查者忽视的内容，尤其是由公司自己搞的调查活动，如果调查的信息不能被很好地利用，会使市场调查的作用降低，同时对调查问题的跟踪将有利于公司对问题进行全面的认识，以进行科学的决策。现代意义的市场调查贯穿于市场运营的每个阶段：生产、流通、分配、消费。它不仅是短期的"战术"制定，更是长期的"战略"研究。各行业和产品的长期追踪调查，有利于企业掌握行业和产品的发展趋势，进行战略上的安排。

2.2 市场调查课题的确定

对于接受委托的市场调查公司来说，首先要在充分了解背景情况的基础上，为客户清楚地界定所欲调查的问题与范围，并确定调查的用途与假设前提。如果对研究问题漫无目标，或者对所要调查的问题作了错误的界定，不仅会造成人、财、物的浪费，调查所得的结果也无法帮助企业管理者制定正确的决策。只有准确地界定了市场调查课题之后，才能顺利地设计调查方案并付诸实施。

2.2.1 调查课题的含义

市场调查课题是指一项调查研究所要解决的具体问题的概括。市场调查的第一步工作是确定市场调查的主题，也就是要明确调查项目所面临和要解决的核心的、关键性的问题。通常是决策者知道出了问题，但却不知道问题出在哪里，或者要作出一项决策，但却不知道市场调查能起到什么作用。所以，首先必须弄明白通过市场调查要解决什么问题。

由于不同的客户面临的现实情况不同，因而他们的具体目的也有所不同。比如，有的客户想了解清楚生产经营中出现销售不畅的原因和解决的方法；有的客户准备采取某种行动，但又不敢贸然行事，试图通过市场调查来判断行动的后果；有的客户是已经采取了某种行动，但不清楚效果如何，因而想通过市场调查来加以了解；有的客户是想了解竞争对手的各种情况；还有的是由于企业常规性决策的需要而须不断地对市场及顾客进行调查；等等。在目前的大多数市场调查中，有的企业甚至一项调查的目的通常有好几个，如了解消费者对产品的感受、评价、意见，以便改进产品；了解某种品牌在同类产品中的地位，以便采取相应的营销对策；了解目标市场的媒体接触习惯，以便为制定广告活动的媒体计划提供依据；等等。类似这样的问题常常是引起市场研究的初始原因，但问题本身并不一定构成市场调查的主题，还需要进行分析和初步调查。部分决策者经常犯的错误是调查没有主题，什么问题都想通过一项调查解决，结果适得其反，什么问题也解决不了，以致决策者又认为市场调查没有用处。

一般来说，一个市场调查项目必须符合以下要求。

(1) 调查项目切实可行，能够运用具体的调查方法进行调查。

(2) 可以在要求的时期内完成调查。调查时间过长，调查结果就会失去意义。

(3) 能够获得客观的资料，并能根据这些资料解决问题。

如果对市场调查主题产生错误的理解并给予不正确的定义，所有为此投入的努力、时间和资金都将浪费。更有甚者，如果用这种市场调查的结果作为决策的依据，将会造成更大的危害。大量的事实表明，对市场调查主题了解得越透彻、清楚、详细、准确，越有利于市场调查活动的有效开展，才能以少的投入取得大的效果。所以，在一项市场调查项目开始阶段，深入研究、真正搞清楚市场调查的主题具有十分重要的意义。

2.2.2　调查课题的提炼及问题的辨别

一般由企业或其他客户提出的问题，只是一个大致的范围或方向，不具体、针对性不强，甚至停留在表层。这就要求研究人员与客户反复沟通，以达成共识。在听取客户的介绍，了解他们的目的、意图及信息需求之后，首先要着手弄清楚所要调查的问题。只有界定了问题和调查的目的，才能进一步去设计与执行调查。比如企业提出产品销售不畅的问题，调查范围有了，就要首先针对影响销售的诸多因素进行分析：是渠道选择不当，还是产品质量有问题，或是包装不适宜等。初步诊断后发现是渠道不畅的原因，则要把重点放在渠道的选择上，也就是对关键问题进行调查，才能提出有针对性的意见和建议。

界定问题是调查过程中最重要也是较困难的任务。研究开始时，调查主题包含的面通常较广，研究者对这种大范围的知识背景比较熟悉，如定价、促销、产品开发等，但这些不宜作为研究的最终主题。比如对某产品的广告策略进行研究，这个课题的范围就比较大，调查人员无法操作，必须进一步确定调查的重心是放在媒体选择方面还是广告创意方面。而随着研究问题提炼到一个较窄的领域，研究者由于缺乏对该企业产品情况及行业的专门知识，思路就会受限，因此有必要做一些与界定课题相关的工作，比如收集二手资料，探索性调查等。通过这些非正规的调查，在对问题的研究提炼过程中，会发现从一开始想要调查的某些问题的资料已经存在，相关的题目就应该剔除，从而把其中某些内容作为调查的题目。比如在对产品的广告策略研究中，经过一定的初步调查发现企业早就进行过这类产品的广告媒体方面的研究，因此就可以把广告创意的调查作为主题。

有时引起调查的动机是相当模糊的，就有必要对调查的主题加以提炼分析。例如："××产品的销售量在上季度突然下降"，一般来讲人们都会把引起调查的情况称为调查主题。客户的决策者要求对销售量下降进行解释可能是引起调查的原因之一，但销售量下降并非一定会引起对它的调查，因为公司的管理人员可能知道是什么原因。针对销售量下降这类情况或症状的市场调查研究的主题就可能有两个方面。

（1）引起××产品销售量下降的原因。

（2）可以采取哪些措施来阻止销售量下降。

2.2.3　选择调查的目标

有些企业的调查主题一开始就很明确，比如某企业去年为产品投放 500 万元广告费，在今年做广告预算时需要进行广告效果调查，这时就可以直接确定调查的目的、调查的具体内容及对象、采用的调查方式等，顺利进行下一步的调查工作。但如果调查任务开始于寻找引起某种症状的原因时，调查的目的就不是十分明确。比如在"××产品销售量下降"的例子中，如果下降的原因不明确的话，找出其原因仅是调查的目的之一。在引起症状的原因是已知的情况下，调查的目的就可能变成"决定能处理这些症状的措施"。如果××产品销售量下降是由于主要的竞争对手的同类产品在×市的降价销售造成的，研究的目的就是选择采取措施的方法。即使××产品企业的经理们已有了几种可行的措施，但不知把哪一种付诸实施的话，研究的目的就是辨明最有效的营销方案。当然有些课题有多重目的，比如：

(1) 辨明引起症状的原因；

(2) 辨明克服症状的各种措施（方案）；

(3) 选择一个最有效的方案。

上面只是从总的方面讨论了研究的目的。但这些大方向的目的还要化为具体的目标。研究的具体目标通常以调查问题的形式出现，表明了决策者所需要的信息的内容。这一阶段的工作对下一阶段中研究方法的选定、问卷或调查提纲的制定等工作有很重要的作用。

2.2.4 形成假设

在问题确定之后，调查人员必须针对某些问题寻找其假设因素，以便从这些假设因素中找出影响问题症结的特定因素，作为设定调查主题的依据。研究假设是指对调查对象的特征及有关现象之间的相互关系所作的推测性判断和设想。从某种意义而言，任何一项课题的研究都是从一些假设开始的。就像自然科学研究一样，先进行理论猜测，再通过实验来检验。市场调查课题正是借鉴自然科学的实验原理来探索社会科学领域事物的本质和规律，二者在纯粹的科学原理上并无多大不同。研究假设的形成有多种可能的来源，其一是根据现有的理论和实践经验得出，其二是在理论和经验都无法做出推测时，研究人员就要通过对社会经济现象进行的观察和分析来获得答案。

客户的生产经营问题太抽象或范围太大时，不妨多从这个角度对课题进行理解。一般的调查课题都包括主要问题和主要问题下的分支问题，通常要把调查目的分解为一些具体目标，然后根据这些具体目标形成研究假设。提出研究假设的作用是使研究目标更加明确，它指导研究人员去收集必要的信息，以检验研究假设。

假定某公司发现销售额日益减少，调查人员要寻找造成此问题的假设因素，包括消费者因素、竞争因素、广告因素及经济因素等。接着针对这些假设因素加以研究分析，结果可能发现广告才是影响销售额的重要因素，于是再设定各种可能影响广告效果的假设因素，并将这些假设因素分别一一地再加以分析，寻求具体的影响因素，以供市场调查人员去求证这些因素与销售额之间的关系，作为设定假设的问题的依据。就本例而言，影响广告效果的假设因素可能有下列几项：广告文案因素、广告时机因素、广告媒体因素及广告费用因素等。

假设会使研究的目的更加明确，假设的接受与拒绝都会使研究者达到课题的目的。假设有两种形式：一种是研究者可以根据正规研究资料判断的陈述性假设；一种是研究者要调查的各种可能的行动方案假设，旨在选择最适合的一个方案。并非所有研究课题都需要作正规的假设，这取决于假设的接受和拒绝是否帮助达到课题的目的，简单的事实收集就不一定需要作假设，然而大多数市场研究需要包括假设，以使资料的收集工作有较大的依据性。

2.2.5　确定调查课题的程序

1. 课题背景分析

调查人员必须对客户企业的情况进行分析，特别是那些对确定调查课题有较大影响的因素，了解进行调查的环境背景，包括本企业和行业的历史背景和发展限制条件，决策目标，购买者行为，法律环境及公司的营销能力和技术手段等。

2. 确定课题的相关工作

在对企业情况进行充分分析以后，就可以根据企业市场经营活动中存在的问题和面临的各种环境挑战，确定调查题目。问题的界定往往不是研究人员自己能独立完成的，它需要有关人员的共同参与，以确保对所要调查的问题明确地加以界定。为了选择对企业发展来说最重要、最迫切的问题进行调查研究，为了准确界定课题，调查人员应做的工作主要有以下几方面。

（1）与企业高层主管进行讨论。市场调查是为高层管理者提供决策依据，根据决策者对整个企业的把握及他们的目标确定调查主题。决策者也需要了解市场调查的功能和局限性，以便于对调查结果提出合理的期望和要求。因此，调查人员要主动和决策者就企业生产经营及市场营销活动面临的问题，了解委托机构及行业的运转情况、政策和传统做法等方面的背景材料，展开积极讨论，一起研究确定调查目标和内容。

（2）向行业专家咨询，加深对某些问题的理解。在调查目标未确定以前，应根据提出的问题挑选一些所谓精通问题者包括生产厂商、设计人员，还包括一些经销商、批发商、零售商等，对精通者访问的主要目的是将调查的范围缩小。如调查某产品的销售问题时，可就影响销售的各种因素征询相关人员的意见，最后确定出最主要的影响因素作为调查重点。

（3）收集二手资料，补充从决策者和行业专家中得到的信息。

（4）进行必要的定性分析，如试调查、小组座谈会等。

3. 把经营管理决策问题转换为市场调查问题

在研究了环境内容和进行了探索性的调查之后，调查者就应设法去定义管理决策问题，并将其转化为市场调查问题。管理决策问题回答决策者需要做什么，而调查研究问题回答需要什么信息和怎样最好的得到此信息。经营决策问题与市场调研问题既有密切关系，又是两个不同的概念。经营决策要指出企业发展的方向，提出解决企业面临问题的决策；而市场调查则要对影响企业发展的各种因素进行识别和评价，为管理者正确制定决策提供相应依据。正因为两者之间存在着上述差异，因而不能把决策问题直接作为调查主题，必须在充分掌握有关信息的基础上，根据经营决策的要求将其相应转换为调查问题。那么如何区分何为管理决策？何为最后应做的市场调查决策呢？

管理决策问题是以行动为中心的（按行动定位），关心的是决策者可能采取的行动。例如，如何抑制市场占有份额的丧失？市场是否应当以另外不同的方式进行细分？是否应当引进新产品？促销的预算是否要增加？等等。调查研究问题是以信息为中心的（按信息定位）；包括确定什么信息是需要的，如何有效地和高效率地得到这种信息。例如，考虑某特定系列产品市场占有份额的丧失问题。决策者的决策问题是如何挽回这一损失，备选的行动路线包括改进现有的产品、引进新产品、改变市场营销体系中的其他因素及细分市场。假定决策者和调研者都同意问题是由于不适当的市场细分引起的，并希望通过调查以获取对这个问题的信息，那么调查研究问题就变成确认和评价一组备选的细分市场问题。

可见，管理决策问题主要与决策者要做什么有关，而市场调查课题主要与需要什么信息，以及如何以最佳方式获取这些信息有关。管理决策问题是以行为为导向的，它与决策人可能采取的行动有关；市场调查课题是以信息为导向的，它的主要内容是确定需要什么信息，以及如何有效地获取信息。

4. 确定市场调查课题

在界定调查课题时调查人员常犯两种错误：将调查问题定义得太宽或太窄。其一是将问题定义得太宽，过于空泛则难于操作，以至于不能为整体调研方案提供清晰的指导。比如：探寻品牌的营销策略；增强企业的竞争能力；塑造企业的良好形象等。其二是课题被界定得过于狭窄，又可能限制了研究者的视角，妨碍研究者去涉及管理决策问题中的重要部分。为了避免这两类错误的出现，可以先将调查问题用比较宽泛的、一般的术语来陈述，然后再具体规定问题的各个组成部分，为进一步的操作提供清楚的路线。总之，调查课题的确定既要考虑管理的信息需求，又要考虑获取信息的可行性及信息的价值，以保证所确定的调查课题具有价值性、针对性和可操作性。

2.3　市场调查项目策划书

在明确界定了调查的问题之后，接下来就要拟定一个市场调查计划。市场调查是一项内容多、涉及面广、参与人员比较多的活动，由于市场调查的日益复杂和花费不菲，越来越多的企业重视对市场调查的策划和统筹安排，在调查之前需要制定市场调查项目策划书。

2.3.1　设计市场调查策划书的意义

　　双方接洽后，委托方会要求调查公司提供一份进行调查活动的项目策划书。市场调查策划书也叫调查项目建议书、调查计划书、调查方案等，它是指在调查项目实施之前对调查的目的、内容、研究方法、数据分析、时间安排、经费预算等所作的统一安排和规划，以及由这些内容形成的文字材料。拟定调查策划书的过程就是市场调查策划，调查策划书是市场调查策划的书面体现，一方面是提供给客户审议、检查用的，作为双方的执行协议；另一方面是作为市场调查者实施的提纲或依据。调查策划书是否科学、可行，关系到整个调查工作的成败。

　　市场调查公司撰写策划书的目的：①通过向委托方提交和说明策划书内容，表述对于委托方需求的理解和重视；②希望客户了解市场调查公司的实力、素质和服务宗旨，树立良好形象，作为投标书的蓝本争取获得此服务项目；③一旦调查项目协议达成，策划书就是起草合同和申请研究经费的依据；④便于委托方即客户对调查过程实施监督、管理和控制；⑤实施调查计划和撰写市场调查报告的基础。

2.3.2　市场调查策划书的主要内容

　　一份完整的市场调查策划书应该对市场调查的目的、内容、要求和方法等作出明确的规定，它的主要内容一般如图 2-3 所示。

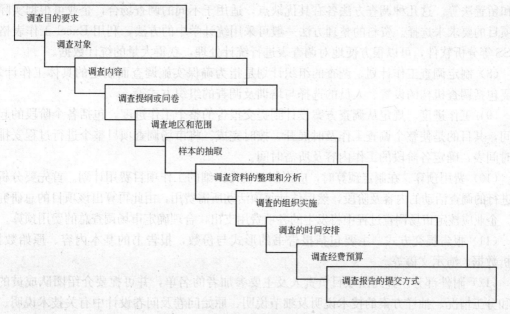

图 2-3　市场调查策划书的主要内容

（1）前言。简明扼要地介绍整个调查项目的情况、背景或原因。

（2）研究的目的要求。较前言部分稍微详细点，提出本次市场调查的具体目的要求。说明该项目的调查目的、要研究的问题和可能的几种备用方案，指明该调查结果可能给企业带来的决策价值、经济效益、社会效益，以及在理论研究方面的重大意义。

（3）研究的内容。在确定调查目的并做出相应的研究假设后，就需要判断达到调查目的及对假设进行检验所需的确切的信息，需要列出主要的调查项目，规定所需的信息。调查内容是收集资料的依据，是为实现调查目的服务的，可根据市场调查的目的确定具体的调查内容。

（4）明确调查的范围和对象。明确界定调查的范围和调查对象，在什么区域、地区调查，调查对象的范围有多大、调查对象的特征如何等。

（5）研究的方法。指明所采用的研究方法的主要特征，数据收集的方法和调查方式、抽样方案的主要内容和步骤，样本量的大小和可能达到的精度。市场调查资料的分析研究是对调查数据进行深度加工的过程，分析的目的就是解释所搜集的大量数据并提出结论和建议。如果调查对象分布范围较广，应制定一个抽样方案，以保证抽取的样本能反映总体情况。样本的抽取数量可根据市场调查的准确程度的要求确定，一般是根据市场调查结果的用途情况确定适宜的样本数量。

（6）拟定调查表或调查问卷。包括问卷的形式及设计方面的有关考虑，预调查及问卷修改等。调查提纲或调查问卷是市场调查的基本工具，设计的质量直接影响到市场调查的质量。

（7）资料的收集和整理方法。市场调查中常用的资料收集方法有访谈法、观察法和实验法。企业做市场调查时，采用调查法较为普遍，调查法又可分为面谈法、电话调查法、邮寄法和留置法等。这几种调查方法各有其优缺点，适用于不同的调查场合，企业可根据实际调研项目的要求来选择。资料的整理方法一般可采用统计学中的方法，利用 Excel 工作表格及 SPSS 等分析软件，可以很方便地对调查表进行统计处理，获得大量的统计数据。

（8）制定调查工作计划。调查的组织计划是指为确保实施调查而制定的具体工作计划，主要包括调查机构的设置、人员的选择与培训及调查的组织方式等。

（9）工作进度。规定从调查方案设计到提交报告的整个工作进度，包括各个阶段的起始时间，其目的是使整个调查工作及时展开、按时完成。将市场调查项目整个进行过程安排一个时间表，确定各阶段的工作内容及所需时间。

（10）费用预算。在制定预算时，应当制订较为详细的工作项目费用计划。首先要分析将要进行的调查活动的内容及阶段，然后估计每项活动所需费用，由此再算出该项目的总研究费用。企业应核定市场调查过程中将发生的各项费用支出，合理确定市场调查总的费用预算。

（11）报告提交方式。主要包括报告书的形式与份数，报告书的基本内容、原始数据、分析数据、演示文稿等。

（12）附件部分。开列出项目负责人及主要参加者的名单，并可扼要介绍团队成员的专长和分工情况、抽样方案的技术说明及细节说明、原始问卷及问卷设计中有关技术说明、数据处理方法，以及所用软件等方面的说明等。

2.3.3　市场调查策划书的撰写技巧和注意事项

市场调查策划书一般没有统一、固定的格式与内容，如何安排市场调查策划书的格式与内容就要跟据调查项目的性质和委托方（客户）的要求而定。不同的市场调查公司可在一般的内容和格式上进行创新。

1. 开头部分

1）介绍调查公司的背景

首先简明扼要地介绍调查公司的背景、市场研究水平和业务实力、公司的经营观念和服务宗旨、以往在市场调查方面的成绩和研究成果，同时还可以列举几个有名的案例和业绩。如果能够在理论和实践的研究方面有所突破的话，更应该进行延伸和说明，目的是为了宣传调查公司，争取进行项目合作。

2）调查问题的提出和确定

撰写时要尽量从满足客户需求的角度出发，简明扼要地把委托方的问题说清楚。具体内容和有关专业方面的提法，可以直接引用委托方的市场调查大纲上的语言，也可以引用委托方负责人的指示或引用委托方正式信函上的文字等，表示对客户的尊重和对问题的理解。

例如，"陕西西凤酒股份有限公司为了全面了解陕西白酒市场的现状及发展趋势，准确把握关中地区白酒经销商及消费者的基本消费特征与消费偏好，了解竞争对手的基本态势，明确西凤酒新品的市场定位，为该公司西凤酒新品在关中地区上市制定全面的整合营销策略提供参考依据。特委托西安××市场调查公司进行一项关中地区白酒市场的全面研究。为此我公司草拟研究计划如下……"。

涉及具体的产品或者服务项目的内容时，可以向委托方主要负责人或者有关专业人士请教。如果项目的调查范围大且比较复杂，须在此提出该项目的研究思路和研究假设。具体的操作应如何进行，必须通过方案设计来落实解决。

3）说明调查的目的和必要性

在陈述调查的目的、意义和应用价值时，可以从正面说明进行市场调查后，客户会得到的利益。例如，"西安维绿环保科技有限公司在拥有了国际第四代二氧化氯消毒剂的技术后，一直致力于改变行业现状，推广高效、安全、广谱的二氧化氯消毒剂，为消费者提供环保、绿色的消毒制品而努力。由于种种原因该产品的销售一直不能尽如人意。西安××市场调查公司和西安维绿环保科技有限公司以销售维绿消毒剂为合作契机，以提高该产品销售量、扩大市场份额为目的，实现共同发展。西安××市场调查公司在西安维绿环保有限公司的委托下，针对本次合作进行一次详尽的消毒剂使用状况调研，从日用消费品和工业用品两个领域对消毒剂市场状况进行了分析，寻找市场机会点，从而制定一套符合市场需要的营销方案。"

2. 确定调查的内容

调查内容是将要作为调查对象调查的项目，也就是对调查对象的哪些方面进行调查，应获取什么样的信息，判断调查所需信息的工作对于设计问卷或调查提纲并保证达到研究目的的重要意义。在这个环节要注意两种现象：一种是调查项目罗列不全，这样会造成信息不完备，客户依据这样残缺的信息作决策会造成失误；另一种是罗列的项目过多，会使调查人员分不清问题的主次和重点，更重要的是人力、财力的浪费和时间的拖延。调查项目的确定取决于调查的目的和任务，以及调查对象的特点与数据资料搜集的可能性。为此应注意以下几点。

(1) 调查项目的确定既要满足调查目的和任务的要求，又要能够取得数据，包括在哪里取得数据和如何取得数据，凡是不能取得数据的调查项目应舍去。

(2) 调查项目应包括调查对象的基本特征项目，调查课题的主体项目（回答是什么）、调查课题的相关项目（回答为什么）。例如消费者需求调查，既要有消费者的基本项目（年龄、性别、职业、文化程度、家庭人口等），又要有消费者需求量、购买动机、购买行为等需求调查的主体项目，还应有消费者收入、消费结构、储蓄、就业、产品价格等引起需求变动的相关项目。

(3) 调查项目的表达必须明确，调查项目的答案选项必须有确定的形式，如数值式、文字式等，以便统一调查者填写的形式，便于调查数据的处理和汇总。

(4) 调查项目之间应尽可能相互关联，使取得的资料能够互相对应，具有一定的逻辑关系，便于了解调查现象发展变化的原因、结果，检查答案的准确性。

(5) 调查项目的含义必须明确、肯定，必要时可附加调查项目或指标解释及填写要求。为了准确列出需要调查的全部内容，首先要和参与调查的有关人员，采用讨论方式，针对调查目的提出调查项目，把可能想到的调查内容详细罗列出来。然后再对调查项目进行分类和重要性分析，并把全部项目按照分类结果列成项目清单。最后按照类别、重要性程度及其资料获取的可能性程度对清单上的各项目排序，选出符合调查目标要求且有可能获取的项目作为调查内容。在列出调查项目后，调查研究人员还必须检查各个项目是否对决策有用，删除多余的项目，使调查方案科学、可行。

3. 确定调查对象和调查范围

即说明在多大的区域进行，调查什么样的人或团体，对调查对象要有明确的界定，包括人口和社会特征、心理和生活方式、个性、动机、知识、行为、态度和观念、未来的行为倾向等，以及判断选择这些人是否合适。一般来说，在调查方法的确定中，需要解决的具体问题如下。

(1) 调查区域。在哪些地区做调查，要特别说明选择这些区域的理由。调查地区范围应与企业产品销售范围相一致，当在某一城市做市场调查时，调查范围应为整个城市；但由于调查样本数量有限，调查范围不可能遍及城市的每一个地方，一般可根据城市的人口分布情况，主要考虑人口特征中收入、文化程度等因素，在城市中划定若干个小范围调查区域，划分原则是使各区域内的综合情况与城市的总体情况分布一致，将总样本按比例分配到各个区域，在各个区域内实施访问调查。这样可相对缩小调查范围，减少实地访问工作量，提高调查工作效率，减少费用。

（2）调查对象。市场调查在一般情况下都采用抽样调查，因此，无论采用何种资料收集方法，都要根据研究目的首先对总体进行界定，调查什么样的人或团体，对目标总体如何界定。市场调查的对象一般为消费者、零售商、批发商，零售商和批发商为经销调查产品的商家，消费者一般为使用该产品的消费群体。在以消费者为调查对象时，要注意到有时某一产品的购买者和使用者不一致，如对婴儿食品的调查，其调查对象应为孩子的母亲。此外，还应注意到一些产品的消费对象主要针对某一特定消费群体或侧重于某一消费群体，这时调查对象应注意选择产品的主要消费群体，如对于化妆品，调查对象主要选择女性；对于酒类产品，其调查对象主要为男性。

（3）抽样计划。根据调查对象决定样本的性质、样本数及抽样方法。要解释使用概率抽样还是非概率抽样？采用什么抽样方法？为什么采用这种抽样方法？如果采用非概率抽样中的配额抽样，要将选择样本的特征及样本进行分配，列成表格形式。决定样本数应考虑调查经费、抽样的精度的要求、决策者的风险及研究问题的范围等。实际市场调查中，在一个中等以上规模城市进行市场调查的样本数量，按调查项目的要求不同，可选择 200～1000 个样本，样本的抽取可采用统计学中的抽样方法。具体抽样时，要注意对抽取样本的人口特征因素的控制，以保证抽取样本的人口特征分布与调查对象总体的人口特征分布相一致。

4. 设计调查提纲或问卷

调查项目确定之后，就可设计调查提纲或者问卷，用作搜集市场调查资料的工具。市场调查提纲或问卷设计应以调查项目为依据，力求科学、完整、系统和适用，能够确保调查数据和资料的有效搜集，提高调查质量。在决定采用访问法收集资料时，就需要设计问卷，通过预调查的方式进行问卷测试和修改，而且要安排问卷的调查时间。如果准备用观察法，就要设计记录表，同时要准备有关的仪器设备。如果是第一次合作，要将设计好的问卷和调查方案一起交给客户审查。设计调查提纲或问卷时应注意以下几个方面：

（1）要与调查主题密切相关，重点突出，避免可有可无的问题；

（2）问题要容易让被调查者接受，避免出现被调查者不愿回答或令被调查者感到难堪的问题；

（3）问题次序要条理清楚，顺理成章，符合逻辑顺序，一般可按容易回答的问题放在前面，较难回答的问题放在中间，敏感性问题放在最后；封闭式问题在前，开放式问题在后的顺序排列；

（4）内容要简明，尽量使用简单、直接、无偏见的词汇，保证被调查者能在较短的时间内完成调查。

5. 选择研究方法

为了争取客户的合作，调查公司应该进一步向客户介绍市场调查的具体方法和主要策略。根据调查目的和研究假设，将需要的资料列出清单，以确定所需资料的种类和来源。若二手资料无法完全满足研究的需要，应决定原始资料的收集方法，通常有访问法、观察法和试验法等。若调查课题涉及面大、内容较多，应该对每种备选方案的具体操作计划进行说明，如选择哪一种调查方法获取数据和资料，采取哪一种技术进行信息资料的收集和整理，采取什么方法进行调查活动的监督和管理等。

6. 制定调查实施的具体计划和质量控制方法

现场调查是最不容易控制和极易产生误差的环节，因此对现场调查中的每一个细节都应该进行严格的控制。执行现场调查的人员主要有访问员、督导员和调查部门的主管，在实施现场调查前这些人员都要接受不同层面的培训，特别是对访问员和督导员的培训。为了控制误差和访问员作弊，通常在人员访问完成后，督导人员会根据计划对受访者按一定比例进行回访，以确认是否真正进行了调查及调查是否按规定的程序进行。在进行市场调查方法介绍时，应该强调不同调查方法的质量要求，说明误差控制的程序，控制和监管的方法。实地流程对照表和访问流程对照表如表2-1和表2-2所示。

表 2-1 实地流程对照表

编号	工作步骤	内　容	客户配合
1	问卷印刷及督导项目培训	● 问卷校对与印刷 ● show card 制作 ● 分区抽样分布表 ● 问卷及访问说明 ● 进行项目实地预算	● 确定问卷 ● 确认分区抽样表 ● 参加项目培训
2	项目试访与培训	● 试访 ● 访问员培训	● 参加访问员培训
3	实地运做	● 分配访问任务 ● 每日收回已做问卷，并进行二审 ● 向研究员报告访问进度及所遇问题	● 陪访
4	质量控制	● 执行"一票否决"原则 ● 每日收回 QC 问卷，并进行处理	● 抽查问卷质量
5	总结	● 完成实地运做报告 ● 费用结算	● 审查实地报告

表 2-2 访问流程对照表

编号	访问步骤	工　作　内　容
1	访问培训	1 熟悉问卷 2 熟悉项目 3 接受样本分配表
2	甄别过程	1 记录地址 2 甄别对象并记录特征 3 完成甄别问卷
3	访问	1 完成问卷 2（赠送礼物）致谢
4	自审	1 自审问卷，并当日交回 2 完成访问总结

例如，市场调查公司的"质量控制"具体工作如下。

（1）复核面与抽查方式：问卷的复核幅度为100%，其中100%现场复核，15%电话复核。

（2）质量否决度：任何一个访问员如被发现有一份造假，由其完成的全部问卷作废。

（3）复核内容以及程序：

① 复核访问员访问地址是否按照抽样标准进行；

② 复核访问员问卷质量与真实程度；

③ 运用电脑逻辑判断进行，问卷与访问质量的进一步判断。

④ 客户可以监督中间任何一个环节，并可以任意抽查问卷。

7. 制定资料分析方案

应确定资料整理的方案，对资料的审核、订正、编码、分类、汇总、图表展示等作出具体的安排，大型的市场调查还应对计算机自动汇总软件开发或购买做出安排。资料分析工作包括资料的编辑、编码、横列表分析和其他统计分析等，为此，应制定统计分析计划。

例如，"本次市场调查将采用专业统计处理软件 SPSS 8.0 对有效问卷进行分析处理"。向客户提供有关市场调查的信息资料越多，越有可能获得项目合作的机会。

8. 安排调查进度

在调查策划过程中，应该对调查过程的每一阶段需要完成的工作任务和所需的时间及人员安排等作出规定，以便督促或检查各个阶段的工作，控制调查成本，保证按时按质完成各项调查工作。

一般来说，应根据调查课题的难易程度、工作量的大小和时效性要求，合理确定调查期限，并制定调查进度安排表。由于种种原因，一般市场调查大都不给充分的经费和时间，所以应尽早完成调查结果，才能提高工作效率和节省费用。因而必须拟定正确的进度表，作为调查作业进行的依据，同时也是客户用以检查调研活动进展情况的依据。切记，计划应该设计得有一定的弹性和余地，以应付可能的意外事件的影响。安排调查进度如表 2-3 所示。

表 2-3　安排调查进度表

项目名称	1	2	3	4	5	6	7	8	9	10	11	12	13	14	15	16	17	18	19	20
方案确定与问卷设计	■	■	■	■	■															
实地抽样		■	■	■	■															
访员培训与试调查				■	■															
调查实施						■	■	■	■	■	■	■	■							
质量控制与复核						■	■	■	■	■	■	■	■	■						
数据处理、分析												■	■	■	■	■				
报告撰写与研讨																	■	■	■	
报告交接																				■

9. 调查费用预算

在方案设计中，应考虑经费预算，以保证项目在可能的财力、人力和时间限制要求下完成。在制定预算时，应当作一个较为详细的研究价值分析，得出的结果在经费上是合算的，项目可以进行，否则应当中止调查项目。通常情况下并不中止调查，而是修改设计方案以减少费用；或者改用较小的样本，来缩减项目开支。在进行经费预算时，一般需要考虑以下几个方面：方案策划费、抽样方案设计费、问卷设计费（包括测试费）、调查问卷印刷费、调查实施费（包括选拔、培训调查员，试调查，交通费，调查员劳务费，管理督导人员劳务费，礼品或谢金费，复查费等）、数据录入费（包括编码、录入、查错等）、数据统计分析费（包括上机、统计、制表、作图、购买必需品等）、调查报告撰写费、资料费、复印费、通信联络等办公费、专家咨询费、劳务费（公关、协作人员劳务费等）、上交管理费或税金、鉴定费，新闻发布会及出版印刷费用、未预见费用等。

对调查经费和调查活动质量的关系向客户说明，同时进行初步报价和说明。在进行预算时，要将可能需要的费用尽量考虑全面，留有余地，以免将来出现一些不必要的麻烦影响调查的进度。必要的费用也应该认真核算出一个合理的估计，切不可随意多报乱报。不合实际的预算将不利于调查方案的审批或竞标。如果是第一次合作，在制定预算时，要详细列出调查过程中各个费用项目支出的金额，然后求出总费用，最好列出估价单。如果是多次合作，只需粗略列出费用项目即可。

价格是策划书的主要内容和争取顾客的主要部分之一，应该仔细进行考虑和斟酌。市场调查费用预算如表2-4所示。

表2-4 市场调查费用预算

1	问卷设计、问卷印刷		×元
2	调查与复核费用		×元
3	数据处理（编码、录入、处理、分析）		×元
4	报告撰写与制作		×元
5	差旅及其他杂费		×元
合计：	人民币元	整	×元

10. 制定调查的组织计划

调查的组织计划是指为了确保调查工作的实施而制定的具体的人力资源配置的计划，主要包括调查的项目负责人，调查机构的设置，调查员的选择与培训，课题研究小组的组织分工，每个成员的知识背景、经历、特长等。企业委托外部市场调查机构进行市场调查时，还应对双方的责任人、联系人、联系方式做出规定。根据调查项目中完成全部问卷实地访问的时间来确定每个访问员1天可完成的问卷数量，核定需招聘访问员的人数。对访问员须进行必要的培训；培训内容包括访问调查的基本方法和技巧、调查产品的基本情况、实地调查的工作计划、调查的要求及要注意的事项。实地调查要按照事先划定的调查区域确定每个区域调查样本的数量、访问员的人数。明确调查人员及访问人员的工作任务和工作职责，做到工作任务落实到位，工作目标、责任明确。

11. 研究成果的呈报形式

客户最后可以获得的主要有形成果之一，就是调查公司向他们提供的市场调查报告。因此，调查报告应该有哪些内容，应该以什么原则和标准进行撰写，怎样向顾客进行介绍，都应该花比较多的时间进行研究和分析。为了使主要决策者对调查报告满意，应该研究客户的主要决策者的利益标准和价值观念。

2.3.4　市场调查策划书的制作

在市场调查方案的主要内容确定之后,市场调查研究人员可撰写市场调查策划书(市场调查总体方案或调查项目建议书),以供企业领导审批,作为调查项目委托人与承担者之间的合同或协议的主体。因为策划书是客户看到的第一份书面材料,它在很大程度上决定着项目的成功与否。策划书的起草与撰写一般要由项目主管来完成。调查策划书的结构主要包括封面、目录、内容和附录 4 个部分。

(1) 封面。主要包括策划书的名称、客户的名称、研究机构的名称和时间。策划书的封面应该简洁、稳重、内容简单。

(2) 目录。可以使客户或读者很容易找到其感兴趣的部分,其内容主要包括策划书各部分的标题和页码。

(3) 策划书的主要内容。包括以上 11 个方面的内容(有些内容如调查的组织计划亦可列入附录中)。这一部分是策划书的主体。

(4) 附录。此部分主要是对研究方案的一些补充说明材料,主要包括调查项目负责人及主要参加者,抽样方案及技术说明,问卷及有关技术说明,数据处理所用软件等。

市场调查策划书在具体格式方面,比如编辑排版上的范本并不是唯一的,中间内容可以适当合并或进一步的细分,应根据具体的案例背景加以灵活处理。研究方案要切实可行,具有可操作性,使项目实施人员能付诸实施。策划书的封面设计,尽量做得有特色,文字内容、印刷形式、字体设计、图表设计和纸张质量,都应该符合企业形象战略,既能显示公司的实力,也能吸引顾客的注意和兴趣;如果属于第一次进行合作,更应该注重对策划书的包装。

思考练习题

一、简答题

1. 简述市场调查的一般程序。

2. 市场调查策划书应包括哪些基本内容?

二、思考题

1. 为什么说界定调查问题是市场调查中最关键的步骤?

2. 如果企业派你负责管理一项大型市场调查活动,你应该做好哪些工作?

三、将下列管理决策问题转化为市场调查课题

1. 应该推出新产品吗?

2. 应该改变广告促销方式吗？

3. 应该提高商品价格吗？

四、实践操作题

1. 一家房地产公司（或自选项目）需要做"消费者住宅需求调查"，请你为这个调查项目写出所要调查的内容。

2. 自己找一个调查项目，参照下列案例，独立撰写一份市场调查策划书。

五、案例分析

S市WD仓储式购物中心可行性调研策划书

（一）调研背景

S市WD地产有限公司拟在高新开发区建一处仓储式购物中心，为探测其方案的可行性，并进而确定购物中心的商圈半径、目标顾客等，为其市场定位提供科学依据，现委托××市场调研所在S市范围内进行一次专项市场营销调研。

我们××市场调研所WD项目组经研究，特提出本计划方案，供与WD地产有限公司交流参考之用并作为项目操作之依据。

（二）调研目的

根据我们与WD地产公司沟通，本次市场研究工作的主要目的是：

1. 探究消费者的购买心理、动机及其购买行为特点，为市场细分及市场定位提供科学依据；

2. 了解消费者对超级市场的认知，探察各超市的品牌知名度；

3. 探察对WD购物中心的接受程度，确定其商圈半径；

4. 分析市场竞争态势，明晰主要竞争对手的SWOT分析。

（三）调研内容

根据上述研究目的，我们建议本次调研内容主要包括以下几项。

1. 探究消费者的购买心理、动机及其购买行为特点。本部分旨在对消费者对超市的需要与期望进行深入的探讨，以明确消费者在超市消费中所寻求的利益点，为市场细分及市场定位提供科学依据。本部分所需要的主要信息点将包括：

（1）消费者（家庭）平时购买日用品的习惯——购买地点、频率、数量和品种；

（2）导致该种购物模式的因素——方便快捷、价格实惠、质量可靠；

（3）消费者对超市消费的认知；

（4）对超市各种特性重要性的评价（排序法）；

（5）消费角色——提议者、决策者、购买者、使用者和影响者；

（6）消费模式——有计划购买、冲动购买。

2. 分析目前S市超市竞争态势，明晰主要竞争对手的优势和劣势，以及WD购物中心所面临的机会和威胁（SWOT分析）。

本部分是专门针对品牌的研究,旨在通过对市场上主要竞争对手的比较评价,对整体的市场竞争态势进行描述与评价,从而帮助客户进行评估,找出其竞争力所在,并发现所面临的问题与威胁,以便于在制订市场营销策略时扬长避短。本部分所需信息将包括:

(1) 目前 S 市各超市的品牌知名度——第一提及、提示前、提示后;

(2) 品牌购买——曾经购买、过去 3 个月购买过;

(3) 对曾经光临过的超市的总体评价;

(4) 对曾经光临过的超市的特性评价。

此外,如有需要,还将对目前几家超市进行分日期、时间段的人流量、客流量的测试。

3. 探察消费者对 WD 购物中心的接受程度及对其发展的意见与建议,从而确定 WD 购物中心的商圈半径及其投资规模。

(1) 消费者对 WD 购物中心的接受程度(五分法);

(2) 消费者对其构想的评价及对其发展的意见与建议。

4. 收集包括消费者的年龄、性别、家庭收入状况等在内的背景资料以备交互分析之用。

(四)　目标被访者定义

因本次调查是一项市场前景预测,我们在样本定义时遵循以下原则:一是样本要有广泛的代表性,以期能够基本反映消费者对 WD 购物中心的需求状况,从而确定其商圈半径;二是样本要有一定的针对性。由于超市购物需要有一定的购买与支付能力,因此,本次调查的母体是 S 市区具有超市购物经验的居民。基于以上原则,我们建议采用如下标准甄选目标被访者。

1. 15~55 周岁的 S 市区域内常住居民。

2. 本人及其亲属不在相应的单位工作。

3. 在过去 6 个月内未接受或参加过任何形式的相关市场营销调研。

(五)　数据收集方法

本项目的数据收集方法如下:

1. ××市场调查所将根据与 S 市 WD 地产有限公司探讨所达成的共识设计问卷,问卷长度控制在 15 分钟左右,问卷经双方商讨确定之后正式启用。

2. 采用以 WD 商城为中心、1 公里为间隔半径等距抽样的方法确定被访者。

3. 采用结构性问卷进行街头面访调查。

(六)　样本量

根据以往的研究经验,考虑到统计分析对样本量的要求和成本方面的经济性,我们建议本次研究所需要的样本量约为 300 个。

(七)　访员安排

1. 本次调查工作由××市场调研所访问员负责完成。

2. 正式调查前由××市场调研所研究督导对访员进行专门培训,以确保调查工作质量。

（八）质量控制与复核

1. 本次问卷访问复核率为30％，其中15％电话复核，15％实地复核；

2. 我们将实行一票否决制，即发现访问员一份问卷作弊，该访问员所有问卷作废；

3. 为确保科学高效地完成调研工作，我们将成立专门的项目小组为客户服务。

（九）数据录入与处理

参与此项目的所有数据录入及编码人员将参与问卷的制作与调查培训；在录入过程中需抽取10％的样本进行录入复核，以保证录入质量；数据处理采用SPSS软件进行。

（十）研究时间安排（自项目确定之日起）

程序 ＼ 时间	1	2	3	4	5	6	7	8	9	10	11	12	13	14	15	16	17	18	19	20	21	22	23	24	25	26	27	28
方案与问卷设计	■	■	■	■	■																							
问卷试访						■	■	■																				
调查实施									■	■	■	■	■	■	■	■	■	■	■									
数据处理与分析												■	■	■	■	■	■	■	■	■	■	■	■					
报告撰写与发布																			■	■	■	■	■	■	■	■	■	■

（十一）报告提交

由××市场调研所向WD地产有限公司提交调研报告书一份及所有原始问卷，并提供包括调研报告、原始数据、分析数据、演示文稿在内的磁盘一份。如有需要，我们将向WD地产有限公司作口头汇报。

（十二）费用预算

项目费用预算约为×元，其用途分别如下（清单略）：

1	问卷设计、问卷印刷	×元
2	调查与复核费用	×元
3	数据处理（编码、录入、处理、分析）	×元
4	报告撰写与制作	×元
5	差旅及其他杂费	×元
合计：人民币	圆整	×元

第3章

二手资料的收集

【学习目标】

　　通过本章的学习，理解文案调查的概念和特点；了解二手资料的来源；掌握对二手资料的要求及收集方法，具备面对具体问题按要求收集二手资料的能力。

　　在市场调查中，通常要通过一定的手段和方法去获取资料，调查资料根据性质可分为第一手资料和二手资料。第一手资料，也称原始资料，是指市场调查人员通过现场实地调查，直接向调查对象收集的信息资料。第一手资料有真实性、针对性、适用性强的优点，同时，资料来源广泛，调查人员容易控制，能够灵活地选择收集的方法，但是这种收集资料的方法也有不足之处，主要表现为投入人力较多，时间较长，费用较高，一般企业不具备这种能力。因此，资料收集过程中企业应首先收集二手资料，在不能满足其调查需求时，再考虑收集第一手原始信息资料。

3.1　二手资料的特点和意义

3.1.1　二手资料的含义

　　二手资料，是指特定的调查者按照原来的目的已收集、整理的各种现成的资料，又称次级资料或已有资料，如年鉴、报告、文件、期刊、文集、数据库、报表等。搜集与市场调查课题有关的二手资料的方法称为文案调查法、桌面调研或室内研究，是通过查看、阅读、检索、筛选、剪辑、购买、复制等手段收集二手资料的一种调查方法。它与访问法、观察法等搜集原始资料的方法是相互依存、相互补充的。

3.1.2　二手资料的作用

根据市场调查的经验，几乎所有的市场调查都可始于收集二手资料，只有当二手资料不能为解决问题提供足够的证据时，才进行实地调查。二手资料的收集、整理和分析，对企业的作用和意义主要表现在以下几个方面。

（1）为企业进行实地调查奠定基础。当某个企业面临的问题较复杂时，通过二手资料的分析，可以帮助调查者初步了解调查对象的性质、范围、内容和重点，找出问题的症结和确定调研的方向，发现和明确研究的主题，为组织正式调查打下基础。

（2）可以弥补实地调查的缺陷，并在某种情况下代替实地调查。由于各种主客观因素，即使是准备得很充分的实地调查，也往往难以全面周到地获取所需信息或资料，或者是得到的资料并不适宜分析推断市场总体，这时，利用二手资料获得的信息就可以洞察或解决研究的问题。在有些情况下，文案调查与实地调查相结合，可以使得结果更完善。

（3）为正式调查提供丰富的信息。利用二手资料，能为设计调查计划方案提供大量的背景资料。可以为问卷设计提供一些基本信息，如了解目标消费者使用语言的方式，有助于组织问卷，使被调查者更准确和全面地理解问卷。在抽样设计时，抽样框就是以往积累的二手资料，配额抽样也是以人口资料为依据的。二手资料使实地调查制定的计划更周详，从而提高实施的可行性，使市场调查取得良好的效果。

3.1.3　二手资料的优点和应用

与实地调查相比，二手资料有以下优点：成本相对较低，资料比较容易找到，收集资料所用时间相对较短。鉴于上述优点，文案调查常常是市场调查的首选方法，几乎所有的市场调查都可以始于收集二手资料；只有当二手资料不足以解决问题时，才进行实地调查。所以，文案调查可以作为一种独立的调查方法来运用。虽然文案调查往往不能为非常规的研究问题提供所有答案，但这种方法在许多方面是有用的，它有助于确定问题、更好地定义问题、拟定问题的研究框架、阐述恰当的研究设计、回答特定的研究问题、更深刻地解释原始数据。在市场研究中，以下四种情况经常用文案调查进行研究。

（1）市场供求趋势分析。即先收集各种市场动态资料，然后分析对比，以观察市场发展方向。

（2）相关和回归分析。即收集一系列相互联系的现有资料，对这些资料进行相关和回归分析，以确定现象之间相互影响的方向和程度，并在此基础上进行预测。

（3）市场占有率分析。即根据各方面资料，估算本企业某种产品的销售量占该产品市场销售总量的比例，以了解本企业所处的市场地位。

（4）市场覆盖率分析。即本企业某种商品的投放点占该商品全国投放点总数的份额，反映企业商品销售的广度和宽度。

3.2　二手资料的来源

企业在进行市场调查时，由于其所解决的问题不同，因而就需通过不同的调查方式和途径获取相关的信息资料，资料收集是市场调查的核心工作。二手资料的收集是市场调查的重要内容。在现代社会，由于信息流动速度很快，尤其是随着互联网的普及，二手资料的收集更加快速简便。

二手资料的来源主要有企业的内部渠道和外部渠道。内部渠道主要是企业各个部门提供的各种业务、统计、财务及其他有关资料。外部渠道主要是企业外部的各类机构、情报单位、国际互联网、在线数据库及图书馆等所持有的可供用户共享的各种资料。

3.2.1　企业内部资料来源

1. 有关企业生产经营活动的资料

（1）业务资料。指反映企业生产经营业务活动的一些原始记录方面的资料，是企业开展经营业务活动，进行市场分析的重要资料，主要包括各种如订货单（可以从中了解用户的需求量情况、用户的地理位置等）、进货单（可以了解供应单位的情况）、发货单（可以了解运输情况）、存货单、销售记录、购销合同、发票、销售记录、业务员访问报告、广告、顾客反馈信息及业务人员各种记录等资料，一般从业务部门搜集取得。

（2）财务资料。指由各财务部门提供的各种财务、会计核算和分析资料，是企业加强管理、研究市场、反映经济效益的重要依据，主要包括企业资产、负债、权益、收入、成本、费用、利润等，一般从财务会计部门搜集取得。

（3）统计资料。企业统计资料是对企业各项经济活动的综合反映，是企业生产经营决策的重要依据，是进行市场调查的重要的次级资料，主要包括企业各类统计报表、各种统计分析资料、反映生产经营活动的各种数据。如工业企业的产品产值、产量、销售量、库存量、单位成本、原材料消耗量等统计数据；贸易企业的商品购、销、存统计数据等。一般从统计部门搜集取得。

（4）其他资料。企业积累的各种调查报告、工作总结、整理的各种上级文件资料、政策法规、顾客意见和建议、档案卷宗、照片、录音、录像、剪报等资料，这些资料对企业市场调查也有一定参考作用。

2. 市场环境方面的资料

企业的市场分析报告、顾客档案及以前的市场研究报告常常是企业现存的市场环境方面资料的重要途径。

（1）顾客方面。包括购买者、使用者、市场分析、购买动机、购买数量等方面的资料。这些都可以从企业的顾客分析报告或顾客档案中获得。

（2）市场容量方面。包括市场大小、增长速度、趋势等。

（3）竞争方面。包括同行业的直接竞争者和替代产品制造企业的产品结构、服务的市场、市场营销策略及企业的优势、劣势等。

（4）分销渠道方面。包括销售成本、运输成本、分销渠道上中间商的情况等。

（5）宏观环境方面。包括经济形势、政府政策、社会环境、行业技术及相关技术的发展、国际环境等。

企业内部资料对于分析、辨别存在的问题和机会，制定与评价相应的决策行动方案都是必不可少的。对于现代企业管理来说，建立管理信息系统，将企业的内部资料全部放入信息系统的数据库中，这种内部资料便于查、修、删、改，进行动态管理。营销内部数据库是一个非常有用的数据库，它是建立在顾客信息的基础之上的。

3.2.2　企业外部资料来源

企业外部资料是指来自于企业外部的各种信息资料的总称，包括政府各种公告、统计资料、各种年鉴、书籍、报纸、杂志、名录、电视、广播、因特网上的资料。直到互联网和在线数据库出现以前，进图书馆是收集二手资料的唯一途径。现在对有些调查者来说，跑图书馆可能已成为历史。从企业外部搜集二手资料，更需要讲究方法和技巧。

1. 传统来源

（1）各级政府部门发布的有关资料。如各级计委、财政、工商、税务、银行、贸易等部门经常定期或不定期地发布各种有关政策法规、财政和金融信息、价格、商品供求等信息。这些信息是重要的市场调查资料。

（2）各级统计部门发布的有关统计资料。各级统计部门每年都定期或不定期地发布国民经济统计资料。各级统计局每年还出版统计年鉴，内容包括综合、人口与就业、投资、财政、工业、农业、建筑业、商业、对外贸易、人民生活文化、教育、卫生、环保等许多重要的国民经济统计资料。这些资料是市场调研必不可少的重要资料。

（3）各种信息中心和信息咨询公司提供的市场信息资料。经济信息中心、专门信息咨询机构、各行业协会、联合会或行业管理机构提供的市场信息和有关行业情报，如本行业的统计数据、市场分析报告、市场行情报告、工商企业名录、产业研究、商业评论、政策法规等。这些专业信息机构资料齐全，信息灵敏度高，有较强的专业性和可靠程度。这些资料是研究行业状况和市场竞争的重要依据。

（4）各种公开出版物。订购有关科技书籍、商务性和行业性的报纸、杂志是积累资料、充实信息库的重要来源，如《经济日报》、《国际市场》、《中国商报》、《中华工商时报》、《中国经营报》、《中国经济时报》、《中国物资报》、《销售与市场》、《信息时报》、《新西部》等。这些出版物经常登载科技信息、文献资料、广告资料、市场行情、预测资料和各种经济信息等。公开出版物一般信息及时、容量大，是重要的外部渠道。

（5）新闻媒体所发布的信息资料是企业重要的资料来源。我国的电视广播事业非常发达，中央、省、地、县都建有电视台和广播电台，不少省份的电视节目都通过卫星传播，覆盖全国。这些电视台、广播电台每天都发送大量的广告信息和各种经济信息，如中央二台的经济信息栏目及时发布国内外最新经济信息资料，调查人员应加以收集利用。这种信息资料的优点是信息量大、涉及范围广、信息速度快、成本低。

（6）各种博览会、展销会、交易会和订货会上发放的文件和材料。这些会议一般都有新产品、新技术、新设备、新材料等生产供应方面的信息。通过参加展销会、交易会、订货会等，可以搜集大量的市场调查资料，还可以直接获取样品、产品说明书等资料，有时还可以通过拍照、录音、录像获取有关资料。

（7）工商企业名录。它是调查人员寻找目标市场潜在客户、中间商和竞争者的重要资料来源。工商企业名录有两种类型：一类是按区域收录；一类是按行业、产品系列或市场收录。一般情况下，涉及的区域越小或专业性越强，名录所收录的企业就越多，资料就越完整。

（8）公共图书馆和大学专业图书馆里的大量的经济资料。在各国的大中城市，都建有公共图书馆，它是各种文献资料的集中收藏者，所有公开出版的书籍、杂志、报纸、光盘等都有收藏。图书馆一般分为综合图书馆和专业图书馆。我国公共图书馆以综合图书馆为主，如中国国家图书馆是我国规模最大的公共图书馆，藏有许多珍贵的文献资料。各省会城市也都有省级公共图书馆。专业图书馆主要分布于科研院所和高等院校，与其专业研究有关的图书情报、资料比较齐全，如农业大学图书馆、地质大学图书馆等。档案馆保存有国家拥有的各种技术档案、社会档案，对于调查者查询某些专门资料，具有其他资料来源不可替代的作用，因此，档案馆作为重要的二手资料的来源，越来越引起人们的重视。档案馆资料的获得的制约因素较多，费用也较高，但资料的真实性和可信度强。

（9）国际市场的信息。包括国际组织，比如国际贸易中心（ITC）、联合国粮食及农业组织（FAO）、经济合作与发展组织（OECD）、贸易和发展会议（UNCTAD）和国际货币基金组织（IMF）等。外国使馆、商会、办事处及各种博览会等提供的各种国际市场资料。

（10）其他信息来源。各类研究机构的调查报告、研究论文集，各类专业组织的调查报告、统计报告及相关资料，如研究所或个人的研究报告，如论文、学位论文、专著、各种科研院所研究中心的研究报告，专业性和学术性经验交流会议上发放的资料等。科研院所和高等院校是国家重要的科研基地，拥有一支规模庞大的高素质的专业科研队伍，他们分别在自己的研究领域，掌握着国内外最新的发展动态，每年有大量的具有重要学术价值和社会价值的科研成果发表。这些信息资料具有前沿性、指导性和趋势性等特点，对企业的营销决策有重要参考价值，应作为二手资料的重要来源。

外部资料是企业市场调查中主要的资料收集对象，因为企业的营销活动以面向市场为导向，市场上各种信息资料，特别是消费者需求资料、价格资料、竞争对手的相关资料等，都是企业决策者需要随时掌握的信息资料。但是，外部资料收集范围广、时间长、投资也大，企业收集时应依据决策需要来确定收集资料的规模和范围。

2. 互联网

互联网是一个全球性的电信网络，它使得计算机及其使用者能阅览世界范围内的数据、图像、声音和文件。互联网使二手资料的收集工作产生革命性的变化。现在可以在互联网上找到上百万条的信息。目前，外部二手资料最应该受到特别重视的两个来源：一是互联网；二是电子数据产品。互联网的迅速发展不仅大大提高了外部二手资料搜集在整个市场调查中的重要性，也使二手资料搜集变得简单易行。从发展的趋势上看，由于因特网具备了查寻方便、剪辑方便、存储方便、传输方便、使用方便、无国界、无地域之分等特点，使得它的信息拥有量每天都能高速增长。

对于市场调查者来说，通过互联网和在线数据库可收集存放在世界各地服务器上的数据、文章、报告和相关资料。对于市场调查人员来说，互联网提供三个方面的重要信息：①公司、组织机构、个人创设的推销或宣传他们的产品、服务的网址；②由对某个特殊主题感兴趣的人们组成的用户群组；③在线数据库。

对于特定的市场调查项目来说，可以获得以下重要的信息资源。

1）在互联网上查询资料

像报纸一样，网站往往设置许多固定栏目。假如用户知道所需二手资料属于网站的一个特定栏目，可在域名之后的地方输入这个栏目的正式名称，这样将大大加快搜索速度。

万维网（World Wide Web）是互联网的一个组成部分，是设计用来简化文本和图像的传送工作的。大多数的万维网地址是以"WWW"开头的，地址的下一项叫做域名。域名是经注册在互联网中使用的独特名称（类似于商标）。扩展名表明了域名的性质。比如".com"代表商业性机构，".edu"代表教育机构，".org"代表非营利性机构，".gov"代表政府机构，".net"代表网络服务商等。

国内流行的搜索引擎如百度、搜狐、新浪、8848及美国的Yahoo、AltaVista、Google和MSN等已经成为众多用户在网上查询信息的首选网站，这些机构都提供称为搜索引擎的服务项目。每一个搜索引擎都包含有世界范围内的文档链接集合，以各个网站独自的索引系统为用户提供查询服务。每一个搜索引擎都允许用户输入一个或几个关键词，并在它的万维网地址库中找出所有这个或这些关键词出现的地方。然后搜索引擎逐一列出清单，用户可以通过点击直接进入所列的一个具体网址。可以告知你具体的信息或者你所要查询的信息的相关资料。运用搜索引擎通过网址搜索关于某一主题的信息或某个公司很容易，只需要一个适当的关键词就可以找到全部要查询的东西。

2）网上讨论小组和特殊兴趣组

网络新闻组是人们在互联网上与其他专业人士和特殊兴趣小组进行交流的一个基本方法。通过网络连接器和新闻广播员软件（news reader software），人们可以访问服务提供商所提供的任何一个网络新闻组。网络新闻组的功能非常像一个针对一个特定主题或爱好的公告栏。一个新闻组针对一个特定的主题。在一个新闻组中，可以阅读世界上任何一个人留下的消息，附上自己对别人提问的回答，写出自己的观点等。通常需要对信息进行一定的管理，以避免跑题，并删除一些攻击性的材料。网络新闻组的信息是若干连续的讨论。这样，人们可以从原始信息开始，沿着按序排列的线索，查阅两个或两个以上的人之间的讨论。可以下载与消息有关的图像和声音文件等。

3）在线数据库

除了互联网以外，通常以只读光盘方式存储和出售的专业数据库也是值得注意的二手资料来源，国家统计局每年出版的统计年鉴都附有数据光盘，一些机构甚至围绕这些专业数据编制了应用软件一起出售。一个典型的例子是所谓地理图形信息系统（GIS），它包括数字地图（地理数据）、人口统计数据和添加、处理数据的应用软件。使用该软件将为商店选址、加油站布局等提供极大方便。

3.3　收集二手资料

3.3.1　收集二手资料的方法

获取二手资料的具体方法比较多，主要有以下几种。

（1）核算法。主要用于收集企业内部的现成资料，它是以企业的订货单、验收单、发货单、销售记录、订货合同等业务资料为依据，通过分类核算、汇总统计，加工和开发出所需要的有关数据。如依据商品销货单和销售记录，可进行分类别、分商品、分客户、分地区等多项分类核算，以满足销售研究的数据要求。

（2）报告法。主要用于收集特定系统内部（行业内、企业集团内）的统计数据和财务数据等。它是将设计的调查表下发给下属各单位，要求各单位自行填报，向上级调查机构提供有关数据的方法。这种方法，要求组织者必须统一调查表式、统一调查项目、统一填报要求，以保证所收集的数据具有统一性。同时应加强数据质量的监控和审查。

（3）汇编法。指企业定期整理和积累企业内部统计数据、财务数据和相关资料的一种方法，按一年或五年进行一次资料汇编，编印资料手册、统计摘要和企业年鉴等，以满足市场研究和经营管理的信息需求。

（4）筛选法。筛选法是指从各类文献资料中分析和筛选与市场调研问题有关的资料。文献一般有图书、杂志、统计年鉴、会议文献、论文集、科研报告集、专利文献、政策法规、地方志等。采用筛选法收集二手资料，应根据调查的目的和要求有针对性地查找有关的文献资料。

（5）剪辑法。剪辑法是指调查者平时从各种报刊上剪辑与市场调研活动有关的文章、报告、报道、公报、述评、资讯等。利用剪辑法往往能够从各种报刊上获得与市场调研活动和企业生产经营决策活动有关的大量的二手资料。

（6）购买法。在现实生活中，许多重要的二手资料如经济年鉴、统计年鉴、地方志和企业名录等资料，往往面向社会公开发行，企业可以订购这些资料。此外，各种专业信息咨询机构和市场调查机构有时也会有偿提供一些重要的市场调查报告。

（7）参考文献查找法。参考文献查找法是指利用有关论文、著作、报告等文献的末尾所开列的参考文献目录，或文中涉及的文献资料，以此为线索追踪查找有关文献资料的方法。这种方法是获取技术、经济情报的重要方法之一。

（8）检索工具查找法。检索工具查找法是指利用出版单位、图书馆、书店、报纸杂志等单位编制的书目、索引、文摘等检索工具查找有关资料的方法。包括追检原文、按时间顺序进行顺检或倒检、分散分段检索等。

（9）计算机网络检索法。计算机网络检索法是指利用计算机网络检索、搜寻调研者所需要的有关资料。计算机网络检索法应用领域广、周期短、成本低、速度快、效率高、信息量大，因而被广泛应用。

（10）情报联络网法。情报联络网法是指企业在一定范围内设立情报联络网，用以搜集市场情报、竞争情报、技术经济情报等。企业建立情报网可采用重点地区设立固定情报点，派专人负责或由营销人员兼职；一般地区可与同行业、同部门的情报机构、信息中心、调查机构建立资讯业务联系，定期互通情报、交换资料，以满足各自的需要。在资料搜集中要努力提高自己的检索能力，增加寻找资料的能力。有经验的搜集员会先从报纸、杂志上得知情报，然后向情报出处肯定其正确性，并进一步获得更详细深入的情报，并将所收集情报做成笔记，记录下新发现或意见。

3.3.2　收集二手资料的程序

文案调查是市场调查人员在充分了解企业实行市场调查目的之后，搜集企业内部档案资料和企业外部各种相关文书、档案、研究报告及公布报告资料，加以整理、衔接、调整及融会贯通，以归纳或演绎等方法予以分析，进而提供相关市场调查报告及市场行销建议，以供企业相关人士决策的参考。为了提高文案调查的效率，节省调查的人力、物力、时间和经费，必须遵循一定的工作程序。

1. 确定信息需求

在确定市场调查的目的阶段，委托方与被委托方进行深入沟通之后，双方对于调查目的、调查内容必须达成一致，以避免日后调查结果的不适用。在双方洽谈之初，市场调查人员可能缺乏对该企业和其所处行业的有关知识的了解。调查者应考虑企业市场调查和经营管理的信息需求，包括现实需求和长远需求。现实需求是指文案调查应为解决什么样的现实问题提供信息支持，长远需求是指文案调查应为企业经常性的、生产经营管理决策提供基础性的、连续的数据和资料。

2. 确定资料收集的内容

根据确定的信息需求，进一步明确应收集哪些方面的内部资料和外部资料，才能满足市场研究和生产经营管理的决策需求。一般来说，应收集与市场调研课题有关的背景资料、主体资料和相关资料，以便研究问题的题由、特征和原因。同时，资料内容的界定应力求具体化、条理化。

3. 拟定详细市场调查计划

在市场调查中，有描述性调查和验证假设问题的调查两种情况。但在文案调查时，以描述性调查为主，对验证假设问题的调查很少涉及。市场调查方案涉及的内容如下。

（1）详细列出各种调查目标并按优先级排列。

（2）详细列出各种可能使用的资料及其来源。

（3）详细列出各类调查人员名单及应具备的素质。

（4）详细的日程安排及最后完成期限的制定。

（5）调查成本的估算与控制。

（6）调查人员的培训和工作分配。

4. 评审企业现有的内部资料

评审企业内部已取得或已经积累起来的统计资料、财务资料、业务资料和其他资料是否能满足特定的市场研究课题的需要，是否能满足企业经常性的生产经营管理的信息需求。通过评审，发现问题进行整改，以完善现成资料的内部来源，规范内部信息流程和基础工作。

5. 确定外部资料的来源渠道

根据所确定的外部资料的内容，确定收集的方向和渠道，明确向谁收集、收集什么和何时收集等基本问题。外部资料来源的渠道很多，应根据收集资料的目的、内容和要求，综合考虑提供者的信誉、专业化程度和服务水平及其所提供数据的质量、数据的系统性与可用性作出选择。

6. 确定收集资料的方法

要明确采用什么样的方法才能有效地收集二手资料。一般来说，外部资料的收集需要采用多种方法组合应用，才能从不同的渠道有效获取各种不同性质的现成资料。内部现成资料收集的主要方法是核算法、报告法、汇编法及企业内部数据库、管理信息系统搜寻法等。

7. 实施与评审

二手资料搜集的内容、渠道和方法确定之后，调研者则可实施资料的收集工作。对所收集的二手数据和相关资料，应从技术、质量、内容、目的、时间、水平、系统性、可靠性等方面做出评审，把有利用价值的资料摘录出来。

8. 对各种不同资料间的调整和衔接

对收集的二手数据和相关资料，经过评审后，再进行分类、综合、加工、制表、归档、汇编等处理，使收集的资料实现条理化、综合化、层次化，为市场分析研究和满足管理的信息需求提供优质的信息服务。文案调查所收集的各种资料从时间上看可能有间断，此时调查研究人员应该运用相关知识和经验，对资料进行判断，并加以调整、衔接及融会贯通。为此应注意以下几个方面的问题。

（1）在资料的整理过程中，将用不同计算单位得到的资料统一口径，转换为标准单位。

（2）从理论上对调查资料作逻辑性分析，将所收集的数据有机地重新编排和组合，成为新的可用的资料。

（3）经整理后的资料不可孤立地分析和运用，必须经过比较分析和相互衔接，才能用来发现事物的发展、变化的规律。

（4）将整理后的数字转化成统计图表，并作必要的分析和解释，使阅读者能容易地阅读和掌握事实情况。

（5）详细检查资料是否周详严谨，无遗漏。

（6）在进行资料的衔接与融会贯通时，通常运用的方法有演绎法和归纳法。

资料分析完成之后，即可撰写市场调查报告，用书面报告的形式解释调查问题。调查项目组长在将调查报告递送给委托方后，应继续与委托方作必要的接触，了解报告被采用的程度和采用后产生的实际效果；如委托方对报告内容有不明白之处，应做详细解说，从旁协助计划执行人员进行建议的采纳和实施等工作。

3.3.3　二手资料的评估

文案调查存在着一定的局限性，主要表现在以下几个方面：

（1）较多依赖历史资料，难以适应和反映现实中正在发生的新情况、新问题；

（2）收集的资料与调查目的往往不能很好地吻合，数据对解决问题不能完全适用；

（3）要求调查人员具有较广泛的理论知识、较深厚的专业知识和技能，否则他将感到无能为力；

（4）难以把握文案调查所收集资料的准确程度。由专业水平较高的人员采用科学的方法收集和加工，准确度较高；而有的资料只是粗略估算和推测的，准确度较低。因此，应明确资料的来源并对其可用性加以评价或说明。

由于存在上述各种局限性，在运用文案调查资料进行分析研究时，首先要对其质量进行评估。

1. 数据收集的方法

收集数据时使用的具体要求或方法应该经过严格审查，以便发现可能存在的偏差。方法方面的考虑包括样本的大小和性质、回答率和质量、问卷设计和填写、现场工作程序、数据分析和报告程序。这些审查为数据的可靠性和有效性提供了信息，有助于判断二手数据是否适用于手中的问题。

2. 数据的准确性

文案调查资料的准确性至关重要，根据不准确的资料很可能得出不正确的结论，这会使整个调查的可信度大打折扣。研究人员必须判断数据对于目前的研究目的而言是否足够准确。二手数据会有许多不同来源的误差，包括在研究方法、研究设计、抽样、数据收集、分析和报告等方面的误差。但是，评价二手数据的准确性是很困难的，因为研究人员并没有参与相关的研究。如果可能的话，对同种资料应该从多种信息源取得，以便相互印证、核实。

3. 数据的及时性

二手数据可能不是当前的数据，数据收集和公布之间的时滞可能较长，这种情况在普查数据中经常出现。另外，随着信息时代的到来，知识更新速度加快，市场活动的节奏也越来越快，资料适用的时间在缩短。因此，只有反映最新市场活动情况的资料才是价值最高的资料，过时的二手数据的价值会降低。

4. 数据收集的目的

收集数据总会有一定的目的，需要问的最根本的问题是："最初为什么收集这些数据？"收集数据的目的最终决定信息的相应用途，与某一特定目的相关的信息也许在另一种情形下并不适用。

5. 数据的性质

检验数据的性质或内容，应该特别注意关键变量的定义、测量单位、分类方法和所检验的关系。如果没有定义关键变量或者定义矛盾，那么数据的用途就会受到限制。比如说，要利用消费者对电视节目偏好的二手数据，就需要知道对电视节目的偏好是如何定义的：是被定义成最常看的节目、最需要看的节目，还是最喜欢看的节目？同样，二手数据的测量单位可能不适合当前问题。例如，收入可以有不同的测量方式：个人的、家族的、家庭的，还可以是总额或者是除去税收之后的净额。收入应该根据研究的需要进行分类。如果研究人员对家庭年收入总额超过 10 万元的高收入消费者感兴趣，那么，低于 6 万元、6～8 万元、8～10 万元等类别的二手数据就没有太大的用处。决定变量（如收入）的测量可能是一项复杂的任务。最后，在评价数据的性质时应考虑所检验的关系。例如，如果是对实际行为感兴趣，那么从个人主观角度的信息所推断的行为数据的用处就有限了。有时也可能需要重新整理可用的数据，如转换测量单位，这样形成的数据对手中问题的用处更大。

6. 数据的可靠性

通过检验二手数据来源的专业水平、可信度和声誉，可以获得对数据可靠性的总体认识。这些信息可以通过与已使用此来源的信息产生数据的人进行核实来获得；应该用怀疑的眼光去看待为了促销、吸引特别的兴趣或进行宣传而公布的数据；对于匿名的或者以一种隐藏数据收集方法和程序细节的形式公布的数据，也应该采取同样的态度。另外，还有必要检验二手数据是采自原始来源，还是来自二次来源。

思考练习题

一、简答题

1. 二手资料调查可应用于哪些研究？有何优缺点？

2. 二手资料来源有哪些渠道？有哪些获取资料的具体途径？

3. 如何评价二手资料的价值？

4. 二手资料与原始资料相比较，其优点和缺点是什么？

5. 为什么说互联网对查询二手资料有重要意义？

二、实践操作题

小陈从某名牌大学获得工商管理硕士学位后，供职于一家著名的管理咨询公司。现在，咨询公司的一位主营房地产的客户希望能在高新技术产业领域内投资以进行企业的多角经营。他需要咨询公司提供投资的具体方向和进入策略。小陈被公司指定为该项目的执行人员之一。

该项目的第一阶段是对不同的高新技术行业进行背景分析（例如，计算机行业、办公仪器设备行业、生物制品业、新材料业……）。若干个分析员被分派到不同的行业进行背景研究。小陈被分派去分析计算机行业。他需要在第二天 8：00 之前完成初步分析，以便在第二天的会议上汇报他的分析结果及对该行业的市场前景和未来趋势予以初步预测。

在非常有限的时间条件下，小陈知道要及时完成他的报告，唯一的希望是找到所需的资料。他采取的办法是借助因特网来进行资料收集。

请你也用因特网来收集相关资料，并完成一份两页纸的报告，要求内容包括以下几点：

1. 计算机行业（进一步细分到硬件、软件、辅助设备）目前的市场规模；

2. 市场增长趋势；

3. 目前市场上的领先公司；

4. 行业竞争的激烈程度；

5. 行业发展的热点产品；

6. 你认为客户在计算机行业是否有发展机会？若有，请推荐投资方向。

三、案例分析

日本企业：情报触角

(一) 案例介绍

日本作为现代经济强国之一，在经济信息活动中，对信息的鉴定几乎到了神奇的程度。我们可以通过日本的一家咨询公司对它所获得的信息进行精细鉴定的事例来说明这一点。

在20世纪60年代初，这家咨询公司的市场信息研究人员从我国公开发行的《人民画报》的照片上突然发现北京的公共汽车上没有气包了，而这气包正是中国进口汽油的标志。这一微小的变化，使他们推断出中国一定是找到了很大的油田。但是这座油田在哪里？规模有多大？对本公司是否有利可图？是这个公司急于要得到的信息。事隔不久，《人民画报》又登载了一张宣传铁人精神的画片。画面上是铁人王进喜，他肩扛着钻机零件，艰难而顽强地跋涉在纷纷的大雪之中；画面的背景除了皑皑白雪之外，还有一个半掩着火车站的标牌，"萨尔图"三个字隐约可见；画面说明写道：铁人王进喜人拉肩扛也要把钻机运到井位。这幅极为普通的画片，为日本人探知我国油田开发情况提供了极为宝贵的情报。日本人从画面上那些飘扬的雪花断定，中国新近开发的油田一定是在千里冰封的东北高寒地区；从"萨尔图"这个一般地图上都没有标明的小火车站的名字分析出，油田就在这个小火车站的附近，或者是在离铁路线不远的地方，否则，怎么凭着这种带有原始劳动色彩的"人拉肩扛"就能把钻机运到井位呢？日本人翻阅了很多资料，还找到侵华战争时期关东军的残留人员，向他们询问"萨尔图"是个什么样的地方。通过调查研究，他们终于了解到"萨尔图"就在东北松嫩平原一片人烟稀少的沼泽地带。这些信息对日本这家公司实在是太宝贵了！他们估计到，中国当时开发这样大规模的油田还没有足够的力量。一定要引进有关这方面的技术和设备；为了减轻冬季外运原油的困难和解决过大的运输量问题，中国必定要采用就地冶炼原油的办法，建设炼油厂；在炼油的过程中，中国必定要搞综合利用。他们还设想到在上述气候和地理环境中开发油田需要什么样的技术和综合利用的设备，并且快马加鞭地设计了这套设备，等待中国来购买。果不其然，几年后，中国以石油的综合开发利用向国际招标时，这家日本公司就以速度快、设计符合中国实际情况而夺标。许多国家为日本人这种神速的设计、开发能力发出啧啧的赞叹，却不知是《人民画报》的几张画片帮了这家日本公司的忙，使他们几年前就着手研究中国石油开发、生产的市场营销策略，因而在强手如林的竞争对手中获胜，一举夺标。

日本的专家们是这样分析大庆油田的。

1. 《人民画报》封面刊有北京街头的公共汽车上没有气包，这说明中国最近找到了大油田。

2. 《人民画报》封面刊有王铁人的照片，身穿大棉袄、头戴皮棉帽，天上下着鹅毛大雪，表明油田在东北地区。

3.《人民日报》报道：王进喜到了马家窑，说一声好大的油海啊，我要把中国石油落后的帽子扔到太平洋里去。结论：油田的中心就在马家窑。

4.《人民画报》报道：中国工人发扬"一不怕苦，二不怕死"的革命精神，油田的设备完全是人拉肩扛弄到井位上的。结论：油田附近有铁路或公路，或离铁路、公路不远。1966年，中国的许多报刊报道：王铁人光荣地参加了全国人大。结论：油田出油了，不出油，王铁人当不上人大代表。

5.《人民日报》上刊登了一幅石油钻塔的照片，日本据此测算出油井高度和直径，又根据《政府工作报告》的有关资料，估算出油井的产量和油田的规模。

这样，日本公司按以上特点设计好了石油加工设备，只等中国人上门。

20世纪70年代中期，日本柯尼卡照相机公司的产品销量由旺销逐步滞销，业务量急剧下降。原因在哪儿？这时公司立即组织了专门的调查组，对四个问题进行了调查：为什么人们不愿意购买照相机？消费者对照相机有什么意见？人们使用照相机的目的是什么？人们在使用照相机时最容易出哪些毛病？经过详细的调查，调查组弄清了产品滞销的原因：市场上的单镜头反光式相机只适合于专业摄影工作者，并且市场已达饱和；一般消费者抱怨市场上的相机操作复杂，不易掌握；照片洗印的统计资料说明，80%的照片属于纪念性质的，其中50%以上是在室内拍摄的；由于焦距和曝光量掌握不准，在室内拍摄的照片经常出现影像模糊。原因弄清楚了，公司马上成立了专门由技术、营销、财务等人员组成的研制班子，研制一种普通消费者都能掌握、便于携带、操作简单、效果良好的小型照相机。经过攻关，一种新型相机终于如期问世了。它的特点是：袖珍型，重量在1磅以下，可装入使用者衣服口袋内；有自动调焦、自动曝光调节装置，任何人都可操作；机内有闪光装置，可用于室内拍摄；价格低廉。新产品C35AF型的自动调节照相机一投放市场，便立刻受到消费者的普遍欢迎，产品畅销国内外市场，销售额远远超过了公司决策者原来的估计。这种在世界上深受普通消费者青睐的"傻瓜"相机，实际上来自一群极善于捕捉市场信息的聪明人的创造。

日本人收集和传递信息的速度之快，的确令人赞叹不已。例如：5~60秒，可获得世界各地金融市场行情；1~3分钟，可查询日本与世界各地进出口贸易的商品品种、规格等资料；3~5分钟，可查询、调用国内1万个重点公司企业当年或历年经营生产情况的时间系列数据；5~10分钟，可查询或调用政府制定的各种法律、法令和国令记录；5分钟，即可利用数量经济模型和计算机模型，画出国际、国内经济因素变化可能给宏观经济带来影响的变动图和曲线，并随时可获得当天全国各地汽车销售、生鲜食品、房地产、股票交易等的市场营销动态的信息。

1993年3月，扎伊尔发生了军事叛乱。日本三菱公司的商务人员迅速通知总部：叛军正在向赞比亚铜矿方向移动，据此，估计国际市场的铜价会受到影响。三菱公司马上在伦敦金属交易所以每吨860英镑的价格收购铜。不久，铜价猛涨，三菱公司转眼之间赚了一大笔。

　　1967 年，日本设在莫斯科的商务人员有两个星期没有看见熟悉的前苏联外贸部司局长以上的官员在公开场合露面了，后查明，他们去了美国盛产小麦的科罗拉多州。日本商人分析：这么多负责农业的高级官员去科罗拉多州，肯定有大笔粮食买卖。于是，日本公司果断决定，立即低价购进大量小麦和大米，待苏美小麦协议达成后再高价抛售，果然，这一情报战大获全胜，它们从中获得了巨额收益。

(二) 分析提示

　　善于搜集、分析、利用信息，可以创造财富，可以说"信息就是金钱"。在激烈的市场竞争中，要想领先竞争者一步，就必须有灵敏的信息触觉。在当今信息时代，每时每刻都有大量的信息涌现。因此，要善于搜集与企业生产经营有关的信息，并应具备良好的信息分析能力，充分利用先进的信息搜集和处理手段。

　　日本这样一个资源贫乏、地域狭小的岛国，之所以能在第二次世界大战后迅速崛起，跟日本企业有敏锐的市场洞察力、能迅速出击并占领世界市场是分不开的。日本企业有较强的市场信息意识，把市场信息当作一种重要的战略资源，当作企业生命的源泉，加之先进、发达的电子计算机网络，因此出现了"东洋货横行世界市场"的局面。

　　问题：

　　1. 日本企业是如何了解到中国开发大庆油田而开发设计出相关产品的？

　　2. 试分析日本企业对市场信息的重视程度。

第4章

抽样设计

市场研究中的调查方法可以分为普查和抽样调查两种，普查主要在政府组织进行的调查活动中使用。理论上，市场调查若用普查，其调查结果应该最准确、最有价值，但普查需要耗费大量的人力、经费，而且调查时间长。当今市场构成多元化，变化节奏快、调查经费相对紧张，所以商业性的调查活动很少使用普查来获取市场信息。基于此，在众多的调查对象中，如何以最少的时间、费用和手段来获得正确的调查结果，则有赖于抽样调查。

4.1 抽样设计的基本概念

抽样调查是指按照随机原则或非随机原则，从全部调查对象中抽取部分样本进行调查，然后用样本所获得的结果来估计总体的基本情况。在进行抽样设计时，常常要涉及以下基本概念。

4.1.1 全及总体和抽样总体

全及总体是指所要调查对象的全体,简称总体或母体,用 N 表示。例如,假设要调查西安市有多少家庭拥有微波炉,那么调查总体就是西安市所有的家庭。

抽样总体是从总体中抽取的一部分个体的总和。例如西安市家庭拥有微波炉的调查中,被抽到的家庭就构成该项调查的样本,每一个被抽到的家庭就是一个样本。样本中所包含的单位个数称为样本量,用 n 表示。一般当样本数大于等于 30 时,称为大样本;当样本数小于 30 时,称为小样本。

4.1.2 重复抽样与不重复抽样

从 N 个总体单位中抽取 n 个组成样本,有两种抽取方法,一是重复抽样,即每抽出一个单位进行登记后,放回去,混合均匀后,再抽下一个,直到抽满 n 个为止。二是不重复抽样,即每次抽出一个单位进行登记后,不再放回参加下一次抽取,依次下去,直到抽满 n 个为止。实践证明,不重复抽样误差比重复抽样小。

4.1.3 抽样单元

为了便于实现抽样,常常将总体划分为有限个互不重叠的部分,每个部分都叫做一个抽样单元。全部的抽样单元资料称为抽样框。例如在西安市进行居民消费状况的入户调查,可以先按区域把西安市划成雁塔区、碑林区、新城区、莲湖区、未央区、灞桥区等单元,作为一级抽样单元,再按街道划分为二级抽样单元,还可以再继续按街道的居民小区划分为三级抽样单元,如果需要,还可以进一步划分下去。

4.1.4 抽样框

在抽样设计时,必须有一份全部抽样单元的资料,这份资料就叫做抽样框。其具体表现形式主要有包括总体全部单位的名单、电话号码簿、户口档案、企业名录地图等。抽样框在抽样调查中处于基础地位,是抽样调查必不可少的部分,其对于推断总体具有相当大的影响。在抽样框中,每个抽样单元都应该有自己对应的位置或序号,这常常通过编号来实现。如果不存在可以直接使用的抽样框,如在某个城市不存在一个直接可用的由所有女性抽烟者构成的抽样框,调查者只能从全体居民中寻找符合条件的受访者。

4.1.5　抽样误差和非抽样误差

在抽样调查中，通常以样本做出估计值对总体的某个特征进行估计，当两者不一致时，就会产生误差。因为由样本做出的估计值随着抽选的样本不同而变化，即使观察完全正确，它和总体指标之间也往往存在差异，这种差异纯粹是抽样引起的，故称之为抽样误差。

非抽样误差是指在抽样调查中由人为因素造成的误差。这种误差是由研究者、访问员和受调查者造成的。例如，由于调查方法不当引起的受调查者的反应不当，访问员工作不认真、不仔细所造成的记录错误，受调查者拒绝配合或不认真作答等。这类误差是无法测量的，但它可以通过诸如加强对访问员的培训，提高调查员的素质，采用合理的资料采集方法，设计高效的问卷等手段来克服。

4.1.6　置信度

置信度也称为可靠度，或置信水平、置信系数，即在抽样对总体参数做出估计时，由于样本的随机性，其结论总是不确定的。因此，采用一种概率的陈述方法，也就是数理统计中的区间估计法，即估计值与总体参数在一定允许的误差范围以内，其相应的概率有多大，这个相应的概率称作置信度。

4.2　抽样的基本方法

在抽样调查中，抽取的样本是否有代表性，是衡量调查结果是否准确、可靠的重要标准。为了使抽选的样本具有代表性，必须借助于各种抽样方法。

抽样方法可分为随机抽样和非随机抽样两大类。随机抽样也称概率抽样，是对总体中的每一个个体都有被抽到的可能，完全排除了人的主观因素的影响。非随机抽样也称非概率抽样，是从方便出发或根据研究人员的主观判断来抽取样本。

随机抽样和非随机抽样又可以根据抽样的形式、特点进一步加以细分（见图4-1）。

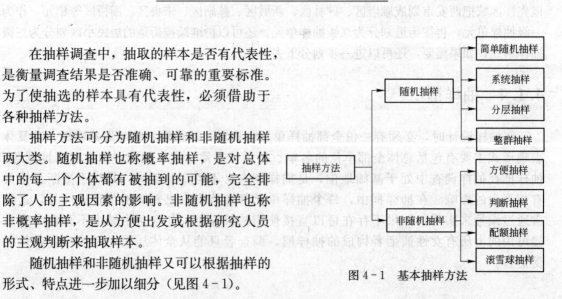

图4-1　基本抽样方法

4.2.1　随机抽样

随机抽样也叫概率抽样，是指按照随机原则从总体中抽取一定数目的单位作为样本进行调查，这种抽样方法实施的难度大，比较费时、费力，但根据这种抽样方法抽取的样本做出的结论对总体具有充分的代表性。常用的方法有简单随机抽样、系统抽样、分层抽样和整群抽样等。

1. 简单随机抽样

简单随机抽样又称为纯随机抽样或完全随机抽样，它是按照随机原则，从调查总体中不加任何分组、划类、排序等先行工作，直接地抽取调查样本。这种方法的特点是调查总体中的每个样本被抽中的概率相等，完全排除了抽样中主观因素的干扰。

简单随机抽样是最基本、最简明、最能体现随机原则、使用范围最广的方法。在市场调查活动中采用的简单随机抽样方法主要有抽签法、掷骰子法、随机数字表法和出生年月法等。在市场调查活动中通常采用抽签法和随机数字表法。

（1）抽签法。先确定或搜集一个抽样框，把抽样框中的每个编号做成号码标签，将标签充分混合均匀后，每次抽取一个，签上的号码即表示样本中的一个单位。抽出的标签不再放回，接着抽取下一个标签，直至抽足所需样本量为止，这部分标签号码所对应的所有个体就构成样本。

（2）随机数字表法。随机数字表也称乱数表，是把 0～9 的数字随机排列成一张表，可有两位数或四位数的号码，也可用作三位数或五位数的号码。在一些计数器和计算机中可以找到随机数字表，很多统计计算类的书籍后面也有附录。每次抽样时就可以利用这张表，从而可以大大地简化抽样手续。

使用乱数表应不受任何限制，随机地从某行某列任意指定一个数字。例如可以闭上眼睛用笔尖在乱数表上点一下，然后以被点中的这个数字为起点，从左至右或从上往下按顺序读取数字，按照事先的规定去掉不符合要求的数字，直到抽足所需的样本量为止。

表 4-1 是从相关资料的统计用表中截取的一部分，以此表为例，如果要从一个 80 人的总体中抽取样本量为 10 的样本，先将这 80 人按 01-80 编上号码，选取时规定凡两位数字不大于 80 的均可纳入样本，超过 80 的数字去掉，重复的数字只能保留一个，直到选够规定的样本量为止。假设从表中第 7 行与第 8 列交叉处的数字 74 开始沿列方向往下查，得到 10 个号码如下：74，85，84，72，52，45，28，92，17，95，那么按照规定要把 85，84，92，95 去掉，再接着从后面的数字中依次读取 4 个不大于 80 的号码 51，08，46，23，满足样本量 10 为止。

那么假如要从一个 200 人的总体中抽取样本量为 20 的样本，须先将这 200 人按 001～200 编上号码，这时总体数目是一个三位数，表 4-1 中同样可以操作。假设从表中的第 3

行与第 14 列交叉处的数字 13 开始沿横行方向往右查，连续地以三位数为一个数码，重新获得一组三位数的随机数码如下：139，109，618，725，215，620，113，244，970，831，…，同样规定凡三位数字不大于 200 的均可纳入样本，超过 200 的数码去掉，如果有重复的号码，则只保留一个，按要求选够 20 个为止。

表 4 - 1　随机数字表（截取部分）

93 05 31 03 07	34 18 04 52 35	74 13 39 35 22	68 95 23 92 35	36 63 70 35 33
21 89 11 47 99	11 20 99 45 18	76 51 94 84 86	13 79 93 37 55	98 16 04 41 67
95 18 94 06 97	27 37 83 28 71	79 57 95 13 91	09 61 87 25 21	56 20 11 32 44
97 08 31 55 73	10 65 81 92 59	77 31 61 95 46	20 44 90 32 64	26 99 76 75 63
69 26 88 86 13	59 71 74 17 32	48 38 75 93 29	73 37 32 04 05	60 82 29 20 25
41 47 10 25 03	87 63 93 95 17	81 83 93 05 29	77 45 85 50 51	79 88 01 97 30
91 94 14 63 62	92 79 43 89 79	92 79 43 89 79	29 18 94 51 23	14 85 11 47 23
80 06 54 18 47	08 52 85 08 40	48 40 35 94 22	72 65 71 08 86	50 03 42 99 36
67 72 77 63 99	89 85 84 46 06	64 71 06 21 66	89 37 20 70 01	61 65 70 22 12
59 40 24 13 75	42 29 72 23 19	06 94 76 10 08	81 30 15 39 14	81 83 17 16 33

　　简单随机抽样是其他随机抽样方法的基础，从理论上说它是最符合随机原则的，而且抽样误差的计算比较简明。但是这种方法在实践中的运用有一定的局限性。①当调查总体很大时，给每个个体编号，去构造一个可供抽取样本的抽样框是非常困难的，实施起来也很麻烦，既费时又费力。②这种抽样方法忽略了总体已有的信息，降低了样本的代表性。例如，在许多调查总体中，男女的性别比例是确定的，如 1：1，采用简单随机抽样法进行抽样，抽出来的男女性别比例可能与总体的真实比例相差很大。所以在市场总体较小、总体内某项特征差异比较大的情况下，不能直接使用简单随机抽样抽取样本。

　　2. 系统抽样

　　系统抽样，也称等距抽样或机械抽样，是从总体中等距离地抽取样本。其抽样过程如下：

　　(1) 将总体中每个个体按某种顺序排列并加以编号；

　　(2) 计算抽样距离。抽样距离等于总体的数量除以样本的数量，即

$$抽样距离\ K = \frac{N}{n}\ （取整数）$$

　　(3) 抽取第一个样本。根据确定的抽样距离，从第一个抽样距离单位内的单元中采用简单随机抽样方法抽取一个单元作为第一个样本；

　　(4) 抽取所有样本。确定了第一个样本之后，每隔一个抽样距离抽取一个，这样所有样本就可一一地抽取出来。

例如，从某学校 110 个学生中用等距抽样方法抽取 10 个学生，抽样间隔 $K=11$，那么先在 001 至 11 之间按简单随机抽样抽取一个数，假定是 006，即第一个样本单元，然后每隔 11 取一个数字，那么抽到的样本编号依次为 006，017，028，039，050，061，072，083，094，105。

一般而言，系统抽样比简单随机抽样简便易行，而且能比较均匀地抽到总体中各个部分的个体，样本的代表性比简单随机抽样强，在调查中经常用来代替简单随机抽样。

系统抽样虽然过程简单，容易理解，但是在单独使用时，系统抽样也面临着简单随机抽样总体大不便于编号的困难。所以在大规模的市场调查中，常把它与其他抽样方法结合起来使用。另外，抽样误差的计算也比较复杂，一般用简单随机抽样的抽样误差来代替进行总体估计。需要注意的是，在有些调查中，要尽量避免使用会使抽样单元有系统性的间隔数，如全年收视率调查中抽取的间隔天数不能为 7，因为这样会影响研究结果。

3. 分层抽样

分层抽样也叫分类抽样或类型抽样，是指先将总体按某些特征分成若干个层（或子总体），再从各层（或子总体）中分别随机抽取一定的单元构成样本。分层抽样的具体过程如图 4－2 所示。

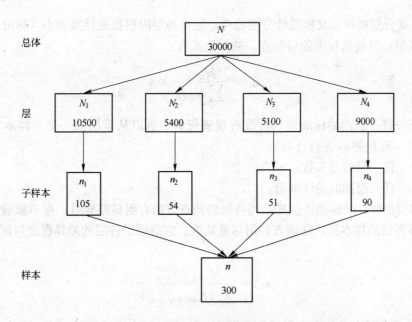

图 4－2 分层抽样示意图

第一，确定分层的特征，如年龄、性别、行政区等；

第二，将总体（N）分成若干（K）个可互不重叠的部分（分别用 N_1，N_2，N_3，…，

N_K表示），每一部分叫一个层，每一个层也是一个子总体；

第三，根据一定的方式（如各层单元占总体的比例）确定各层应抽取的样本量；

第四，分别采用简单随机抽样或系统抽样方法，从各层中抽取相应的样本，分别为 n_1，n_2，n_3，…，n_K，这些样本也叫子样本，子样本之和为总样本。

分层抽样的优点在于：充分地利用了总体的已有信息，可以保证所有重要的子总体在样本中都有代表，使样本更有代表性，抽样方法简单明了，精度也高，实施便利，因而是一种非常实用的抽样力法。对于总体该分成几层，如何分层，则要视具体情况而定。总的原则是，各层内的变异要小，而层与层之间的变异要大，否则将失去分层的意义。

分层抽样抽取的单位数是事先确定的，各层按一定的标准分配数目。为了使分层抽样更合理、科学，在具体实施过程中可采用下列三种方式抽样。

（1）按分层比例抽样。即按各分层子总体数量多少抽取各层的样本数。假设总体数量为 N，总样本量为 n，分层子总体数量为 N_K，分层子样本量为 n_K，计算公式为：

$$n_K = \frac{N_K}{N} \times n$$

按此公式则可算出各层抽取的样本数，这种分层方法是在各分层内的变异数不知道的情况下进行的。

（2）牛曼分层抽样。又称最佳分层抽样，是在各层内根据变异数大小（标准差）调整各层的样本数量，以提高样本的可信度。抽样公式为：

$$n_K = \frac{N_K \sigma_K}{\sum N_K \sigma_K} \times n$$

式中：σ_K——任一层内的标准差（若没有现成资料，可以从该层抽一个小样本算出标准差 S_K 代替 σ_K 进行计算）；

N_K——任一层的总人数；

n_K——任一层抽取的样本量。

（3）德明抽样。又称经济抽样，当各层的调查费用有明显差异时，在不影响可信度的前提下，调整各层的样本量，使调查费用尽量减少。它兼顾了各层的差异程度与调查费用，计算公式为：

$$n_K = \frac{N_K \sigma_K / \sqrt{C_K}}{\sum (N_K \sigma_K \sqrt{C_K})}$$

式中：C_K——各层中单位调查费用。

在分层抽样中，有时可在分层子总体的基础上进一步加以分层，这就是所谓的多次分层抽样。分层的标准一般为地区、年龄、性别、收入、文化程度等。分层抽样由于充分利用了总体已有的信息，样本的代表性及推论的精确性一般都优于简单随机抽样。此外，在抽样实施时，也比简单随机抽样简便。

4. 整群抽样

整群抽样也称为聚类抽样或集团抽样，是先将总体分为若干个群（或子总体），然后从所有群中随机抽取若干个群，对这些群内的所有个体或单元均进行调查。抽样过程可分为以下几个步骤，见图 4-3。

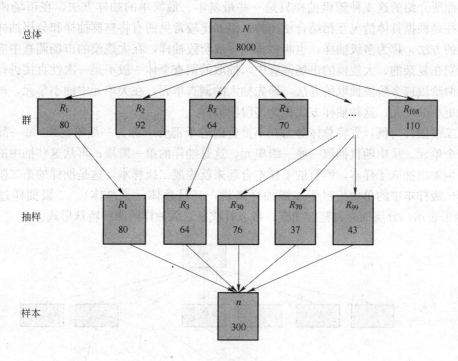

图 4-3 整群抽样示意图

（1）确定分群的标准，如班级、自然行政区域。

（2）将总体（N）分成若干个互不重叠的部分（R_1，R_2，R_3，…，R_i），每个部分为一群。

（3）根据总样本量，确定应该抽取的群数。

（4）采用简单随机抽样或系统抽样方法，从 i 群中抽取确定的群数。

整群抽样也可和多次分层一样，把群进一步分成若干个子群。分群的次数依据实际情形而定，分群的标准通常是地域或自然构成的团体。

整群抽样与分层抽样在形式上有相似之处，但实际上差别很大。

①分群（层）的标准不一样。分层是按某一特征，分群则一般是按自然形成的区域、团体等；

②分层抽样要求各层之间的差异大，层内个体或单元差异小，而整群抽样则要求群与群之间的差异比较小，群内的个体或单元差异大；

③分层抽样的样本由每个层内抽取若干单元或个体构成，而整群抽样则要么整群抽取，要么整群不被抽取。

整群抽样在调查实施过程中比较方便，在抽样设计上比较便利，只需要关于群的抽样框而无需群内次级单元的名单。但是由于整群抽样的抽样单元过于集中，因此与上述抽样方法相比较，整群抽样的抽样误差比较大，准确度低。

前面所介绍的这4种随机抽样只是一些最基本、最简单的抽样方法，在市场调查实践中，往往是根据具体情况互相结合使用的。例如比较常见的有将整群抽样和分层抽样结合起来使用的方法，称为多级抽样，也叫多阶抽样或阶段抽样，在大规模的市场调查中应用很广泛。特别在复杂的、大规模的市场调查中，抽取的调查个体一般不是一次性直接进行的，而是采用两阶段或多阶段抽取的办法，即先抽大的调查单元，在大单元中抽小单元，再从小单元中抽更小的单元，这种抽样方式称为多阶段抽样。

以二级抽样为例，先将总体分为互不重叠的若干部分（称为一级单元），每一部分称一群或一个单元。从中随机抽取一些一级单元，这是抽样的第一阶段；再从这些抽中的一级单元中分别随机抽取子样本，所有的子样本合起来就构成二级样本，这是抽样的第二阶段。这里，第一级样本中的单位相对于二级抽样来说，又是总体（子总体）。二级抽样过程可用图4－4来表示。分层抽样和整群抽样，可以看成是二级抽样的两种特殊形式。

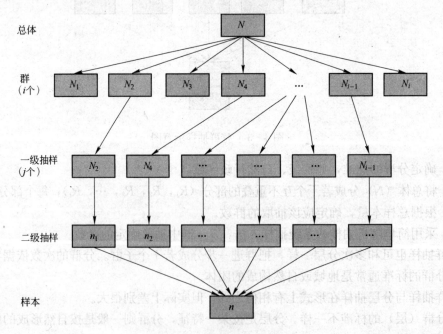

图4－4　二级抽样示意图

二级抽样与分层抽样、整体抽样有相似之处，它们都必须先将总体分组，然后抽取一级单元或二级单元。分层抽样在第一级抽样中实际上是抽取了全部的层（一级单元），然后再从各层中抽取部分的二级单元。而整群抽样则是从全部群中抽取部分的群（一级单元），然后对抽中的群的二级单元全部进行调查，相当于抽取全部的二级单元。二级抽样在第一和第二级抽样时，都是分别随机地抽取部分的一级单元和二级单元。因此，在抽样形式上可以把二级抽样看成是分层抽样和整群抽样的综合。

多级抽样适合于大规模的调查，它的组织实施的便利程度和抽样精度都介于分层抽样和整群抽样之间。我国城市住户调查采用的就是多阶段抽样，先从全国各城市中抽取若干城市，再在城市中抽选街道，然后在各街道中抽选居民家庭。再如在全国性的市场调查中，按社会经济发展水平或按地理区域分层后，从每层中先抽取几个地区，再从抽中的地区抽市、县、村，最后再抽户或个人。这种方法在大规模的研究中，比起简单随机抽样、系统抽样及分层抽样等方法，可以节省大量的人力、财力和物力。在抽取样本及组织调查时很方便，具有整群抽样简单易行的优点，但在样本量相同的情况下又比整群抽样的精度高，因为它所抽取的单元在总体中的分布更广泛，因而更有代表性。不足之处是在设计抽样调查方案、计算抽样误差和推断总体上比较麻烦。

4.2.2 非随机抽样

除了随机抽样之外，许多市场调查（一般是较小规模的研究）也采用非随机抽样。非随机抽样也称非概率抽样，是指抽样时不遵循随机性原则，按照调查人员主观上设立的某个标准抽选样本。与随机抽样相比较的主要优点是：省时、省力、省钱，抽样过程比较简单。在非随机抽样中，调查对象被抽取的概率是未知的，抽样误差难以控制，样本的代表性差，利用调查结果推断总体的情况风险较大。但是只要抽样进行得适当，其准确度也会达到抽样概率的程度。目前使用较多的 4 种非随机抽样方法有任意抽样、判断抽样、配额抽样和滚雪球抽样。

1. 任意抽样

任意抽样也叫方便抽样，是指样本的选定完全根据调查人员最方便的途径来决定。如可以在调查公司周围、居民小区或街头拦截受访者进行访问。抽样时，样本一个一个地抽取，直到满足样本量要求为止。这种抽样方法比较节省经费，实施方便，速度也快。但是抽样误差很大，结果可靠性差，价值也有限，一般只用于预备性调查研究。

2. 判断抽样

判断抽样，是指根据专家的经验和判断，或调查人员的主观决定选取样本的方法。使用此法要求调查者有相关知识和技能，对总体的有关特性熟悉。判断抽样选取的样本通常是比较典型的，例如，为了了解消费者对啤酒的口感评价，可以选择经常饮用啤酒的消费者为访问对象。判断抽样的优点是能适合特殊需要，调查回收率高，抽样过程简单，但容易因研究人员的主观判断偏差而导致严重的误差。

3. 配额抽样

配额抽样也称定额抽样，是指对总体依据一定标准或某种特性分成不同群体，并事先分配各群体的样本数额，然后再由调查人员按分配的样本数量在各组内主观地抽取样本。

采用配额抽样，事先要对总体中所有单位按其属性、特征分为若干类型，这些属性、特征称为"控制特征"。如被调查者的姓名、年龄、收入、职业、文化程度等，然后，按照各个控制特征分配样本数额。配额抽样实施过程分为以下五个步骤。

（1）选择"控制特征"作为细分群体的标准，这一步骤与分层抽样的第一步骤相同；

（2）将总体按"控制特征"细分，使其分成若干个子总体；

（3）确定各子总体样本的大小，通常是将总样本按各子总体在总体中所占的比例分配，有时根据研究情形，也不完全按比例分配；

（4）制作配额控制表，以便于抽样实施；

（5）按配额控制表的要求，从各子总体中，采用任意抽样或判断抽样抽取样本。

配额抽样实质上是一种分层判断抽样，与分层抽样相似，但在每个层次里抽到的样本不是随机的而是主观选择的，是对判断抽样的程序化限制，使所抽取的样本不至于太偏重某一阶层或地区，从而有效地保证了样本的代表性。配额抽样实施简单，在市场调查中被广泛地运用。按照配额的要求不同，配额抽样可分为"独立控制"和"交叉控制"两种。

1）独立控制配额抽样

独立控制配额抽样是根据调查总体的不同特性，对具有某个特性的调查样本分别规定单独分配数额，而不规定必须同时具有两种或两种以上特性的样本数额。因此，调查员就有比较大的自由去选择总体中的样本。现举例说明如下。某市进行牛奶消费需求调查，确定样本量 300 名，选择消费者年龄、性别、收入三个标准分类。独立控制配额抽样，其各个标准样本配额比例及配额数，如表 4-2 所示。

表 4-2　独立控制配额抽样

年　龄	人　数	性　别	人　数	月　收　入	人　数
18～35 岁	50	男	150	600 元以下	40
36～45 岁	100			600～1 000 元	100
46～60 岁	110			1 000～2 000 元	100
60 岁以上	40	女	150	2 000 元以上	60
合　计	300	合　计	300	合　计	300

从表 4-2 中可以看出，对收入、年龄、性别三个分类标准，分别规定了样本数额，而没有规定三者之间的关系。因此，在调查人员具体抽样时，抽选不同收入段消费者，没有明确规定年龄和性别标准。同样，在抽选不同年龄或性别的消费者时，不必顾及其他两个分类

标准。这种方法的优点是简单易行，调查员选择余地较大；缺点是调查员可能图一时方便，选择样本过于偏向某一组别，从而影响了样本的代表性。

2）交叉控制配额抽样

交叉控制配额抽样是对调查对象的各个特性的样本数额交叉分配，如上例中如果采用交叉控制配额抽样，就必须对收入、年龄、性别这三项特性同时规定样本分配数，如表4-3所示。

表4-3 交叉控制配额抽样分配表

月收入 性别 年龄		500元以下		500~1 000元		1 000~2 000元		2 000元以上		合 计
		男	女	男	女	男	女	男	女	
18~35岁		4	5	7	7	9	3	10	5	50
36~45岁		7	6	10	16	23	17	10	11	100
46~60岁		5	5	20	28	19	20	4	9	110
60岁以上		3	5	8	4	6	3	5	6	40
小计		19	21	45	55	57	43	29	31	—
合计		40		100		100		60		300

4. 滚雪球抽样

滚雪球抽样也叫推荐抽样，是在对个别符合要求的受调查者进行调查的基础上，根据他们提供的信息，进一步对其他人进行调查，直至满足样本量要求为止。在市场调查中，有时会遇到受调查对象比较特别（如每周至少有5天以上喝酒的人），不容易找到，无法建立抽样框，这类人员可能在一个城市中仅占万分之一，而且没有一个明确的抽样框可以帮助寻找到他们，如果采用通常的抽样方法进行筛选，则每找到一名受访者就需要筛选掉上万人，找到这些少见的总体中的个体的代价是很大的，此时就需要采用滚雪球抽样方法。

滚雪球抽样的做法是先设法找到一名符合条件的受访者，在对其进行访问后，再请其推荐或介绍给其他符合条件的人。由于具有某一特征的人相互之间或多或少都有一些往来，所以每名受访者都可能推荐出另一些受访者，访问员根据这种介绍寻找到其他满足条件的受访者，访问后再进一步请其推荐更多的受访者，一直到满足样本量的要求为止。滚雪球抽样的示意图如图4-5所示，具体操作过程包括以下几个步骤。

（1）认定并访问一个或几个具有所需特征的人，依据他们所提供的情况，去寻找其他受访者；

（2）访问第一批受访者提供的第二批受访者，并让他们引荐下一批受访者；

（3）重复第二步的过程。如此类推下去，越找越多，直至满足样本要求为止。

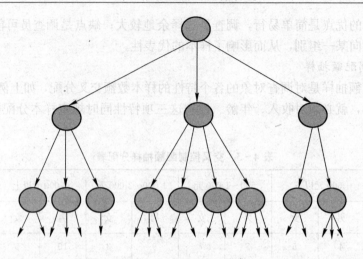

图 4-5　滚雪球抽样示意图

滚雪球抽样的主要目的是估计在总体中十分稀有的人物特征，它的主要优点是可以大大地增加接触总体中所需群体的可能性，调查费用少，但样本代表性差，调查质量低。

在一项市场调查中采用什么样的抽样方法，要综合各种主客观因素来考虑，主要依据调查对象总体的规模和特点、调查的性质、抽样框资料、调查经费，以及对调查结果的精确性要求等来决定。一般来说，总体规模大的调查通常采用多级抽样方法；抽样框资料难以获得时，可以采用非随机抽样；调查费用比较有限时，非随机抽样可以节省经费；对调查结果的精确性要求高，则采用随机抽样；调查属于预备性研究性质的，可采用非随机抽样中的任意抽样和判断抽样。尽管非概率抽样不能推断总体，不能计算抽样误差，但在实际调查中仍常被应用。一方面是操作的考虑，减少非抽样误差的发生，另一方面也是因为所调查内容不需投射总体，而且一般总体的同质性较强。如概念测试、包装测试、名称测试及广告测试等，这类研究中，主要的兴趣集中在样本给出各种不同应答的比例。概率抽样用于需要对总体给出很准确的估计的情况，例如，要估计市场占有率、整个市场的销售量、估计某个地区的电视收视率等。还有全国性的市场跟踪研究（提供有关产品分类和品牌使用率等信息的研究），以及用户的心理特征和人口分布的研究等，都采取概率抽样。但在概率抽样时要特别注意控制调查过程中的非抽样误差。

4.3　样本量的确定

样本量究竟取多少才最合适？这是抽样设计中要解决的基本问题。样本量直接关系到调查精度、调查费用、调查时间、需要配备的人力物力等许多方面的问题。其中，总体变异程度和精度要求乃是两个基本因素，据此确定样本量的方法可以按照统计方法定量地计算。下面仅介绍采用简单随机抽样方法，以估计总体平均数和总体比率为目的的样本量确定方法。

4.3.1 用统计方法定量计算样本量

1. 确定置信度和最大允许误差

置信度也称把握度，是指由抽样调查结果来推断总体情况的可信程度，用$1-\alpha$表示，指置信水平。在抽样调查中，一般规定置信度为95%、99%和99.9%，即置信水平0.05、0.01和0.001，它们分别表示由抽样调查结果估计总体情形的可信程度为95%，99%和99.9%。

最大允许误差E，是指被允许的最大抽样误差。确定最大允许误差，就是给所要拟定的抽样计划规定一个最大的误差标准，要求按照所拟定的抽样计划执行时，抽样调查所得的结果与总体的真值的差异不能超出这一误差范围。

2. 根据公式计算出n

1）估计总体平均数的样本量。

估计总体平均数的样本量计算方法为：

$$n = \frac{z^2 \sigma^2}{E^2}$$

式中：z——标准误差的置信水平；

σ——总体标准差；

E——可接受的抽样误差范围（允许误差）。

E和z在调查之前，必须由调查人员与他的客户进行磋商后才能确定。置信水平和误差范围的确定不仅要根据统计原则，同时要顾及财务与管理方面的要求。因此，要在精确度、置信度与成本之间进行权衡。有时，不要求很高的精确度和置信度，比如只想基本了解消费者对产品的普遍态度是正面的还是负面的。这里的精确度就显得不太重要。但如果是一项产品创意测试，就需要精确度很高的销售估计值，以便做出是否向市场推荐某种新产品的高成本、高风险的决策。

调查人员在还没抽取样本的情况下，确定总体标准差σ可以利用以前的调查结果作为本次总体标准差的估计值。如果调查总体规模太大，可以投入一定的时间和资源对总体进行小规模的试验调查，根据调查结果估计总体标准差。

2）估计总体比率时的样本量计算方法

简单随机抽样下，当研究的目标是比率或成数时，例如调查平均1周上网1次以上的总体百分比，观看某一电视节目的观众占总体的百分比等。估计总体比率的样本量计算方法为：

$$n = \frac{z^2 \times P(1-P)}{E^2}$$

式中符号含义同前，只是与确定估计平均值所需的样本容量的过程相比，调查人员在确定估计比例 P 时有一个优势：如果缺乏估计 P 的依据，可以对 P 值做最悲观的假设。给定 z 值和 E 值，P 值为多大时要求的样本量最大呢？当 $P = 0.5$ 时，$P(1-P)$ 有极大值 0.25 存在。这时，样本量最大。即在未知 P 的情况下，我们通常取 $P = 0.5$ 来进行样本量的计算。

其他随机抽样方式的计算公式均有所不同，而且比简单随机抽样方法复杂，所以在实际运用中，常常运用简单随机抽样的计算公式来计算样本量。

在分层抽样中，当各层按比例进行分配时，有时会出现某一或某些层的样本量太少，与其他层比较，样本数量没有达到统计方法的基本要求。遇到这种情况，在抽样设计时，就应率先考虑好，对有些层在已分配的样本数的基础上，增加适当的样本。

在非概率抽样中，目标总体的每个组成部分被抽中的概率是不同的。因此，正态分布的一些原理就不能用于非概率抽样的分析，非概率抽样样本大小的确定通常采用经验分析法。一般有这样的规则："样本大小绝不要小于 30"或"样本大小应当在总体的 1/10 左右"。但无论如何，样本大小取决于研究者是否感到样本结果足以能推广到总体。

4.3.2　综合其他因素确定样本量的方法

通常最好的选择是对经费和精度进行权衡，较大样本可以提供较高的精度，但费用较多。通常由研究的预算来决定样本容量的大小，而对其他情况，应选择足够大的样本容量来满足规定的精度水平。在确定样本量时，一般要考虑以下几个因素。

1. 调查经费

在许多调查中，人、财、物特别是调查经费常常会制约样本量的多寡。调查经费与样本的大小成正比关系，所以确定样本的首要原则是在不影响研究结果准确性的前提下，尽可能减少样本量，以达到尽可能减少经费的目的。

2. 决策的重要程度

一般来讲，对于更重要的决策，就需要更多的信息，因此应当准确地得到这些信息。这就需要较大的样本。但随着样本的增加，所需要的费用也就越多。不同的调查目的，计算样本量的方法是不同的，可见样本量的大小与研究目的和决策的重要性有关。

3. 调查的性质

调查的性质对样本量的大小也有影响。对于探索性的调查，样本量一般是较小的，而对于结论性的调查，如描述性的调查，就需要较大的样本。

4. 数据分析的性质

抽样调查的目的有的是为了对总体参数进行估计或预测，有的是要进行假设检验；有的是要估计总体的平均数，有的则是估计比率。如果对数据进行复杂的高级分析，样本量就应当较大。一般来说，如果收集的是有关许多变量的数据，比如采用多元统计方法，样本量就要大一些，以减少抽样误差的积累效应。如果需要特别详细的分析，例如，进行市场细分，需要很多分类，也必须用大样本。

5. 问卷的回收率和有效率

按统计方法确定的是纯净的样本量，即去掉不合格的和不回答问题的调查对象后的净量，因此原始样本量可能必须要比纯净的样本量大得多。一般情况下，有效问卷的回收率是不可能达到100％的。因此，确定样本量时，要把问卷的回收率和回收问卷的有效率这两个因素考虑进去，以保证回收的有效问卷达到已定精度所要求的样本量。例如，调查人员估计到调查对象完成调查的比率是80％，那么访问的人数就应当乘以1.25，如果同时考虑实际回收的问卷及回收问卷的有效率，样本量应该是一个新的倍数。比如一项调查，按精度要求要调查300个消费者，根据以往的资料，这类调查的问卷回收率为88％，回收问卷的有效率为76％，那么样本量至少应该在450个。假如用邮寄调查，考虑到"合格"调查对象的问题即发生率，样本量还要更大一些。

在商业性的调查中，时间、经费和专家资源方面的限制可能会对样本量的决定有很大的影响。把上述因素考虑清楚之后，样本量的确定就可以按下列六个步骤进行具体的操作。

（1）根据调查研究的目的，确定调查的置信水平和精度，计算基本样本量；

（2）根据总体规模对基本样本量进行调整；

（3）根据抽样方式的设计效应调整样本量；

（4）根据预期有效问卷的回收率调整样本量；

（5）根据统计分析的要求进行样本量计算；

（6）根据时间经费等各种限制调整样本量。

由于确定样本量的大小要考虑很多因素，在实际调查中，每项调查的样本量都不一样，而且有些非随机抽样的样本量难以按上述方法确定。在一般的市场调查中，最为常用的样本规模为1100人左右，这是因为当置信度为95％，绝对误差为3‰时，所需的最小样本量（按保守的算法）为1067。在全国性调查中，1100～2500人的规模，在市一级的调查中600～1100人的规模是常见的。实际上许多知名的全国性调查如电视收视率调查等，样本量一般都少于2000。

4.4　抽样实施

抽样实施包括建立抽样框、界定总体和抽样单元，以及确定调查对象等。

4.4.1 建立抽样框

在市场调查中，不同的调查对象，其抽样框资料是不一样的。有些调查的抽样框资料是现成的，有些则根本不存在。有现成资料的抽样框如工商名录、电话号码簿、邮政编码簿，或档案资料如工商局的企业登记注册档案等。对于这些资料，只要适当地进行整理及录入即可。对于没有现成资料或不完善、不合理的抽样框，需要进一步完善或重新建立抽样框。

市场调查经常要用到的是关于居民住户的抽样框，本来这种抽样框可以从居委会的户籍管理资料中直接获得。但是改革开放以来，我国的人口流动相当大，很多居民都是长期居住而没有户籍的外来住户；另一方面，随着国民经济的发展、旧城改造和住房条件的不断改善，住户搬迁频率越来越高，居委会的户籍档案不能及时准确地反映当时的实际居住情况。因此在许多入户调查中，常常要进一步完善或重新建立抽样框。

如果有现成的居委会户籍管理资料，可以在这些资料的基础上，定期派员加以核实，删去搬迁户，增加新搬入的住户名单。这种方法要求进行挨家挨户的核对，工作量比较大，但抽样框比较准确。

如若没有现成的居委会户籍管理资料，建立居委会住户抽样框的方法是：以居委会的行政区域为界限，画出该居委会的住宅分布路线图（见图4-6），同时依一定的顺序（如右拐弯原则），抄写出区域内各住户的详细地址（见表4-4）。这些地址和线路图就是一份完整的抽样框。在画住宅分布和路线图时，通常要注意标出该区域内的标志性建筑物及公共汽车停靠站，以便访问员入户调查时行走和查找。

表4-4 小寨辖区居民户的抽样地址表

详细地址	楼号	单元号	层数	居民户房间号	备注
海滨家属院	1#楼	1单元	1层	101 102 103	
			2层	201 202 203	
			3层	301 302 303	
			…	…	
	2#楼	1单元	1层	101 102 103	
			…	…	
崇业小区	2#楼	1单元	1层	101 102 103	
	…	…		…	

续表

详细地址	楼号	单元号	层数	居民户房间号	备注
吉祥小区	2#楼	1单元	1层	101 102 103	
	...	...	...	...	
阳光小区	1#楼	1单元	1层	101 102 103	
	...	...	...	...	
张家村	8#楼	1单元	1层	101 102 103	
	...	...	...	...	
	9#楼	4单元	6层	601 602 603	

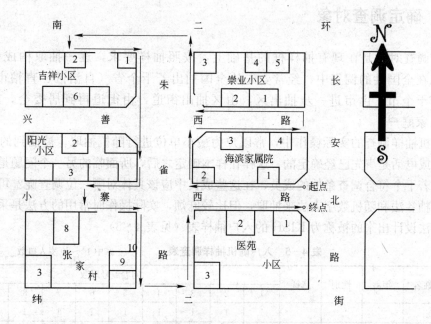

图4-6 西安市某区居民户的抽样线路图

4.4.2 界定总体和抽样单元

界定总体就是给调查对象下一个明确的、可以操作的定义，使调查对象与非调查对象可以明确地加以区分。例如，在对某化妆品消费者意见调查中，调查的对象是女性消费者，还要再规定"18岁以上、45岁以下的女性消费者"。这样调查时什么人属于调查对象、什么人不属于调查对象就比较容易判断了。

在界定总体的时候，有时也要注意界定被排除的对象。例如，央视—索福瑞公司在界定家庭户中的样本成员时，就规定下列人员不列为样本成员：

- 住宿学校，仅在周末或寒暑假回家的学生；
- 连续离家超过 3 个月的打工人员或驻外人员；
- 由于结婚等原因而搬出家庭的人员；
- 吃在家中、长期住集体宿舍的人，应根据其在家中看电视的情况决定。

界定抽样单元，实际上就是明确划分部分的标准，确定总体中个体或部分的范围或单位，使各部分或个体相互不重叠。在多级抽样调查中，每一级抽样单元都必须给予相应的定义。例如在全国性的抽样调查中，一级抽样单元通常是以行政区作为划分标准，如"省"、"直辖市"或"自治区"，然后再从中抽出若干个市，由市进一步抽出区，由区抽出街道，由街道再到居委会，最后一级的抽样单元通常是"户"或"个人"。

4.4.3　确定调查对象

确定调查对象是在现有抽样框的基础上，按照抽样要求，逐一抽取构成样本的单元。例如在全国性的调查中，经常要先从全国抽出若干个省（自治区、直辖市），再从中抽出若干个市，由市进一步抽出区，由区抽出街道，由街道再到居委会，最后由居委会抽出家庭户。

在随机抽样调查的实际操作中，常以户为最小单位进行随机抽取。被抽到的对象的名单、地址或电话是事先已经确定的。这样在样本确定之后，所面临的另一个问题是，一户中往往包括若干个符合调查条件的成员，在这些成员中应该具体对哪一位调查呢？可以对每户分别采取抽签法和随机数字表法来抽取，但比较麻烦，实际操作时常用的方法是采用简单随机抽样方法设计出来的被称为 KISH 的入户抽样表（见表 4-5）。

表 4-5　入户随机抽样调查表　　　　家中 14～70 岁人口数_____人

序号	姓名	年龄	性别	选样	问卷编号尾数									
					1	2	3	4	5	6	7	8	9	0
1					1	1	1	1	1	1	1	1	1	1
2					2	1	2	1	2	1	2	1	2	1
3					1	3	2	2	3	1	3	1	1	2
4					2	2	4	1	3	4	1	3	3	2
5					2	3	3	3	4	4	1	1	5	3
6					3	1	4	1	5	2	6	2	3	6
7					4	5	6	5	7	2	3	1	7	3
8					4	5	6	2	7	1	8	3	4	5
9					2	4	2	6	9	3	7	6	1	8
10					5	2	3	4	10	3	8	8	9	1

表中序号代表家中适合调查对象的人数。抽样时，先确定该户符合调查要求的人口数，依照年龄由高到低把家庭成员编号的顺序写在表的相应位置上，然后找出该户问卷编号尾数和家中适合调查对象人数这两个数字在表中的交叉点的数字，即为调查对象。假设某份问卷的尾数为 5，调查户的适合人数为 4，那么该家庭中应调查的就是年龄顺序排在第 3 位的人。在非随机抽样中调查对象一般为个人，在访问完后一般要记录下被访问者的联系电话。

思考练习题

一、简答题

1. 市场调查为什么通常采用抽样调查？
2. 什么是抽样误差？如何计算？
3. 分层抽样与配额抽样有何异同？
4. 整群抽样和分层抽样的异同点是什么？
5. 确定样本量要考虑哪些因素？
6. 什么叫做抽样框？如何建立居民户抽样框？
7. 在所有的抽样技术中，哪一种技术成本最低、调查时间最少？该技术的最大限制有哪些？
8. 在概率抽样技术和非概率抽样技术的选择上考虑的主要因素是什么？

二、实践操作题

结合实际调查项目，设计一份抽样方案。

三、案例分析

百事如何应对变化莫测的市场

百事股份有限公司是国内一家生产啤酒花的大型企业，其客户遍布全国各地。它在全国设有分支机构 39 个，是国内众多啤酒生产企业的原材料供应商。

近年来，随着区域经济的发展，国内啤酒市场也发生了很大的变化。一方面，以青岛啤酒为代表的国内知名企业，采取并购、联合的方式，迅速扩大其市场份额，成为一个全国性的啤酒生产企业；另一方面，众多的地方啤酒企业也纷纷涌现，分割着区域性的啤酒消费市场。由于市场竞争日趋激烈，国内的啤酒市场格局也发生着巨大的变化。越来越多的中小品牌企业逐步向全国发展，市场冲击越来越大。

由于啤酒市场的带动，啤酒花生产企业的竞争也日趋激烈。百事已经明显地感到国内的竞争压力越来越大。如何定位自己的市场、客观地选择客户，这个问题正在困扰着百事的决策者们。为此，百事股份有限公司选择了国内一家知名的市场调研公司，要求该公司监测国内各种品牌啤酒的变化情况，及时通报那些具有上升趋势的啤酒企业，以此做出自己的市场定位和发展策略。

请问面对这样一种情况，该市场调研公司如何确定其抽样设计方案？

第 5 章

问卷设计

　　在市场调查特别是一手资料的调查中，大多数情况下都要使用问卷来搜集调查所需的资料。问卷作为一种标准化和统一化的数据收集程序，对于保证访谈调查的效率与可信度具有重要作用；而作为调查信息的主要载体，问卷表现了调查设计、调查实施、数据处理乃至报告撰写各个环节之间的联系，其作用贯穿于整个调查过程中。因此问卷设计是市场调查中的一个重要环节，学会问卷设计或熟悉问卷设计套路是做好市场调查的一门基本功。

5.1　问卷的含义和基本结构

5.1.1　问卷的定义

　　问卷，又称为调查表，是调查者根据调查目的和要求所设计的，由一系列问题、备选答案、说明及代码表组成的书面文件，是用来搜集所需资料和信息的一种调查工具。
　　在市场调查活动中，获取足够的信息资料是实现调查目的的基础。在收集资料时，往往要通过问卷方式进行。特别是在获取第一手资料时，问卷调查是其最基本的方法。因此，问卷设计在整个调查活动中具有重要地位，问卷的设计水平则是提高市场调查质量的关键因素。设计完美的问卷能够帮助调查者全面准确地收集资料，而问题设计不当，结构不完整的问卷则往往造成所需资料的差错和遗漏，加大了整理和分析的难度，降低了资料的可信度，有些偏离调查目的、设计粗糙的问卷甚至会造成调查的失败。

5.1.2 问卷的作用

1. 方便调查的实施

问卷的标准化程度较高，整个研究过程严格按照一定的原则和要求进行，从而保证了研究的准确性和有效性，避免了盲目性和主观性。调查者将所要获得的内容按照一定的顺序以提问的方式在问卷中列出，并提供大多数问题的答案选项供受访对象选择，易于使之接受。

2. 便于对资料进行统计处理和定量分析

问卷可以将受访对象的态度、观点、行为及动机等定性内容转化为定量数据的形式，这样就有利于对所获得的信息和资料进行后期的计算机处理和数据分析。如果没有问卷，对不同应答者进行比较的有效基础就不复存在。

3. 能提高调查效率

由于问卷设计已将调查目的、调查内容转化为具体的问题和备选答案罗列出来，除一些特殊情况需要被调查者作文字方面的解答以外，调查对象只要对所选择的答案作上记号即可，这样就使调查者能在较短的时间内收集到大量的资料并得出结论，节省了时间，提高了调查工作的效率。

5.1.3 问卷的基本结构

调查问卷因调查的形式不同，在具体结构、题型、措辞、版式等设计上会有所不同，通常来说，一份完整的调查问卷一般包括开头部分、甄别部分、主体部分和背景部分。

1. 开头部分

开头部分是对调查项目本身的说明，其作用是要引起被调查者对调查的重视，争取他们的帮助与合作。一般包括标题、问候语、填写说明、问卷编号及调查情况的过程记录等内容。

1）标题

概括说明调查研究的主题，使被调查者对所要回答什么方面的问题有一个大致的了解，要求简单明确，能引起被访者的兴趣，一般不超过 15 个字，例如"西安市居民商品房需求状况调查问卷"，不要简单写成"调查问卷"或"问卷"。

2) 问候语

问候语常以简明扼要的一段话语出现，一般放在问卷的开头。主要是向被访者说明调查者的身份、代表的组织或机构，调查的内容和意图，受访对象的选取方法、保密措施，以及希望被调查者能够配合和对他们的合作表示感谢等。问候语有着特殊的作用，它能引起被调查者对调查的重视，使他们消除心理上的压力和顾虑，激发参与意识，争取合作，顺利完成调查。

问候语要语气亲切，谦虚诚恳，文字要简洁明确。访问式（可口头表达）可短一些，自填式可长一些，不超过300字。

先生/女士：

您好！

我是××市场调查公司的访问员程××，我们受厂家的委托，正在进行一项××产品的市场调查，您是我们按照科学的方法随机抽中的访问对象。这项调查主要是想了解大家对这个产品在使用过程中的意见，您的意见可以帮助厂家为消费者生产更好的产品和提供更好的服务。请您将您的真实想法提供给我们，本问卷不记姓名，答案无所谓对错，您的回答我们将按照《统计法》予以保密。大概得耽误您十几分钟的时间，希望能得到您的支持和帮助。访问结束后我们将送您一份小礼物以表谢意。

3) 填写说明

问卷的填写说明通常在自填式问卷中出现，旨在帮助被调查者准确顺利地回答问题，包括应注意事项．填写方法，交回问卷的时间要求等。可集中说明，写在问题前面，也可以在每个问题中说明，用括号括起来。

填写说明

(1) 请在每一问题后适合自己情况的答案号码上画圈。

(2) 所有的单选题，只能选择一个答案；限选题的选项不能超过题目要求的选项数目。

(3) 对于表格中选择答案的题目，在所选的栏目内打钩。

(4) 对注明要求您自己填写的内容，请在规定的地方填写您的意见。

(5) 填写问卷时，请不要与他人商量。

问卷回收注意事项

此次调查的期限是4月20日至27日，请您在4月27日之前务必将问卷填写完毕，您可在完成问卷之后及时来电告知，我们派员与您商定取回问卷的具体时间，并赠送礼品一份，以示谢意！

4) 问卷编号

一般在问卷封面的右上方，是指对将问卷按顺序编写序号，便于识别问卷及问卷的数量控制等。

5) 调查过程的记录情况

这一部分主要包括被调查者姓名、联系方式、家庭住址、调查者姓名和编号、核对员、录入员等，调查地点、调查开始时间和结束时间等，以便于校对检查、复核、更正错误、明确责任和评价访问员的工作质量。

2. 甄别部分

也称为过滤，它是先对被调查者进行过滤，筛选掉不需要的部分，然后针对特定的被调查者进行调查。一方面筛选掉与调查项目有直接关系的人，排除干扰因素；另一方面也可以确定哪些人是最合适的被调查者。

1）确定合适的调查对象

一般情况下，市场调查总是有比较明确的调查对象，即企业商品的目标市场消费者。有的市场调查在开始进行主要内容的调查之前，通过问卷的提问，确定面前的人士是否符合调查对象的条件。如果符合就调查，否则就放弃，以确保调查资料的针对性和有用性。

2）排除其他调查干扰因素

为了能够了解到真实的信息资料，应该排除一些可能会给调查活动带来不利影响的因素。不利的影响主要有：与调查内容在职业上有关联的调查者；曾经接受过调查的人士（职业受访者）；属于其他调查公司的人员性调查对象；在调查活动中可能提供虚假信息的人士等。

例如，某酒类企业的消费者调查问卷中的甄别部分为：

Q1. 我们正在找在酒类行业中工作的被访者，请问您或您的家人和好友在以下哪一类单位工作？

广告/媒体公司或公司的广告部门·······································1【终止访问】

市场调查公司或公司的研究部门·······································2【终止访问】

白酒销售企业··3【终止访问】

都没有··4【继续访问】

Q2. 请问您在过去 6 个月内有没有接受过同类调查？

有过··1【终止访问】

没有··2【继续访问】

Q3. 请问您在西安居住多长时间了？

3 年以下···1【终止访问】

3 年及以上···2【继续访问】

Q4. 请问您在最近一年里饮用过白酒吗？

是··1【继续访问】

没有··2【终止访问】

3. 主体部分（正文）

主体部分是调查所要收集的主要信息，是问卷的核心内容，也是问卷需要了解和掌握的主要信息资料部分，由一系列问题和相应的备选答案组成。此外，在设计问题和答案时，要进行必要的编码，对于某些复杂的问题要采取答案卡片的方式。问卷设计是否合理，能否满足调查目的的要求，关键就在于这部分内容的设计水平和质量。

4. 背景部分

背景部分通常放在问卷的最后。当被调查者是个人时，基本情况包括以下特征分类资料：性别、年龄、家庭人口、职业、文化程度、收入等；如果被调查者是单位，基本情况则包括行业类别，职工人数，经营的商品种类，资产总额，营业额等。背景部分所列出的项目是为了方便对调查资料进行分类和分析，因此，具体要列出哪些项目，应根据调查目的和资料分析的要求确定，并非多多益善。

5.2　问卷设计的程序

问卷设计是市场调查中的一项重要内容，问卷设计的好坏直接关系到调查的质量。问卷设计的整个过程可大体上分为事前准备、实际问卷设计、事后检查三个阶段 10 个步骤。

5.2.1　事前准备阶段

事前准备阶段包括：确定调查的目标总体，确定调查所需的资料，确定调查所采用的方式和方法。

1. 把握调查的目的和内容

问卷设计的第一步就是要充分地了解调查的目的和内容，这一步的实质就是规定问卷设计所需的信息。为此，需要认真就研究方案、主题和理论假设进行讨论，将问题具体化和条理化。

2. 搜集有关调查所需的资料

根据研究的需要，确定调查所要了解的内容和所要搜集的资料，对已有的资料进行分类整理，分析哪些是主要资料，哪些是次要资料，哪些是调查的必备资料，并分析哪些资料需要通过问卷来取得，需要向谁调查等。特别要搜寻与调查对象各种特征相关的资料，如能够反映被调查对象社会阶层、行为规范、社会环境等特征的资料；反映文化程度、知识水平、理解能力等文化的资料；反映需求动机、行为等心理特征的资料。

3. 确定调查方法的类型

不同类型的调查方式对问卷的格式和要求也就有所差别。在面访调查中，被调查者能与调查员面对面地交谈，就可以询问较长的、复杂的和各种类型的问题。街头拦截式的面访调查，要求问卷内容尽量简短。电话访问要用丰富的词汇描述问题，可用对话的风格来设计。

邮寄问卷由被调查者自己填写,要给出详细的指导语。在计算机辅助访问中,可以实现复杂的跳答和随机化安排问题,以减少由于顺序造成的偏差。

5.2.2　实际设计问卷阶段

在准备工作做完的基础上,设计者就可按照设计原则设计问卷初稿。其内容主要包括:调查中所要提问的问题的设计、备选答案的设计、提问顺序的设计及问卷版面格式的设计等。为了提高问卷的回收率,设计问卷时,应站在被调查者的角度,顺应被调查者的思维习惯,使问题容易回答。因此,在问卷设计过程中,安排好问题的顺序是很重要的。总的来说,实际设计问卷阶段有以下几方面。

1. 确定每个问答题的内容

一旦决定了访问方法的类型,下一步就是确定问卷中具体包括哪些问题,以及这些问题都应该询问些什么内容,能否准确有效地反映调查所需信息。一份问卷的内容不宜过多,否则不但浪费时间和资料处理的费用,还会使被调查者感到厌烦,影响调查的质量。把所有的问题提出来后,要对已编写好的题目逐一进行检查,将重复的、可要可不要的题目删掉,把表达不准确、不适当的题目加以修改,有的题目如不能充分体现调查内容时,还要加以补充。

2. 决定问答题的结构

调查问卷的问题有两种类型:封闭式问题和开放式问题,大多数问卷的题目都是以封闭题为主,也含有少量的开放式问题。两种形式的问题各有利弊,用那种形式完全取决于研究问题的性质、特点。一般来说,需要快速回答,对量化结果感兴趣,受访者教育水平较低的情况下,采用封闭式问题比较合适。但在有些预备性调查中,让受访者充分陈述自己的观点和看法,就需要采用开放式问题。在实践中,为了避免两种形式各自的缺点,常常采用两种类型相结合的方式。

3. 决定问答题的措辞

问卷中的问题是了解被调查者的意图和提供资料的依据,如何将所需内容转化为被调查者容易接受的句子,就必须注意措辞的技巧。提问的措辞要准确清楚,易于理解和接受。如果措辞不当,会造成拒答或理解偏差,从而影响调查质量。

4. 安排问题的顺序

1) 简单的问题放在前面

在安排问题时,把简单的、容易回答的问题放在前面,而复杂的、较难的问题放在后面,使被调查者开始时感到轻松,有能力继续回答下去。如果让被调查者一开始就感到很难回答,就会影响他们回答的情绪和积极性。

2) 能引起被调查者兴趣的问题放在前面

把被调查者感兴趣的问题放在前面,这样可引起他们填写问卷的兴趣和注意力,而把比较敏感的问题放在后面，如果一开始就遇到敏感性问题，会引起被调查者的反感，产生防卫心理而不愿意回答，从而影响整个调查。

3）开放式问题放在后面

开放式问题一般需要较长时间和一定的思考，而受访者一般是不愿花太多时间甚至动脑筋思考来完成问卷的，如果将开放式问题放在前面，会使被调查者产生畏难心理，影响被调查者填写问卷的积极性，从而影响整个问卷的回答质量。

4）按问题的逻辑顺序排列

设计问卷时，问题的安排应具有逻辑性，以符合被调查者的思维习惯。否则，会影响被调查者回答问题的兴趣，不利于其对问题的回答。

5. 确定格式和排版

问卷的格式、问答题的排放位置、题与题之间的距离等都可能会对结果有影响，特别是对自填式的问卷排版就显得更为重要。因此，在问卷排版时应注意下列事项。

1）版面严肃

版面应避免使用过多的颜色、字体和不必要的插图等，以使受访者感觉这是一次科学的调查活动。但在一些带有娱乐性质的调查中，例如出于新闻性的宣传目的而进行的趣味调查，可以设计较活泼的版面，以使受访者感觉到轻松。

2）问题排列合理

每个问题都应在同一页上，不要将一个问答题（包括可选择的答案）分列在两页纸上。如果条件允许的话，每个题的可选择答案最好写成一列，这样使被调查者易于回答，最好不要为了节约纸张而将可供选择的答案分排成几列。

将问答题紧凑地排列以使问卷显得短一些也是应当避免的。过于拥挤、空间过小会导致错误数据的产生，可能使回答变短变少，而且还会形成问卷比较复杂的印象，使得合作率和完成率变低，尽管短一些的问卷比长一些的更合适，但不应当通过紧密排版来减小问卷的长度。

5.2.3 事后检查阶段

事后检查阶段包括：问卷的模拟试验和制成正式问卷。

1. 问卷的模拟试验

问卷设计完成后，在进行大规模正式调查之前，需要对问卷的内容、措辞、问题的顺序等进行全面的检查。具体办法是通过模拟调查试验，即试调查，来检查问卷中是否存在问题，并进行适当的修改。如果试调查是按调查设计严格执行的，试调查的样本可以用作实际调查的样本，从而可节约试调查所付出的成本。

2. 制成正式问卷

问卷经过修正后，就进入最后印制的阶段。问卷如何印刷和装订也可能影响到调查结果，如果纸张质量很差或外形很破旧，那么答卷人会认为该调查项目不重要，因而回答的质量会受到影响。因此，问卷应当使用质量好的纸张印刷，要有一个"专业性"或"职业性"的外形。如果问卷有多页，不应该简单地用订书机订一下，必须正规地装订成册，每页最好是双面印刷，这样看起来更正规。

5.3　问卷设计的技巧

问句设计和答案设计是调查问卷设计的主要内容，也是直接影响调查质量的关键。问句用语不当，可能使被调查者产生误解，甚至引起反感；问题的顺序排列不同也可能引致不同的答案，影响调查的结果。因此在设计问卷时．必须根据设计问卷的步骤和原则，针对问句和答案的类型反复推敲，才能设计出高水平的调查问卷。

5.3.1　问句的基本类型

理想的问句设计应能使调查人员获得所需的信息，同时被调查者又能轻松、方便地回答问题。这就要求调查人员能依据具体调查内容要求，设计选用合适的问句进行调查。按照问题是否提供答案，调查问题可分为开放式和封闭式两种类型。

1. 开放式问题

开放式问题也称自由问答题，只提问题或要求，不给具体答案，要求被调查者根据自身实际情况自由作答，调查者没有对被调查者的选择进行任何限制。开放式问题的设计方式很多，概括起来有以下几类。

1）自由回答法

它要求被调查者根据问题要求用文字形式自由表述，例如：

● 您对网上购物有什么看法？

● 请说明您对薪酬满意或不满意的原因？

这类问题可以直接了解被调查者的态度和观点，而且回答不拘形式，被调查者可以自由发挥，全面收集大量的信息。但这种调查方式并不适合所有的被调查者，因为在有限的时间里，有些被调查者不愿对问卷做更深入的文字描述，宁愿接受选择答案的方式。

2）回忆法

这是用于调查被调查者对品牌名、企业名、广告等印象强烈程度的一种问题设计方法，可与再确认法配合使用。再确认法一般用于调查"记忆的分量"，而回忆法则多用于调查"记忆的强度"。例如：

● 请列出最近您在电视广告上看到的手机品牌。

- 请说出您所知道的洗衣粉品牌。
- 您知道西安有哪些房地产公司？

用回忆法获得资料后，在分析时应注意以下问题：

① 计算不同回忆次序和次数的比值，以分析被调查者的回忆强度。

② 根据各项目的回忆量与总回忆量的比值，可分析被访者对各种品牌的印象深浅程度。

3）再确认法

再确认法是通过给被调查者提供与调查对象相关的某种线索来刺激其回忆确认。回忆程度可分为"知道，听说过，不知道"或"见过，好像见过，没见过"，刺激材料可以是文字、图画或照片等。例如：请问您知道这个品牌吗？如果回答知道，可以继续询问：您是通过什么渠道知道的？直到调查对象不能确认为止。通过这类问题的提问和确认，可以了解整体产品的各个部分给予消费者的不同印象，可以了解产品市场的知名度，了解广告媒体的选择方式及广告设计的创意的成败之处等。

开放式问题具有明显的优点，主要表现在开放式提问方法比较灵活。例如，既可以用一般的问卷形式提出问题，也可以用产品实体、图片等形式提出问题，这有利于调动被调查者的回答兴趣，得到他们的合作。另外，由于没有限制答案，被调查者可以根据自己的想法回答问题，因而能够得到较为深入的观点和看法，有时还能获得意外的信息资料。因此，开放式提问方式适合于答案复杂、数量较多或者各种可能答案还不清楚的问题，在动机调查中的应用尤为广泛。

开放式问题的不足之处则主要表现在：每个被调查者的答案差异较大，增加了编码和统计分析的工作量。回答此类问题需要花费时间和精力，容易遭到拒答和产生理解偏差；调查人员在记录时也会发生遗漏、误解等差错。对被调查者的表达能力要求较高。在回答开放式问题时，文化水平高、表达能力强的被调查者回答问题详尽，提供的资料比较多；表达能力差的被调查者则可能没有充分反映自己的观点，这就有可能造成代表性误差。

2. 封闭式问题

封闭式问题是指在设计调查问题的同时，还设计了各种可能答案让被调查者从中选定自己认为合适的答案。一般把封闭式问题分为两种类型：两项选择题和多项选择题。

1）两项选择题

回答项目只有对立的两项，也称为二分法、真伪法或是否法。指在一个问题的后面附有两个答案，回答时只能在两个答案中选择一个。如"是"或"否"、"喜欢"或"不喜欢"等。被调查者只能选择其中一项，要么肯定，要么否定。此方法适合于互相排斥的两项选一的问题或询问较简单的实际问题。对这种提问常见的说明是：请选择两者中的一种作为回答，用"√"表示。例如：

您家里是否有太阳能热水器？

□有　　　　□没有

是否法的答案明确简单，便于统计处理。缺点是由于只有意义对立的两极答案，难以调查出被调查者意见的程度区别。在涉及对被调查者的态度调查时，不能反映应答者在态度上的细微差异，所以对于态度方面的调查很少用两项选择题。设计是否法问题时，要注意有些问题看似只有两个选择，其实并非如此。例如，"您是否准备购买小轿车？"这个问题从表面看答案只有"是"或"否"，实际上却有 5 个答案：是，否，可能买，可能不买，不一定。对可能包含有多个答案的问题就不能用是否法，最好选用多项选择式。

2）多项选择题

多项选择题是指在设计问卷时，对一个问题给出两个以上的答案，让被调查者从中选择进行回答。根据要求选择的答案多少不同，又有三种选择类型：

（1）单项选择型。要求被调查者对所给出的多项问题答案只选择其中的一项，用"√"表示。

例如：您属于下列哪个年龄段？

□25 岁及以下
□25～45 岁
□46～60 岁
□60 岁以上

（2）多项选择型。指让被调查者选择自己认为合适的回答，数量不限。例如：请问您在购买小轿车时，主要考虑哪些因素？

□价格
□款式
□品牌
□耗油量
□售后服务
□维修费用
□其他

（3）限制选择型。限制选择型是指要求被调查者在所给出的问题答案中，选择自己认为合适的答案，但数量要受到一定限制。比如在上面提到的问题中，可要求被调查者限选三项。例如，当初您选择到这家民营公司工作时，主要考虑哪些因素？（选择三项并排序，只写题号）

第一位	第二位	第三位

①能改变生活处境　　　　②公司的名气大
③能解决家属的工作问题　④和老板是同乡能得到照顾
⑤收入稳定　　　　　　　⑥能见世面增长见识
⑦为了能让孩子接受良好的教育

在实践中，常常采用两种类型相结合的方式，如将封闭式问题的最后一个答案设计成开放式，即使问题答案相对集中，又可以扩大信息量。例如：

您家的大米是在哪儿购买的？

□超级市场　　□粮油商店　　□农贸市场　　□其他（请注明）

封闭式问题的优点是答案标准化，有利于被调查者对问题的理解和回答，问卷有效率和回收率高，同时也便于调查后的资料整理。但封闭式问题对答案的设计要求较高，对一些比较复杂的问题，很难把答案设计周全。一旦设计有缺陷，被调查者就无法回答问题，影响调查质量。

多项选择法的优点是比两项选择法的强制选择有所缓和，答案有一定的范围，可区分被调查者在态度上的差异程度，易于了解消费者的购买动机及对商品的评价，也便于统计处理。另外，资料的整理统计相对比较简单。在应用多项选择法时应注意以下事项：

（1）必须对多个答案事先编号，以方便资料的统计整理；

（2）答案应包括所有可能的情况，但不能重复；

（3）被选择的答案不宜过多，一般不应超过 9 个。

封闭式问题的提问方式中的无论哪一种形式，答案都是事先设计好的，标准化程度比较高。有利于被调查者回答，同时也为资料的分析整理提供了方便。封闭式问题的缺点主要表现为列出的答案有限，影响被调查者提供更多的信息。另外，当需要调查的问题比较复杂时，答案设计的难度增大，难免产生遗漏重要信息或者不能收集到较深层次资料的问题。封闭式提问方式一般用于定义明确、研究目标集中的问题。

5.3.2　设计问句时应该注意的事项

问卷所要调查的资料由若干个具体问题组成，无论所研究的问题是大还是小，要设计一份科学合理的问卷都是一项复杂的系统工程。要完成这一艰巨任务，除了考虑一些必要的原则、程序以外，还要注意问卷设计中的一些技术和技巧问题。

1. 措辞的选择

问题的措辞指的是将所需的问题内容和结构转化为被调查者能清楚、容易地理解并接受的句子。如措辞不当，被访者会拒答或不能正确回答，错答会导致误差。

1）用词要通俗

大规模的调查，调查对象的文化背景、教育水平、知识经验都有很大差别，应尽量减少使用专业性的词汇。例如：

请问您是否使用过 VCD 2.0 版本技术？

因为不知道什么是 2.0 版本技术，有些被调查者可能已使用过却选择了没有使用过，所得的结果显然有误差。

用词生僻或过于专业。一般调查中，调查对象文化程度分布广泛，生僻、专业的词语会妨碍被调查者对问题的理解。

再如，某保险公司调查顾客对本公司业务的印象时，询问：

请问您对本公司的理赔时效是否满意？

请问您对本公司的展业方式是否满意？

许多被调查者不明白什么是"理赔时效"和"展业方式"，即便给出答案也没有意义。

此外，即使对于专业术语或日常用语，不同人的理解也可能不同。例如，请您估计一下，您平均一个月在音像制品上花多少元钱？

这里的"音像制品"虽然是常用词语，但是如果不对音像制品范围进行划定，则被调查者对其所含物品种类的理解就可能是磁带、录像带等。还有，这里的"花多少元钱"，可以指购买，也可以指租借，不同人的理解显然也是不同的。

2）用词要确切

用词一定要保证所要提问的问题清楚明了，具有唯一的意义。不确切的词和含糊不清的问句会使被调查者不知所云，从而也就不知从何答起，甚至根本就不作答。

比如问："您通常读什么样的杂志？"这个"通常"让被调查者很难把握，不知该怎样去理解，它可以指场合，也可以指时间，到底指的是什么难以确定。类似的词语还有"经常"、"大概"、"可能"、"也许"、"偶尔"、"有时"等。

3）避免使用冗长复杂的语句

比如："假设您注意到冰箱的制冷效果并不像刚买回来时那样好，于是您打算修一下，您脑子里有什么想法？"不如改成"假若您的冰箱制冷功能不正常，您会怎样解决？"

2. 避免否定形式提问

否定式提问也称假设性提问，是指对有些要提的问题，先做出某种假设，以此为前提让被调查者做出单项或多项的选择。

例如："您觉得这种产品的新包装不美观吗？"

日常生活中人们习惯于肯定形式的提问，而不习惯于否定形式的提问。否定形式的提问会破坏被调查者的思维，造成相反意愿的回答或选择，因此尽量不要使用否定形式的提问。

3. 避免诱导性和倾向性提问

合格的问卷中的每个问题都应该是中立的、客观的，不应该带有某种倾向性或诱导性，应让被调查者自己去选择答案。

例如："您认为教师的工资水平是否应该提高？"

提问中的"是否应该提高"这种提法带有明显的肯定倾向，它很可能诱导被调查者选择答案。如果把提问改为："您认为教师的工资水平如何？"，就可以消除这种倾向性和诱导性。

再比如："您认为在我国汽车工人有可能失业的情况下，作为一个爱国的中国人应该购买进口小汽车吗？"

再如："××啤酒制作精细、泡沫丰富、口味清纯，您是否喜欢？"

还有："计划生育是我们国家的一项国策，您认为独生子女和多生子女哪个更利国利民?"

这些问题中所使用的字眼也并非"中性",而是有意向被调查者暗示答案的方向,或者暗示调查者自己的观点,这些问题都可归类为"诱导性或倾向性问题"。

4. 避免提断定性问题

有些问题是先断定被调查者已有某种态度或行为,基于此进行提问。

例如:"您每天抽多少支香烟?"或"您喜欢喝什么酒?"

事实上被调查者很可能根本就不抽烟或不喝酒,那么该如何回答呢? 这种问题实际上为断定性问题。

正确处理这种问题的方法是在断定性问题之前加一条"过滤"问题,例如问:"您抽烟吗?"

如果被调查者回答"是",接下来再用断定性问题继续问下去,这样才有意义;如果被调查者回答"否",则在该过滤性问题后就应停止问每天抽多少支香烟。

5. 避免直接提出敏感性问题

有些关于个人隐私方面的问题,有些不为一般社会公德所接纳的行为或态度类问题通常称之为敏感性问题或困窘性问题。对这类问题若直接提问,被调查者往往拒答,或不真实地回答。

例如:"您平均每个月打几次麻将?""您是否经常用公款旅游?""您的小轿车是分期付款买的吗?""您是否逃过税? 逃过几次? 数量是多少?""您光顾过按摩房吗?"……

这类问题都是敏感性问题,被访者往往出于本能的自卫心理,产生种种顾虑,而且还会引起反感。如果一定要想获得这类问题的答案,必须避免被调查者不愿回答或不真实回答,最好的方法是采取间接提问的方式,并且语气要特别委婉,以降低问题的敏感程度。主要有以下几种常用的方法。

(1) 释疑法。即在敏感性问题的前面写上一段功能性文字,或在问卷引言中写明严格替被访者保密,并说明将采取的保密措施,以使其消除疑虑。例如:"打麻将是我国民间传统的一种消遣娱乐活动,您平均每个月打几次麻将?"

通过前面的肯定打麻将是一种娱乐活动来消除人们心理上的疑虑。

(2) 假定法。即用一个假定性条件句作为问题的前提,然后再询问被调查者的看法。

例如:"假定对人口不加限制,您认为多生子女好还是独生子女好?""假定允许各类人员自由调动工作的话,您会更换目前的工作吗?"

(3) 转移法。即让被调查者不以第一人称,而是以第三人称来回答这类问题。

例如:"汽车消费将是我国未来消费中的一个热点,您周围的朋友对分期购买汽车怎么看?""您的邻居害怕坐飞机吗?"

6. 一项提问只包含一项内容

一个问句中最好只问一个要点,一个问句如果包含过多的询问内容,会使被访者无从答起,应将其内容分解为两个内容进行询问。比如:"您是否觉得这款服装既舒适又好看?"或者笼统地提问，如："您觉得××饭店怎么样？"这些都是应该避免的。

7. 避免隐含的假定和选择

（1）隐含的假定指的是问题中没有表述清楚的假定，例如："您赞成在我国采取高收入政策吗？"这样的询问隐含了工资和物价同步增长的假定，将导致过高的"赞成"比例，不如改成"如果工资和物价同步增长的话，您赞成在我国采取高收入政策吗？"

（2）隐含的选择指的是问题中没有明显地表达清楚的可能选择。例如："在市区内购物时您愿意乘坐出租车吗？"这句话就隐含了乘坐公共汽车或开私家车的选择。不如改成："在市内购物时您是愿意乘坐出租车还是愿意开私家车（或乘坐公共汽车)？"

8. 问题要考虑时间性

时间过久的问题易使人遗忘，不愿回答。例如："您家去年家庭生活费支出是多少？""您家去年用于食品、衣服的费用支出分别是多少？"除非连续记账才能回答，不如改成："您家上个月生活费支出是多少？"这样就缩小了时间范围。便于回忆。

9. 避免推算和估计

问题应该是具体的而不是笼统的，而且，问题的措辞必须避免让被调查者去推算和估计。例如，我们可能对家庭户每年平均每人的生活费感兴趣，如果问题为："您家每年平均每人生活费用是多少？"答卷人可能就需要在脑子中做一些推算，将每月生活费乘以 12，然后再除以家庭人口数。大多数人不愿意或不会进行这样的推算，因此，最好将上述问题改为两个："您家每月的生活费是多少？""您家有几口人？"然后由调查人员根据回答进行必要的计算。

10. 拟定问句要有明确的界限

对年龄有虚岁、实岁，家庭人口有常住人口和暂住人口，经济收入有基本工资、奖金、补贴、其他收入、实物折款等项目，通常会产生歧义的理解。研究者如果对此没有明确的界定，调查结果也很难达到预期要求。

5.3.3 问卷答案设计应注意的事项

封闭式问题的答案设计，是问卷设计的重要组成部分，必须经过多方面周密细致的考虑。

1. 答案要穷尽

要将所有的答案尽可能地列出，才能使每个被访者都有答案可选，不至于因被访者找不到合适的可选答案而放弃回答。

例如：您家目前的收支情况是下列哪种情况？

□较多节余　　□略有节余　　□收支平衡

对该问题只设计以上三个备选答案就违背了穷尽性原则，必须加上第四个备选答案"入不敷出"，这样答案就穷尽了。有时为了防止列举不全的现象，可在备选答案中的最后列出一项"其他（请注明）"，这样被访者可将问卷中未穷尽的项目填写在所留的空格内。但需注意的是，如果被访者中选择"其他"类答案的人过多，说明答案的设计是不恰当的。

2. 答案要互斥

尤其是指多项选择题中多选一的备选答案之间不能相互重叠或相互包含，即最多只有一个答案适合他的情况，如果一个人就这种问题同时选择两个或更多的答案，那么这一问题的答案就不一定是互斥的。

例如："您每月的支出中，花费最多的是哪项？"

□食品　　□服装　　□书籍　　□报刊　　□日用品
□娱乐　　□交际　　□饮料　　□其他

备选答案中食品和饮料、书籍和报刊都不是互斥的。

3. 答案选项的排列

答案的顺序也会影响调查结果，在选项较多的情况下，受访者容易接受排在前面的选项，认为这些选项重要。而从设计人员的角度来说，也很容易产生一种倾向，将自认为更重要的选项排在前面，例如：下列电脑品牌中，给您留下印象最好的是：

□联想　　　　　　　　　　□IBM
□IBM　　　　　　　　　　□康柏
□方正　　　　　　　　　　□方正
□康柏　　　　　　　　　　□同创
□同创　　　　　　　　　　□联想

上述第一种排列会造成选择联想的比例高。第二种排列选择联想的比例大幅度下降。避免这种偏差的一个办法是设计若干种不同排列的问卷，比如用 5 套问卷，每套问题完全相同，但在具体选项的排列上进行更换，最后将 5 套问卷的结果进行汇总。另一种方法是访员在念问卷时，通过在问卷上添加人为的记号修改顺序。

4. 答案中尽量不用贬义词

使用贬义词，会影响调查结果。通常的做法是在褒义词的前面加上否定，如喜欢—不喜欢，而不用厌恶或讨厌。

5. 多项选择题的答案设计不宜过多

因为被访者在阅读与回答中，记忆答案的数量是有限的，一般不超过 9 个。答案过多，被访者的回答会有遗忘或不耐烦现象。

6. 答案设计要有可读性（趣味性）

答案设计过于呆板、单一，会使被访者失去兴趣。对于文化程度较高者，可采用一些成语，对于一般市民则要通俗易懂；对少年儿童，需要设计一些漫画等。

7. 敏感性问题答案的设计

在询问月收入或女士年龄等敏感性问题时，为消除被访者的顾虑和资料整理分析的要求，常常将答案进行分类设计。

例如："您的月工资是（请选一项，在答案号码上打钩）"

☐1 000 元以下　　　☐1 000～1 500 元　　　☐1 501～2 000 元

☐2 001～2 500 元　　　☐2 501～3 000 元　　　☐3 000 元以上

有一个初学问卷设计者失败的例子。如：您不买轿车的原因是：

☐买不起　　　☐怕出交通事故　　　☐担心被盗　　　☐……

这样的答案设计会使被调查者感到窘迫，拒绝回答。可以改成：

☐等待降价　　　☐不如租车划算　　　☐不环保　　　☐不喜欢开车……

5.4　态度测量技术

5.4.1　态度测量的含义与类型

市场调查所涉及的问题不外乎两类，一类属于客观特性，如价格、收入、年龄、购买的数量等，它们可以用数字表示。还有一些事实性的问题，可以直接询问，如：您是从哪里知道这种药的？另一类属于主观特性，如要了解消费者对产品、品牌和企业等的态度问题，它不能通过直接的询问或观察获得，一般难以直接用数字表达。态度是一种与我们周围环境的某些方面相关的包括动机、情感和认知过程的持久结构，是对某一客体所持有的一种比较稳定的赞同或不赞同的内在心理状态。在很多情况下，市场调查的主要目的是了解被调查者的态度或意见，通过直接询问的方法一般无法准确地测量人们的态度。为了更准确地了解被调查者的态度强度，人们在营销研究的实践中逐渐形成了一些测量态度的特定的方法和技术，这就是态度量表，它被用于测量被调查者的态度，把主观特性的问题用数量形式表示出来。

测量是指按照特定的规则对测量对象（目标、人物或事件）的某种属性赋予数字或符号，将其属性量化的过程。测量的本质是一个数字分配的过程，即用数字去反映测量对象的某种属性，进而通过与属性对应的数字或统计量来研究个体或整体的性质。

需要指出的是，要测量的不是对象本身，而是它们的某种属性。量表的设计包括两步。第一步，设定规则，并根据这些规则为不同的态度特性分配不同的数字。这些数字和态度变量的取值必须一一对应，每个数字代表唯一的态度变量值，而每个态度变量值对应一个唯一的数字。这种对应关系应该是明确的和固定的。第二步，将这些数字排列或组成一个序列，根据受访者的不同态度，将其在这一序列上进行定位。例如，将"对于某商品的态度"这一态度变量的可能取值，用不同的数字来代表："1"代表"喜欢"，"2"代表"无所谓"，"3"代表"不喜欢"；然后，根据受访者回答"喜欢"、"无所谓"和"不喜欢"填写调查问卷或调查表，这就是一个典型的三级量表。

量表中用数字代表态度的特性是出于两个原因。首先，数字便于统计分析；其次，数字使态度测量活动本身变得容易、清楚和明确。态度测量的方法有多种，不同的态度测量方法都是通过态度测量表反映的。根据精确程度由低级到高级可分为 4 种类型：定类量表、顺序量表、定距量表和定比量表。

1. 定类量表

定类量表，又称为类别量表或命名量表，是最低水平的量表，它用数字来识别事物或对事物进行分类，数字本身无意义，只代表每类答案的编号，其目的在于对调查资料进行分类。例如：

【例 5－1】 您家里有微波炉吗？

□有　　　　　　　　　　□没有

【例 5－2】 您家里的空调机是什么牌子？

□科龙　　　　　　□美的　　　　　　□海尔　　　　　　□春兰

□格力　　　　　　□松下　　　　　　□东芝　　　　　　□其他

定类量表可用于两个方面：一是对被调查者的品质属性，如性别、民族、职业、文化程度等进行分类处理；二是对被调查者的态度、意见进行分类处理，如对某种商品是喜欢还是不喜欢等问题的测量与处理。通过这种量表所获得的资料，适用的统计方法有频数分析，例如百分数、众数、Φ 相关和 χ^2 检验。

2. 定序量表

定序量表也称为顺序量表，它比定类量表的水平高，不仅指明了各类别，同时还指明不同类别的大小或含有某种属性的多少，如销量的名次、质量的等级、对各品牌的喜欢程度等。这里给出的只是相对的程度，只能表示不同类别的顺序关系，并不能指明其绝对差距。例如：

您喜欢英语课吗？

　　　　□非常喜欢　　□喜欢　　□一般　　□不喜欢　　□非常不喜欢

定序量表中各等级的评分方法，可采用自然顺序序数评分法、固定总数评分法等。固定总数评分法是将总分定为 10 或 100，要求被调查者对不同商品或不同项目打出一定分数，但总分不得超过 10 或 100。例如，某消费者对 3 种品牌的质量评分如下：

甲品牌 20 分　　　　乙品牌 50 分　　　　丙品牌 30 分

定序量表可应用于两个主要方面，一是对多种产品的质量、性能、式样、包装、价格等方面进行评价，也可对不同人的能力、知识水平等方面进行评价；二是对被调查者的态度进行测量。定序量表在数值处理上，可汇总求出各被调查者对不同商品或不同项目评价的总得分、平均得分和标准差，进而可对各类别进行排序并做出评价，所能应用的统计方法有百分数、四分位数、中位数、相关系数等。

3. 定距量表

定距量表比定序量表又进了一步，它不仅能表示各类别之间的顺序关系，而且能测量各顺序位置之间的距离，它等于定距量表上对应值之差。例如，温度计的温度不但能表示出温度的高低，还能表示出度数与度数之间的差别，但没有绝对零点。量表上 1 与 2 之差等于 3 与 4 之差。例如，对某产品进行评价，可先确定若干评价项目，每个项目按评价的形容词不同划分为 7 级：

| 很好 | 好 | 较好 | 中等 | 较差 | 差 | 很差 |
| 1级 | 2级 | 3级 | 4级 | 5级 | 6级 | 7级 |

在调查中，用得分给出的态度数据、满意度数据等也常按定距数据来处理。但不能计算测度值之间的比值，如数学考试成绩为 0 分，并不能说没有数学知识，也不能说分数为 100 分的人的数学水平是分数为 50 分的人的两倍。

定距量表可用算术平均数、中位数、众数进行数据处理，还可以计算标准差、相关系数、T 检验和 F 检验等。

4. 定比量表

定比量表具有绝对零点，可以对变量的实际数值进行比较，是测量数据中最高水平的量表，其测量结果可以进行分类、排序、加、减、乘、除等运算，并能作各种统计分析。如可以说体重 100 公斤的人是体重 50 公斤的人的两倍重，零的标准是客观存在的，无论体重的单位如何制定，这两个人之间都存在两倍的比率关系。

在调查中使用何种测量等级，首先取决于被测对象自身的特性，其次也取决于测量的目的和研究的要求。例如，性别、民族、宗教信仰、所有制等只能按性质分类的指标，就必须也只能用定类测量。又如，利润这类数量指标，如果仅要求将企业分为有无利润两类的话，就可以使用定类量表；如果要求将盈利企业分为 10 万元以下、10～50 万元、50～100 万元、100 万元以上等几个等级，则应进行定序测量；如果要求计算出各类企业的利润的具体差距或其比例关系，则应进行定距测量或定比测量。在以上 4 种态度测量表中，最常用的是类别量表和顺序量表。在态度测量方面，运用定比量表就非常困难。当消费者给予某个品牌 80 分，而给予另一个品牌 50 分时，并不能说明他对前者的喜欢程度是后者的 1.6 倍。因为态度测量本质上是一种顺序关系，很难用差距关系和比率关系来表示。

5.4.2 态度测量的方法

态度测量的类型有 4 种，但在具体的测量方法上是多种多样的，有些方法是直接对被调查者的态度进行测量，有些方法是通过其他的标准对被调查者反映的态度进行评定。一般来说，调查人员将有关态度询问的问题或语句，直接询问被调查者，并由后者自己测量其态度来选择答案，这种方法所使用的量表统称为直接量表。也有一些调查人员在做有关态度询问时，要求由被调查者自己决定询问语句，然后由调查人员来进行态度评定，这种方法所使用的量表统称间接量表。

1. 评比量表

评比量表也叫评价量表，在市场调查中应用很广。它是由调查人员事先将各种可能的选择答案标示在一个评比量表上，然后要求应答者在测量表上指出自己的态度或意见。根据量表的形式，评价量表又分为图示评价量表和列举评价量表。一般图示评比量表要求应答者在一个有两个固定端点的图示连续体上进行选择，量表的两端是极端答案，中点是中性答案，并且每个答案都事先给定一个分数。列举评价量表则是要求应答者在有限类别的表格标记中进行选择。评价量表获得的数据通常作为等距数据使用和处理。图 5-1 分别给出了一些图示评价量表和列举评价量表的例子。

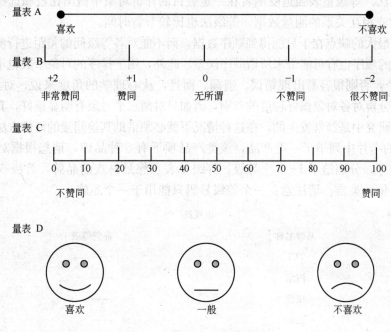

图 5-1 图示评价与量表评价

图中量表 A 是最简单的一种形式，应答者只需根据自己的喜好程度在连续直线的适当位置做出标记，然后研究者根据整体的反应分布及研究目标的要求，将直线划分为若干部分，每个部分代表一个类别，并分配给一个对应的数字，这种量表成为非比较量表。

量表 B 是将直线分为 5 个阶段，分别为非常赞同、赞同、无所谓、不赞同、非常不赞同，记分也可以采用+2、+1、0、-1、-2 或 5、4、3、2、1，这种设计也可以划分为 3 段和 7 段，其中以 5 段最常用。

量表 C 属于用数值尺度式设计，用数值的大小来表示态度的强度。事先在连续体上标出刻度并分配了相应的数字，应答者在适当位置做出反应标记即可，这些量表称为分段评价量表。

量表 D 也称为笑脸量表，在本质上与量表 B 没什么区别，但是由于在连续体两端分别增加了对应的笑脸和哭脸，使量表更具有生动性和趣味性，这种设计适合文化程度较低的被访者和少年儿童。

2. 等级量表

等级量表是一种顺序量表，它是将许多研究对象同时展示给受测者，并要求他们根据某个标准对这些对象排序或分成等级。例如，要求受访者根据总体印象对不同品牌的商品进行排序。典型地，这种排序要求受测者对他们认为最好的品牌排"1"号，次好的排"2"号，以此类推，直到量表中列举出的每个品牌都有了相应的序号为止，一个序号只能用于一种品牌。

等级量表也是使用很广泛的一种态度测量技术，这种题目容易设计，受测者也比较容易掌握回答的方法。等级量表强迫受测者在一定数目的评价对象中做出比较和选择，从而得到对象间相对性或相互关系的测量数据。等级法也比较节省时间。

等级量表最大的缺点在于只能得到顺序数据，而不能对各等级间的差距进行测量，同时卡片上列举对象的顺序也有可能带来所谓顺序误差。此外，用于排序的对象个数也不能太多，一般要少于10个，否则很容易出现错误、遗漏。而且，从心理学的角度来说，对象个数越多，受测者越难以分辨对各对象偏好程度的差别，诸如只对两三个对象有明显偏好，其他都差不多的情况在实际研究中是经常发生的，在这种情况下就必须借助其他间接的评价方法。

图5-2的卡片中列举了一类产品，该类产品项下有5种品牌，请您根据对各品牌的喜爱程度进行排序，分别给予1~5个等级，等级1表示您最喜欢的品牌，等级5表示您最不喜欢的品牌，依此类推。请注意：一个等级号码只能用于一个品牌。

电视机

品牌名称		品牌等级
TCL		——
海尔		——
康佳		——
长虹		——
海信		——

图5-2 等级量表

3. 配对比较量表

在配对比较量表中，受测者被要求对一系列对象两两进行比较，并根据某个标准在两个被比较的对象中做出选择。配对比较量表也是一种使用很普遍的态度测量方法。它实际上是一种特殊的等级量表，不过要求排序的是两个对象，而不是多个。配对比较方法克服了等级排序量表存在的缺点。首先，对受测者来说，从一对对象中选出一个肯定比从一大组对象中选出一个更容易；其次，配对比较也可以避免等级量表的顺序误差。但是，因为一般要对所有的配对进行比较，所以对于有 n 个对象的情况，要进行 $n(n-1)/2$ 次配对比较，这是关于 n 的一个几何级数。因此，被测量的对象的个数不宜太多，以免使受测者产生厌烦而影响应答的质量。配对比较量表实例如下。

下面是 10 对牙膏的品牌，对于每一对品牌，请指出您最喜欢的。在选中的品牌旁边□处打钩（√）。

①中　华□　　　　　　草珊瑚□

②中　华□　　　　　　两面针□

③中　华□　　　　　　高露洁□

④中　华□　　　　　　黑　妹□

⑤草珊瑚□　　　　　　黑　妹□

⑥草珊瑚□　　　　　　两面针□

⑦草珊瑚□　　　　　　高露洁□

⑧两面针□　　　　　　黑　妹□

⑨两面针□　　　　　　高露洁□

⑩高露洁□　　　　　　黑　妹□

当要评价的对象的个数不多时，配对比较法是有用的。但如果要评价的对象超过 10 个，这个方法就太麻烦了。配对比较量表的另外一个缺点是"可传递性"的假设可能不成立，在实际研究中这种情况常常发生；同时对象列举的顺序可能影响受测者，造成顺序反应误差；而且这种"二中选一"的方式和实际生活中作购买选择的情况也不太相同，受访者可能在 A、B 两种品牌中对 A 略为偏爱些，但实际上两个品牌都不喜欢。

4. 瑟斯顿量表

在市场营销研究中，经常涉及对某一主题的态度测量，如人们对于商业广告的态度、对人寿保险的态度等。瑟斯顿量表通过应答者在若干条（一般 9～15 条）与态度相关的语句中选择是否同意的方式，获得应答者关于主题的看法。瑟斯顿量表的实地测试和统计汇总都很简单，只是量表的制作相对来说比较麻烦。

瑟斯顿量表是一种间接量表，其建立的方式是由调查人员先拟定几十条甚至一两百条有关态度调查的语句，然后再选定一批特定的测试对象作为评定者，针对上述提供的数条语句由测试对象自己做出判断。一个测量态度的瑟斯顿量表，其制作的基本步骤如下。

（1）由调查人员列出若干条有关态度或者评价的语句，通常可以是几十条，也可以很多，具体数量的多少以有利于说明对某个主题的一系列的态度或者评价为宜，保证其中对主题不利的、中立的和有利的语句都占有足够的比例，并将其分别写在特制的卡片上。

（2）将这些表述提供给一组评判人员，通常在 20 个人以上，要求他们将这些表述划分成 11 组（也可以为 7，9，13 组）。这些组分别可以反映他们对每一个表述肯定、否定或者中立的看法；如果分为 7 类，则将中立态度列入第 4 组，不利态度列入 1，2，3 组，最不利态度放在第 1 组，有利态度列入第 5 到第 7 组，最有利的放在第 7 组。分为 9 组和分为 11 组的情形可以类推，先取出中间态度组，然后在前面选择不利态度组，在后面选择有利态度组即可。

（3）计算每条语句被归在这 7 类中的次数分布。

（4）删除那些次数分配过于分散的语句。

（5）计算各保留语句的中位数，并将其按中位数进行归类，如果中位数是 n，则该态度语句归到第 n 类。

（6）从每个类别中选出一二条代表语句（即各评定者对其分类的判断最为一致的），将这些语句混合排列，即得到所谓的瑟斯顿量表。下面是一个电视观众对商业广告评价的瑟斯顿量表。

①所有的电视商业广告都应该由法律禁止。

②看电视广告完全是浪费时间。

③大部分电视商业广告是非常差的。

④电视商业广告枯燥乏味。

⑤电视商业广告并不过分干扰欣赏电视节目。

⑥对大多数电视商业广告我无所谓好恶。

⑦我有时喜欢看电视商业广告。

⑧大多数电视商业广告是挺有趣的。

⑨只要有可能，我喜欢购买在电视上看到过广告的商品。

⑩大多数电视商业广告能帮助人们选择更好的商品。

⑪电视商业广告比一般的电视节目更有趣。

瑟斯顿量表通常在设计时，将有关态度语句划分为 11 类，其实并不一定非要划分成 11 类不可，多些少些都可以，但最好划分成奇数个类别，以中点作为中间立场。分类后在每个类别中至少选择一条代表语句。每条语句根据其类别都有一个分值，量表中的语句排列可以是随意的，但每个受测者都应该只同意其中的分值相邻的几个意见。如果在实际中一个受测者的语句或意见其分值过于分散，则判定此人对要测量的问题没有一个明确一致的态度，或者量表的制作可能存在问题。

瑟斯顿量表根据受测者所同意的陈述或意见的分值，通过分值平均数的计算求得受测者的态度分数。例如某人同意第 8 个意见，他的态度分数就是 8，如果同意 7，8，9 三条意见，他的态度分数为（7＋8＋9）/3＝8。在上例中，分数越高，说明受测者对某一问题持有的态度越有利；分数越低，说明受测者持有的态度越不利。瑟斯顿量表是顺序量表，可以用两个受测者的态度分数比较他们对某一问题所持态度的相对有利和不利的情况，但不能测量其态度的差异大小。

瑟斯顿量表在市场调查中使用得不太多，主要原因是瑟斯顿量表的制作非常麻烦，即使单一主题的量表制作也要耗费大量的时间，对于多个主题的瑟斯顿量表制作就更加困难。另外，不同的人即使态度完全不同，也有可能获得相同的分数。例如一个人同意第 5 个意见，得 5 分，另一个人同意第 3，4，8 条意见，也得 5 分。再有，瑟斯顿量表无法获得受测者对各条语句同意或不同意程度的信息，这也是其缺点之一。

5. 李克特量表

李克特量表是由伦斯·李克特根据一般量表方法发展而来的，该量表又被许多调查者采用并改动，并且在实践中不断地发展和调整。李克特量表形式上与瑟斯顿量表相似，都要求受测者对一组与测量主题有关的陈述语句发表自己的看法。它们的区别是，瑟斯顿量表只要求受测者选出他所同意的陈述语句，而李克特量表要求受测者对每一个与态度有关的陈述语句表明他同意或不同意的程度。另外，瑟斯顿量表中的一组有关态度的语句按有利和不利的程度都有一个确定的分值，而李克特量表仅仅需要对态度语句划分是有利还是不利，以便事后进行数据处理。

李克特量表的制作较简单且易于操作，因此在市场调查实务中应用非常广泛。首先拟定一定数量的正负态度的语句，正负态度语句的数目不一定相同。每条语句的答案可分为 5 类，如非常同意、同意、不能确定、不同意和十分不同意。如果受访者认为某条选择语句是对的，他就可能从"非常同意"和"同意"中做出选择。假定他不赞成该种说法，也就是说他对该语句的态度是否定的，他就会选择与不同意有关的选项。当他对该语句既不同意也不反对时，他就可以选择"不能确定"的选项。李克特量表制作的基本步骤如下。

（1）收集大量（50～100 条）与测量的概念相关的陈述语句。

（2）研究人员根据测量的概念将每个测量的项目划分为"有利"或"不利"两类，一般测量的项目中有利的或不利的项目都应有一定的数量。

（3）选择部分受测者对全部项目进行预先测试，要求受测者指出每个项目是有利的或是不利的，并在下面的方向—强度描述语中进行选择，一般采用所谓"五点"量表：

非常同意　　同意　　无所谓　　不同意　　非常不同意

（4）对每个回答给一个分数，如从非常同意到非常不同意的有利项目分别为 1，2，3，4，5 分，对不利项目分别为 5，4，3，2，1 分。

（5）根据受测者的各个项目的分数计算代数和，得到个人态度总得分，并依据总分多少将受测者划分为高分组和低分组。

（6）选出若干条在高分组和低分组之间有较大区分能力的项目，构成一个李克特量表。如可以计算每个项目在高分组和低分组中的平均得分，选择那些在高分组平均得分较高并且在低分组平均得分较低的项目。

下面是两个李克特量表。

【例 5-3】　某问卷中对生活方式的调查。（出示卡片 A）下面是对个人生活方式的一些不同的意见，请指出您对这些意见同意或不同意的程度，1＝很不同意、2＝不同意、3＝无所谓、4＝同意、5＝非常同意。请填写最能反映您的同意或不同意程度的数字。

陈述	很不同意	同意	无所谓	同意	非常同意
①我买了许多商品使自己保持"特殊"。					
②我通常拥有一套或几套最新款的衣服。					

③我的孩子们是我生命中最重要的。

④我总是使我的房子保持干净整洁。

⑤我总是在家里待着从不去参加晚会。

⑥我做任何事都会制定一个计划。

⑦我喜欢收看或收听篮球、足球比赛。

⑧我认为我比大多数人自信。

⑨我常会影响我的朋友们购买商品。

⑩明天我可能会比现在更有钱。

⑪我从不抽烟也不喝酒。

……

　　在量表中，受访者对每一条语句分别表示同意的程度，一般采用5级：非常同意、同意、无所谓、不同意、非常不同意。当然也可以是相反的顺序，如1表示非常不同意，5表示非常同意。可以将各数字代表的含义在题目开头给出，然后让受访者根据对每个陈述语句的同意程度填写1~5中的某个数字，但更常用的一种格式是将1~5分别列在每个陈述语句的后面，让受访者根据自己同意或不同意的程度在相应的数字上打钩或画圈。这种方式看起来不太简捷，但更便于受访者理解和回答。

　　【例5-4】　表5-1中的说法是有关个人对公司的一些感受，请您考虑一下您对目前公司的感受，然后就每种说法表示赞同或不赞同，并在相应的空格内打钩（√）。

表5-1　关于职工对所在公司感受的李克特量表

观　点	非常赞同	赞同	无所谓	不赞同	很不赞同
1. 为了公司取得成功，我愿意付出最大的努力	5	4	3	2	1
2. 为了有个稳定的工作，我能接受任何条件	5	4	3	2	1
3. 我觉得公司对员工的条件太苛刻	5	4	3	2	1
4. 我为我是这个公司的一员感到自豪	5	4	3	2	1
5. 只要一有机会，我就会跳槽到另一个公司	5	4	3	2	1
6. 我们的老板很有人情味	5	4	3	2	1
7. 我认为公司的前途对我的成长和发展有利	5	4	3	2	1
8. 我会对我的亲戚朋友推荐说我们公司不错	5	4	3	2	1
9. 我觉得公司给我的报酬太少	5	4	3	2	1
10. 我非常高兴选择了为这个公司工作	5	4	3	2	1
11. 让我离开这个公司，对我来说无所谓	5	4	3	2	1
12. 在公司待的时间越长，我越离不开这个公司	5	4	3	2	1
13. 当消费者称赞我们公司的产品时，我觉得很高兴	5	4	3	2	1
14. 决定来这个公司工作，是我的一个错误选择	5	4	3	2	1
15. 长期待在这个公司，对我的将来没有任何好处	5	4	3	2	1

在数据处理时，给受访者对每条态度语句的回答分配一个权值，可以是从 1 到 2，也可以是从 1 到 5。可以汇总计算每条态度语句的得分，从而了解受访者群体对测量对象各方面的态度。也可以计算每个受访者对测量对象的态度总分，以了解不同受访者对受测对象的不同态度。值得注意的是，陈述语句本身是有态度倾向的，有利或不利，对于"有利"的态度语句回答是"非常同意"，对于"不利"的态度语句回答是"非常不同意"，都应该打 5 分。在表 5-1 的量表中，如果高分代表有利的态度，就要对一些语句的得分作逆向处理，将 1 变为 5，2 变为 4，4 变为 2，5 变为 1，3 保持不变。高得分的受访者和低得分的受访者对生活的态度是截然不同的。

在市场调查中，李克特量表的使用十分普遍，因为它比较容易设计和处理，受访者也容易理解，因此在邮寄访问、电话访问和人员访问中都适用。李克特量表是顺序量表，每条态度陈述语句的得分及每个受访者的态度分数都只能用作比较态度有利或不利程度的等级，不能测量态度之间的差异。李克特量表的主要缺点是回答时间长，因为受访者需要阅读每条态度陈述语句。

6. 语意差异量表

在市场研究中，常常需要知道某个事物在人们心中的印象，语意差异法就是一种常用的测量事物印象的方法。语意差异法可以用于测量人们对商品、品牌、商店的印象。在设计语意差异量表时，首先要确定与要测量对象相关的一系列属性，对于每个属性，选择一对意义相对的形容词，分别放在量表的两端，中间划分为 5 个（也可以是 7 个或 9 个）连续的等级。受访者被要求根据他们对被测对象的看法评价每个属性，在合适的等级位置上作标记。带有否定含义的形容词有时放在量表左边，有时放在右边。习惯上，在语意差别量表的形容词中，大约一半将肯定的词放在左边，另一半将否定的词放在左边，这样可以减少反应误差，项目的排列顺序是随机的。

例如，下面是三个不同汽车品牌一系列评价标准，每个标准两端是两个描述它的形容词，这两个形容词的意义是相反的。在您认为合适的地方打钩，请注意不要漏掉任何一项标准。

语意差别量表的主要优点是可以清楚有效地描述形象。如果同时测量几个对象的形象，可以将整个形象轮廓进行比较。图 5-3 是一个对三种轿车品牌评价语意差别量表的例子，可以清楚地、直观地看到消费者对三种不同品牌汽车的不同印象。

在潜在消费者心目中，三种汽车牌子的特性之间的差别，通过语义差别量表可以清楚地表示出来。将各种形容汽车特性的极端词所代表的分数相加即得每种品牌的总分数；量表上最不利的位置给予 1 分，其次不利者给予 2 分，以此类推，所得总分已包括所有决定消费者态度的因素。然后，可以用计算机统计出每对反义词的平均值，把这些平均值用图形表示出来。

由于功能的多样性，语意差别量表被广泛用于市场研究，用于比较不同品牌商品和厂商的形象，以及帮助制定广告战略、促销战略和新产品开发计划等。

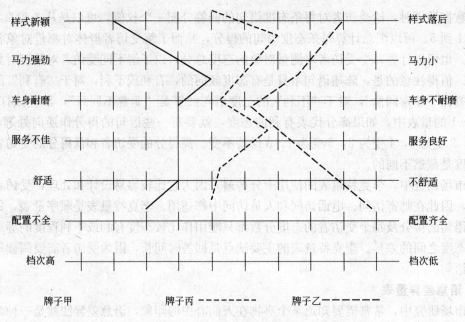

图 5-3 评价语意差别量表

思考练习题

一、问答题

1. 一份完整的问卷包括哪些部分？
2. 问卷设计的程序是什么？
3. 问卷设计应注意哪些问题？

二、练习题

下面是在一些问卷中挑出的不恰当问句，请您指出其错误之处，并改正。

1. 您是经常还是偶尔坐飞机？
2. 您用什么剃须刀？
3. 请问去年以来，您都用过哪些品牌的卫生纸？
4. 请问您的年龄？
5. 您的月收入是多少？
6. 您的业余时间主要如何安排？
7. 您认为葡萄酒的分销是否充分？
8. 您认为《销售与市场》杂志是最好的营销杂志吗？

9. 买可口可乐，让外国人赚更多的钱；买非常可乐，扶持民族产业，您的选择是什么？

10. 为了减少环境污染，所有的洗衣粉都应该是无磷的，您是否同意？

三、实践操作题

1. 找一个调查项目，独立设计一份调查问卷。要求不少于 15 个问题，题型不能太单一。

2. 为评价学校餐厅满意度的调查问卷设计一个语意差别量表。

3. 设计一个用来评估中小学生"减负"问题的李克特量表。

四、案例分析

西安某房地产公司的总经理一直在考虑如何拓展自己的业务范围，在一次与朋友的交谈中，他发现潜力无限的新业务就在自己手中，只是过去从来没有关注过。这就是给购买自己公司房产的用户提供装修服务和物业管理服务。房地产公司一般为用户提供的只是坯房，用户拿到新房钥匙后，自己负责装修。这样做可以使用户按照自己的爱好和意愿装扮新居，也使房地产公司免去了很多麻烦。但是，由于装修市场鱼龙混杂，用户常常会碰到一些不负责任的装修公司或个体装修者，不但装修效果不满意，还可能遭受经济损失。如果房地产公司直接给用户提供装修服务，就可以解决用户装修的苦恼，同时又自己开辟了一个新的市场。该经理决定进入这一市场。为了能够为用户提供满意的装修，他希望通过市场调查获得以下问题的答案：用户对自己装修的看法是什么？有多少用户希望房地产公司提供装修服务？他们需要哪些内容的服务？用户能够承担的装修费用范围？

通过调查，经理希望能够实现以下目的：

(1) 确定用户接受房地产公司装修服务的可能性；

(2) 确定哪些用户希望获得装修服务；

(3) 确定装修服务的内容和费用预算范围；

(4) 用户对装修服务的要求。

总经理决定在签订购房合同的用户中进行全面调查，调查由本公司推销员利用访问用户的机会进行。根据总经理的要求，公司营销部设计了调查问卷。问卷初稿如下：

尊敬的各位先生、女士：

为了更好地满足各位的住房需求，本公司特别开展此项调查，以了解广大客户对购房装修的需求，以及对我公司房地产经营活动的期望和意见，以便于我们改进工作，提高服务水平。请您就下列问题，提供宝贵答案。为了维护您的隐私，本问卷采用不记名方式，请您如实填写答案。非常感谢您的合作。

(一) 基本资料

1. 性别：男（　　　）　　　　女（　　　）

2. 年龄：30 岁以下（　　　）　　　　31～45 岁（　　　）

　　　　46～55 岁（　　　）　　　　56 岁以上（　　　）

3. 职业：_____

4. 家庭人数：单身（　　）　　　　2～3人（　　）　　　　4人以上（　　）

5. 家庭年收入：15 000～20 000元（　　）　　　　20 001～350 00（　　）

　　　　　　　35 001～45 000元（　　）　　　　45 001～60 000（　　）

　　　　　　　60 001～75 000元（　　）　　　　75 001以上（　　）

（二）意见调查

1. 到目前为止，您对自己的购房选择满意吗？

A. 满意（　　）　　　　B. 不满意（　　）　　　　C. 一般（　　）

2. 如果满意，请问您最满意的是

A. 房屋质量（　　）　　B. 物有所值（　　）　　C. 可享受其他服务

3. 如果不满意，请问您最不满意的是

A. 质量未达到合同标准（　　）　　　B. 配套服务不全面（　　）

C. 价不符实（　　）　　　　　　　　D. 其他（　　）

4. 您为什么选择本公司房产？

A. 地理位置比较理想（　　）　　　　B. 价格适中（　　）

C. 户型结构合理（　　）　　　　　　D. 物业管理水平高

5. 房地产公司能否提供家装相关服务，对您的购房选择有无影响？

A. 有（　　）　　　　　　　　　　　B. 无（　　）

6. 购房后您是否担忧室内装修问题？

A. 是（　　）　　　　　　　　　　　B. 否（　　）

7. 您最可能选择的装修方式是（请只选一项）

A. 自己设计自己施工（　　）　　　　B. 自己设计请熟人施工（　　）

C. 请装修公司全包（　　）　　　　　D. 专业人员设计，自己施工（　　）

E. 装修公司负责设计施工，房地产公司统一管理（　　）

8. 您的装修费用预算是

A. 20 001～40 000（　　）　　　　　B. 40 001～60 000（　　）

C. 60 001～90 000（　　）　　　　　D. 90 000以上（　　）

9. 您希望装修公司提供装修服务吗？

A. 是（　　）　　　　　　　　　　　B. 否（　　）

10. 如果房地产公司提供相关装修中介服务，您希望该服务应包括哪些项目？

A. 室内装修设计（　　）

B. 提供装修材料、装修公司的有关信息（　　）

C. 提供装修监理公司的有关信息（　　）

D. 解决装修纠纷的法律中介服务（　　）

F. 提供装修过程的统一管理（　　）

E. 提供配套家具的选择方案及有关信息（   ）

G. 其他（   ）

11. 您希望以什么方式获取装修设计方案？

A. 自己设计方案（   ）   B. 由装修公司设计（   ）

12. 您认为装修材料信息服务应包括下面哪些内容？

A. 价格、产地、材质（   ）   B. 购买地点（   ）

C. 流行趋势（   ）   D. 售后服务项目（   ）

13. 您需要了解装修公司的哪些信息？

A. 企业实力（   ）   B. 企业声誉（   ）

C. 设计水平（   ）   D. 施工水平（   ）

E 收费标准（   ）   F 售后服务（   ）

14. 您希望知道装修监理公司的哪些信息？

A. 监理人员的资信（   ）   B. 监理人员的从业时间（   ）

C. 监理人员的个人情况（   ）   D. 监理收费情况（   ）

15. 您希望法律中介服务包括下面哪些内容？

A. 介绍律师（   ）   B. 提供律师的从业背景资料（   ）

C. 律师的收费标准（   ）

16. 如果本公司提供装修中介服务，您认为

A. 求之不得（   ）   B. 是一种推销手段（   ）

C. 为用户办了一件好事（   ）   D. 不必要（   ）

17. 作为本公司用户，您认为我们应增加哪些服务项目？

问题：

1. 问卷初稿设计是否符合调研目的？

2. 问卷的内容和语句还有哪些需要进一步修改？

3. 在调查态度和购买动机方面现有问题形式是否效果最好？您认为应采用哪一种提问方式？

第**6**章

访谈法

  原始资料是市场调查人员通过实地调查获取的第一手资料，具有直观、具体、零散等特点。原始资料的收集是市场调查中一项复杂、辛苦的工作，但又是必不可少的一项工作，其质量高低将直接影响到调查结果。

  从所搜集资料的特征来看，可分为定量调查方法和定性调查方法。定量调查包括访问调查、邮寄调查、电话调查、电脑辅助调查、观察调查法和实验调查法等。定性调查有小组座谈会、个别深访法和投射技术法等。根据调查的具体方式可将原始资料的调查方法大致分为访问调查法、观察调查法和实验调查法三大类（如图 6-1 所示）。

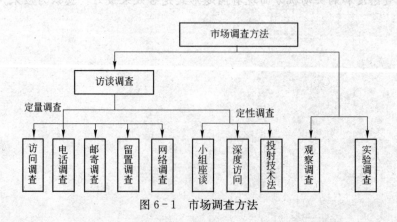

图 6-1 市场调查方法

定性调查与定量调查比较，有以下特征。

（1）定性调查常用于探索性调查，以收集二手资料为主，也收集原始资料；定量调查，常用于描述性调查，以收集原始资料为主，也收集二手资料。

（2）定性调查的结果不能作为结论，但它对某些问题细节研究的深度，或对问题研究的广度是定量调查所不及的，定性调查常用以解释定量调查的结果。

（3）定性调查常为定量调查做准备，为之开路。

（4）个人访谈和试访阶段常用定性调查，正式访问阶段则用定量调查。

6.1 定量调查法

定量调查法，又称为问卷调查法，是一种利用结构式问卷，抽取一定数量的样本，依据标准化的程序来收集数据和信息的调查方式，是市场调查中应用最为广泛的方法。根据调查人员与被调查者接触方式的不同，又可将定量调查法分为人员访问法、电话访问法、自助调查法、固定样本调查法和网上调查法等。

6.1.1 人员访问法

人员访问又称为派员访问，它是通过调查人员和受访者之间面对面地交谈从而获得所需资料的调查方法。

1. 入户访问

入户访问，是由访问员对被抽到的样本逐一进行访问，访问是在被访者家中进行。目前这种入户访问方法是最为常用的调查方法。访问时，访问员严格按照问卷的题目顺序向被访者询问并作记录。入户访问的程序如图6-2所示。

1）入户访问的优点

（1）问卷回答的完整率高。从被访者愿意接受访问开始，访问员可以和被访者面对面地交流，可以随时观察被访者的表情和态度，一旦发现其有厌烦情绪和敷衍了事时可适时采取相应对策调动其积极性，而且由于访问是在被访者家中，访问的环境被访者熟悉，且较少外界因素干扰，能够保证调查顺利完成。

（2）调查结果较为准确。在访问中双方通过直接交谈，对所提出的调查事项如有不明确或不理解的，访问员可以当场给予解释说明，这样可减少不完整答案或欠缺答案，使答复误差减少到较小程度。访问员可以通过观察被访者的肢体动作和表情来判断受访者回答的真实性。

（3）可获得较多资料。个人访问调查方式时间较长，一般在40分钟左右，所以能提问

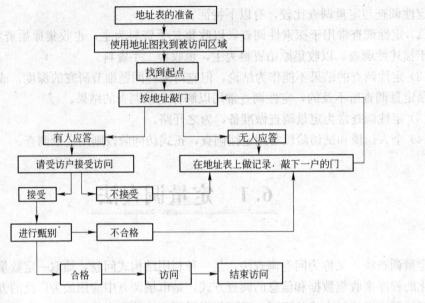

图 6 - 2 入户访问的流程

较多的问题。调查者还可以采用图片、表格、产品的样品等进行询问,获得较多的资料。

(4)易于回访复核。访问员可以很轻易地记录被访者家庭或单位的地址,可实现对访问对象的回访,以检验访问的真实性。

2)入户访问的缺点

(1)调查费用高。实地访问要求访员对受访者一一进行访问,访员的劳务费、交通费及受访者的礼品费等,是一笔不菲的支出,另外,调查也很耗时。

(2)拒访率高。近年来,由于社会治安等原因,家庭住户对陌生人有较强的戒备心,防盗门成为横亘在访问员与被访者之间的一道屏障,能否登门成为一件难事,这也是很多市场调查公司不愿意做入户调查的原因。

(3)对访问过程的控制较为困难。由于访问员是分散作业,难以对他们的工作进行监督检查,有的访问人员在登门受挫、不能完成问卷的情况下,很可能会自己在问卷上弄虚作假。

(4)对调查人员的素质要求较高。入户访问对访问员的挑选比较严格,需要访问员有较强的亲和力和良好的沟通能力,能够说服住户开门并配合访问,访问进行时还要善于察言观色,及时扭转不利于调查的局面。

2. 拦截访问

街头拦截法是一种十分流行的询问调查方法,约占个人访谈总数的三分之一,由于入户访问受到客观条件的限制,很多调查公司把它作为入户访谈的替代方式。这种调查方法相对简单,在特定场所拦截访问对象,对符合条件者进行面访调查。

　　街头拦截面访调查主要有两种方式。第一种方式叫街头流动拦截访问，是由经过培训的访问员在事先选定的若干个地点，如交通路口、户外广告牌前、商城或购物中心内外、展览会内外等，按照一定的程序和要求（例如，每隔几分钟拦截一位，或每隔几个行人拦截一位，等等），选取访问对象，征得其同意后，在现场按照问卷进行简短的面访调查，这种方式常用于需要快速完成的小样本的探索性研究。

　　第二种方式也叫中心地调查或厅堂测试，是在事先选定的若干场所内，租借好访问专用的房间或厅堂，根据研究的要求，可能还要摆放若干供被访者观看或试用的物品。然后按照一定的程序和要求，在事先选定的若干场所的附近，拦截访问对象，征得其同意后，带到专用的房间或厅堂内进行面访调查（如图 6-3 所示）。这种方式常用于需要进行实物显示的或特别要求有现场控制的探索性研究，或需要进行实验的因果关系研究。例如，广告效果测试，某种新开发产品的试用实验等。

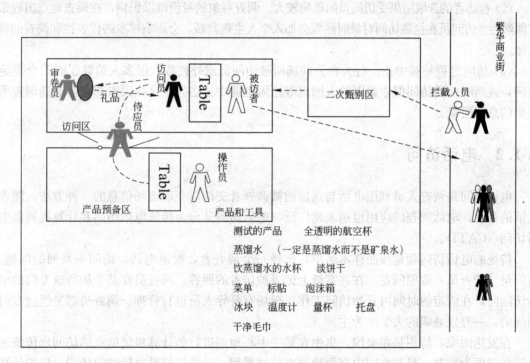

图 6-3　街头拦截的访问流程

　　拦截访问方法常用在商业性的消费者行为及态度研究中，例如，调查消费者购买方便食品的偏好、购买习惯、决策方式等，或者在某个商业街区中心拦截街区购物消费者，了解其来此街区购物所考虑的因素等。

　1）拦截访问的优点

　（1）效率高。访问在现场就可以进行，不需要像入户那样要在敲开被访者的家门后才进行访问，而可以直接面对面地向被访者征询意见，得到他们的配合，与入户访问相比可以明显地节省时间及人力。

（2）费用低。与入户访问相比，访问员与被访者接触的难度减小，访问的成功率提高，因而支付访问员的费用也就相对比入户访问低。

（3）便于对访问员进行监控。拦截访问在访问过程中需要安排督导员现场督导、监控，以保证调查的质量。由于这种访问的时间、地点通常比较集中，访问员必须在指定的地点完成访问工作，所以指派督导员在现场对访问员的工作加以监督是可行的。

2）拦截访问的缺点

（1）事后回访较难实现。由于访问员是在公共场合第一次与被访者接触，被访者常常非常敏感，不愿将真实的个人信息留给访问员，很难进行事后回访复核。访问质量应尽最大可能在调查过程中进行控制。

（2）被访者的选取结果受访问员的影响较大。调查对象的身份难以识别，在调查地点出现带有偶然性。访问员在拦截访问对象时经常会加入个人主观判断，会影响样本的代表性和调查的精确度。

（3）访问过程易被中止。行人在公共场所被访问员意外拦截，很多人怕耽误时间会拒绝访问，或当时接受访问但中途因被人围观等原因可能中止访问，这些因素都会影响到调查所收集信息的质量。

6.1.2　电话访问

电话访问是调查人员利用电话与选定的被调查者交谈以获取市场信息的一种方法。随着电话的普及，电话调查的应用也越来越广泛。电话访问又分为传统电话访问和计算机辅助电话访问（CATI）。

传统的电话访问就是按照样本名单，选择一个调查者，拨通电话，询问一系列的问题。访问员（调查员）按照问卷，在答案纸上记录被访者的回答。调查员在某个场所或专门的电话访问间，在固定的时间内开始访问工作，现场有督导人员进行管理。调查员都是经过专门训练的，一般以兼职的大学生为主。

在发达国家，特别是在美国，集中在某一中心地点进行的计算机辅助电话访问比传统的电话访问更为普遍，目前在国内有少数调查公司采用。计算机辅助电话访问使用一份按计算机设计方法设计的问卷，用电话向被调查者进行访问。计算机问卷可以利用大型机、微型机或个人用计算机来设计生成，调查员坐在 CRT 终端（与总控计算机相连的带屏幕和键盘的终端设备）对面，头戴小型耳机式电话。CRT 代替了问卷、答案纸和铅笔。通过计算机拨打所要的号码，电话接通之后，调查员就读出 CRT 屏幕上显示出的问答题并直接将被调查者的回答（用号码表示）用键盘记入计算机的记忆库之中。计算机会系统地指引调查员工作。在 CRT 屏幕上，一个问答题只出现一次，计算机会检查答案的适当性和一致性。数据的收集过程是自然的、平稳的，而且访问时间大大缩减，数据质量得到了加强，数据的编码和录入等过程也不再需要。由于回答是直接输入计算机的，关于数据收集和结果的阶段性的和最新的报告几乎可以立刻就得到。

要成功地进行电话访问，必须首先解决好以下几个方面的问题。

(1) 设计好问卷调查表。这种问卷调查表不同于普通问卷调查表，由于受通话时间和记忆规律的约束，大多采用两项选择法向被调查者进行访问，而且问卷时间一般控制在 15～20 分钟之内。

(2) 挑选和培训好调查员。电话访问要求调查员有良好的语言表达能力，诸如口齿是否清楚、语气是否亲切、语调是否平和等，而对仪表等方面相对要求不高。

(3) 调查样本的抽取及访问时间的选择问题。电话访问对于调查样本的抽取、访问时间的选择及访问对象的确定等问题显得相对重要。解决抽样框不完整问题的通常做法是先随机抽取几本电话号码簿（按随机数字表随机抽取），再从每个电话号码簿中随机抽取一组电话号码，作为正式抽中的被调查者中无反应、经过一定努力后仍无反应时替补之用。访问时间的选择，一要考虑调查对象，比如说访问年轻人有关消费者偏好问题，最好选择在工作日的晚上；而对老年人购买习惯的访问，则可以选择白天。二要考虑被调查者的生活习惯等。

1. 电话访问的优点

(1) 反馈速度快。由于电话访问不需登门访问，访问员在单位时间里完成访问量会比入户访问多；在跨地区的访问项目中，不需要有异地的旅行，因而还可以节省许多时间。对于一些急于收集到的资料而言，采用电话调查法最快。

(2) 花费较低。访问在调查公司的电话访问间或办公室中进行，访问员不像入户访问那样在交通及寻找被访者所在区域上花较多的时间，访问员的工作效率提高了，在同样时间里，访问员电话访问完成的工作量要比入户访问高，因而访问成本也就降低了。对于同样的调查问卷，调查公司需要支付给每一位电话访问员的劳务费用要比入户访问员低。

(3) 适宜访问不易接触到的被调查者。有些被调查者不容易接触到，例如，工作繁忙，或个人访问方式不易得到接纳，则短暂的电话访问可能被接受。

(4) 现场容易控制。电话访问员的声调、语气及用词等是否正确，可由督导员指导。相对于人员访问，电话访问的突出优点表现在它的高速度、低成本。

2. 电话访问的局限性

(1) 拒答率高。由于电话访问采用不见面方式，同时电话访问时对对方当时的心态、手头正在从事的工作等情况均无法判断，因而拒答率高。

(2) 由于电话访问调查的项目过于简单明确，而且受通话时间的限制，问题不便深入，因而调查内容的深度远不及其他调查方法，一般只适合进行一些意向性调查或者进行一些市场行情的了解。也正因为这一点，电话访问一般无法进行深度访谈。

(3) 电话访问的结果只能推论到有电话的对象这一总体，因而先天存在着母体不完整的缺陷，不利于资料收集的全面性和完整性。当然，随着电话的普及，这一问题相对变得不那么尖锐了，但其拒答率高仍是左右电话访问普及推广的关键因素之一。

（4）不能使用视觉辅助手段。有一些调查项目需要得到被调查者对一些图片、广告或设计等的反应，电话访问无法达到这些效果。当然可以提前把类似的资料寄给被调查者。不过如今可视电话的推广也使得这一问题逐渐变得不再成为问题。

（5）由于电话访问是通过电话进行的，调查者一般不在现场，因而很难判断所获信息的准确性和有效性。而在人员访问中，调查者则可以通过被调查者的表情、动作等身体语言及所处环境等来判断被调查者所提供信息的真实性和完整性。

当然，尽管电话访问存在着诸多缺陷，但对那些调查项目单一、问题相对简单明确并需及时得到调查结果的调查项目而言，仍不失为一种理想的访问方式，比如说信息中心、调研咨询公司等借助电话向企业了解商品供求状况及价格信息；股民通过电话了解股票行情；电台通过电话调查收视情况等。

6.1.3　邮寄调查

邮寄调查，是指调查人员将设计好的调查问卷或调查表格，通过邮政系统寄给已选定的被调查者，由被调查者按要求填写后再寄回来，调查者根据对调查问卷或调查表格的整理分析，获得市场信息的一种调查方法。

一个典型的邮寄调查包裹由以下几部分组成：邮出信封、封面信、问卷、回邮信封及可能附上的小礼品或其他谢礼。被调查者完成问卷以后用回邮信封寄回。一般情况下，为了提高邮寄问卷的回收率，在开始收集数据之前，要对被调查对象进行广泛的确认。因此，最初的工作是要获取一份有效的邮寄名单。由于消费者邮寄名单很难获得，邮寄访问目前在我国应用还不大普遍，除了书籍、杂志、报社等出版单位较多采用此种方法了解读者需求外，一般这种方式较少运用在商业市场调查研究中。但在企业已掌握其客户名单及地址的情况下，对于客户满意度的研究及读者调查，则较多地使用这种方式。

1. 邮寄调查的优点

（1）调查区域较广。可以扩大调查区域，增加更多的调查样本数目，只要通邮的地方，都可以进行邮寄调查。同时，对于从事这一行业的公司来讲，邮寄调查是很方便而有效的，比较容易接近目标受访者中的特定群体。

（2）调查成本低。调查实施过程不需要进行访问者的招聘、培训、监控以及支付报酬。只需花费少量邮资和印刷费用，而且整个调研过程无需更多的人力投入。通过邮寄的方式，使邮寄调查工作十分经济。事实上，从这方面来讲，这种方式在所有调查方式中几乎是最经济的。

（3）被访者自由度大。被访者可根据自己的时间安排完成访问，如果需要，还可以查阅有关资料，以便准确回答问题。

（4）调查信息含量大。被调查者有较充分的时间填写问卷，提问内容可增加，因此调查信息含量较大。

（5）调查方式容易被接受。通过让被访者可以匿名的方式回答问题，可对某些敏感问题或隐私情况进行调查。

2. 邮寄调查的缺点

（1）回收率偏低，影响调查的代表性。被访者收到调查邮包后，可能并不在意问卷中研究人员对他配合的致谢，也不在乎调查后可能得到的礼品，或者收到礼品后没有热情完成调查问卷，还有些人由于距离邮局较远，不方便将已经完成的问卷填好邮出等原因，从而放弃被调查。

（2）信息反馈时间长，影响资料的时效性。

（3）没有访问员指导，被访者可能出现自我偏差。有些被访者还可能是第一次接触问卷，尽管他有很高的热情完成调查，但由于他未能很好地阅读"问卷填写指导"，使得问卷填写失误而无效；另外，对于问卷中个别问题，被访者很可能会出现曲解原意而导致问题回答出现偏差。

（4）对被调查者的要求较高。要求被调查者要有一定的文字理解能力和表达能力，这种调查方法对文化程度较低者不适用。

（5）邮寄调查也会面临由于访问者不在场而引起的一些弊端，如误解。

邮寄访问有许多自身无法避免的缺点。其中最大的缺点是问卷回收率低，因而容易影响样本的代表性。除回收率低以外，邮寄访问的另一大缺陷是问卷回收期长，时效性差。由于各种主客观原因，问卷滞留在被调查者手中的时间往往较长，这就可能产生一类问题，当很多问卷回收到以后，往往已经失去其分析研究的价值了。

3. 提高邮寄访问问卷回收率的方法

既然问卷回收率低是困扰邮寄访问的一道难题，那么，采取方法努力提高邮寄访问的问卷回收率将是市场研究不可回避的一个问题。要增加邮寄访问问卷的回收率，不妨试试下述方法。

（1）跟踪提醒。试着做些事后性的工作，比如说发封跟踪信，打个跟踪电话，寄张明信片等，也许会收到一些意想不到的效果。有调查学者研究表明，跟踪提醒一般可将问卷回收率提高到大约 20 个百分点。

（2）附加一点"实惠"的东西，比如说给予一定的中奖机会，赠送一些购物优惠券，享受会员待遇等，有时候也许比打 100 个跟踪电话来得快。当然，使用物质刺激也可能导致一些趋利性动机的产生，比如说被调查者填写仅仅是为了那一张可享受八折优惠的购物卡，这样的结果当然是大大降低了问卷的完成质量。因此，在给予"实惠"的同时请把握一个"度"。

（3）预先通知。这也许并不会花费您太多的时间和精力，却能在一定程度上满足被调查者的情感诉求，激发其合作热情，提高问卷作答质量和问卷回收率。

（4）请权威机构主办。市场调查由受人尊重的权威机构主办将大大提高问卷的回收率。在美国，通常由大学主办的调查可望得到最高的回收率，其次是政府机构。在我国国内情况有点不同，由政府机构主办和支持的市场调查受到"礼遇"的可能性和收集资料的容易程度大大高于其他机构。

此外，注意附上回邮信封和邮票等细节问题也被认为是提高回收率的有效方法。

设计问题时，提出的问题要便于回答，便于汇总；问题要少，篇幅要短，以免占用答卷者过多时间而使其失去兴趣；要求回答的问题，最好采用画图、打钩等选择形式，避免书写过多。

6.1.4　留置调查

留置问卷调查是一种自我管理调查的形式，调查员与事先联络好的被访问者取得联系，向他们介绍调查的总体目标并把问卷留给被访问者自行完成。这一方法主要是获得预约受访者的合作，受访者被告知这份调查问卷是完全可以自己看懂的，留给他们在闲暇时完成。调查员会在某一个时候去取回调查问卷，留置调查是介于面对面访问法和邮寄调查法之间的一种调查方法，可以消除面访法和邮寄法的一些不足。留置调查又分为产品留置调查和问卷留置调查。产品留置调查中，访问员先将测试产品及问卷留给被访者，由被访者试用产品后填写问卷，访问员在一段时间后取回填好的问卷；有的研究项目中，问卷不完全由被访者填写，部分问题由访问员提问被访者。留置访问还有一种是不需要有产品测试的，只有问卷留给被访者由其填写。

通常情况下，调查员会在当天或后一天去取回完成的问卷。以这样的方式，一位调查员可通过开始时的分析和后来的回收，在一天里跨越数个居民生产区或商业区进行调查。留置问卷调查特别适合那些交通不十分便利的地区性市场调查。数据表明：这种方式周转迅速，反馈率高，访问者对答题的影响降到最低限度，并能较好地对受访者的选择加以控制，另外这种方式也比较经济。

各种不同的留置问卷的调查方式包括将问卷送到受访者的工作地点，要求他们在家完成，然后返回问卷。一些旅游业连锁店会将调查问卷置于客人的房间里，并请他们填完后交至结账柜台。一些商店有时会对消费者的人文统计、媒体习惯、购买意向或其他住处作简短的调查，顾客可以在家里完成后在下一次购物时带来。作为一种鼓励，有时会赠送一件小礼物给受访者。

1. 留置调查的优点

（1）调查问卷回收率高。由于当面送交问卷，说明填写要求和方法，可以澄清被调查者的疑问，因此，可以减少误差，而且能控制回收时间，提高回收率。

（2）被访者可自由安排时间完成调查。被访者只需在访问员第一次到达时，听清楚访问员给他讲解如何使用产品及如何填写好问卷，不需要耽搁更多的时间；随后被访者可自行安排时间，在下一次访问员到达前完成调查任务。一般来讲被访者的积极性较高，配合程度较高。

（3）成本相对较低。填写过程不需要访问员，这一定程度上降低了数据收集的成本。

2. 留置调查的缺点

（1）无法进行过程的控制。由于整个问卷都是由被访者自行完成的，因而访问只能凭被访者填写的问卷来评定访问是否有效，至于被访者是不是按照事先的规定程序使用产品，是不是按照规定完成问卷等，则没有更好的办法去控制。

（2）可能会有较高的非抽样误差。被访者由于没有访问员的现场指导，很容易误解题目，或不正当操作测试产品而导致测试结果失真。

（3）实施需要时间较长。由于访问对象的信息不能立即反馈，一般需要一周时间才可以取回反馈信息。

（4）调查区域范围有一定限制。

6.1.5 固定样本调查

消费者固定样本调查是在随机抽样的基础上，对抽取的户或者个人进行长时期的追踪调查。这种方法是市场调查的最基本的方法之一。它对把握整个市场的变化、各种品牌的市场占有率、品牌转移状况、产品需求的季节性变化等方面有极为重要的意义。

1. 固定样本调查的必要性

近年来，我国政治、经济、社会、科技和人口的状况快速变化，对传统的市场调查方法产生了极大的冲击。其中，传统的入户访问受到的影响尤其巨大。由于人们观念和认识的变化，社会无偿协作的精神已越来越淡薄；工作和生活节奏的加快，人们可支配的空闲时间大大减少，不愿受到他人打扰；一些新的住宅楼都有安全防护措施，住户对陌生人有戒备心理。以上原因造成较高的拒访率和样本的代表性较差。随着企业对访问质量等问题的质疑和投诉，同时企业研究消费者需求的速度要快、费用要压缩、研究的覆盖面要广，需要研究公司给予更多的策略建议。在这种情况下，固定样本调查越来越受到重视。

2. 家庭购买固定样本连续调查的步骤

1）确定调查样本

（1）确定一个城市所需要的样本容量，通常大城市取 2 000 户，中等城市取 1 000 户。取这样大的样本容量其目的是保证按家庭收入分层后，所得到的结果有较高的精确度和可靠性。

（2）按照该城市的收入水平将家庭划分为 4 个层次：低收入家庭、中等收入家庭、高收入家庭和特高收入家庭，并将总样本数平均分配到每个收入层次中。

（3）对该城市所有家庭用随机抽样方法抽取三至四倍于样本容量的家庭作为备用样本，

因为被抽到的家庭未必愿意参加调查,为了完成各收入层次的样本配额,故备用样本中的家庭名单数必须远大于所需的样本容量。

(4) 按照备用样本中的名单,逐户征求他们是否愿意参加调查,对愿意参加者询问他们的家庭收入等人口统计特征,并检查该收入层次中的配额是否已满,若未满则该家庭就可以作为一个调查样本;若已满则登记下来作为后备家庭。对所选的样本家庭主妇解释本次调查的作用和具体操作方法。

由于备用样本是用随机抽样方法抽取的,故以备用样本得到的固定样本其人口统计特征的比例和该城市的人口统计特征的比例是一致的。

2) 调查实施

把印有各种产品项目的日记簿,送交给样本户的家庭主妇,请她把每日购买的日用消费品逐项据实记录,其项目包括商品的种类、品牌、包装规格、价格、数量、购买场所、购买时间等。访问员每周访问样本户一次,送交新日记簿及回收上周的日记簿,并当场检查日记簿的记录是否正确,如发现错误请该主妇即时改正。

为确保数据的可信度,市场研究公司的访问督导将对回收的日记簿再次进行检查,并且每周抽取 10%的样本户,再次到样本户家庭复核其记录。经过再次检查和复核的日记簿的资料,将输入计算机进行统计分析。

由于这是连续调查,在调查过程中可能会有些样本户退出调查,此时就要从备用样本调查所得到的大量后备家庭中,选择一户收入和人口特征相似的家庭替换退出者。但由于有的被访者突然中途退出,所以每周不一定回收到足额的购买日记记录,但回收率应尽量保持在80%以上。

3. 固定样本调查的作用

(1) 了解消费者的品牌忠诚状况和品牌转移状况。通过长时间跟踪固定的消费者对某类产品中的某种品牌的购买和更换次数,可以了解其品牌的购买选择和行为模式等,从而了解消费者对品牌的忠实度。采用消费者固定样本调查则可以准确地把握被访者的品牌忠诚度和使用品牌的转移状况,资料时间长则能够反映变换的规律。

(2) 了解消费者的购买周期、使用频率、累积购买比率。由于消费者固定样本调查资料多,又是连续的,所以可以清楚地反映被访者购买商品的频率、使用周期、累积购买比率等问题,从而可以得到准确的商品销售状况,对企业的生产、销售、库存等方面有重要的指导意义。

(3) 了解消费者的购买习惯。采用消费者固定样本调查,可以对受访者购买商品的路线、购买方法等进行长时期的监控,并在此基础上,分析和发现消费者的基本购买习惯及其变化的规律,从而对企业制定营销战略具有重要意义。

(4) 了解各种广告及营业推广的效果。消费者的购买地点、数量和方式等购买习惯,通常是相当固定的,但有时也会发生变化,此类变化尤其体现在其邻近的百货商店、超级市场、供货店等销售地点间的转移。从固定样本连续调查中,可以连续获得购买地点、数量和方式等资料，从而了解其中的变化。采用消费者固定样本调查不仅可以了解消费者消费行为的变化规律，同时可以进行广告效果及营业推广的效果评判。

由于上述特点，使得消费者固定样本调查具有市场预测的优点，因为这种方法有长期性、连续性、累积性，运用统计的方法可以很容易地发现市场变动的规律；同时，这种方法由于样本不变，使得调查的难度减小，问卷的回收率较高。

4. 固定样本调查的优缺点

1）固定样本调查的优点

（1）数据连续，可以反映不同时间段的市场变化。

（2）样本相对固定，其本身存在的抽样误差和非抽样误差基本维持在同一水平，因此，固定样本能将市场上的变化无掩盖地显示出来。

（3）相对而言，采用变化的样本（每次存在的抽样误差和非抽样误差水平可能不同）来分析市场变化时，有些变化可能被不同批样本间的差异抵消或掩盖了。

2）固定样本调查的缺点

（1）由于该研究方式要求要与被访者长期接触，被访者易产生畏难、抗拒或厌烦心理。被访者在调查过程中搬迁或者拒绝访问等原因可能使得调查样本不断减少。

（2）一般采用日记式方法，填写质量更多地受被访者影响。

（3）反映市场变化方向和程度等表面现象时，不能简单地推断这些变化间的逻辑关系和内在规律。

6.1.6　网上调查法

网上调查又称网络调查，是指企业充分利用网络的功能和信息传递与交换的技术优势，将企业需要的市场相关信息通过网络进行收集、处理和分析，以获取有价值的数据和资料。网络具有传送电子邮件、信息查询、远程登录、文件传输、新闻发布、电子公告、网上聊天、网上寻呼、网上会议、IP 电话等多种功能。

网上调查是一种随着网络事业发展而兴起的最新访问方式，是一场新的革命。目前，这一调查方式正得以前所未有的发展，许多供应特殊调查软件的公司正在加紧设计和开发网络调研的标准模块，这一行动最终将使网上调查调查变成一种标准技术。网络调研的应用领域十分广泛，主要集中在产品消费、广告效果测试、生活形态、社情民意、市场供求、企业生产经营等方面的市场调查研究。

网络调查与传统调查方法相比，在组织实施、信息采集、信息处理、调查效果等方面具有明显的优势。能够为客户提供领域更广、周期更短、成本更低、精度更高、效能更佳、应用更灵活的市场调查服务。它不仅仅是一种市场调查的方法、技术、手段、工具、形式和平台，而且意味着为客户和专业市场调查机构创造了新的研究领域和服务模式，因而具有良好的发展前景。

1. 网上调查的方法

网上调查主要是利用企业的网站和公共网站进行市场调查研究，有些大型的公共网站建有网络调研服务系统，该系统往往拥有数十万条记录的有关企业和消费者的数据库，利用这些完整详细的会员资料，数据库可自动筛选受访样本，为网络调查提供服务平台。

网上调查方式很多，最普通的一种调查方式是由市场调查者将需要调查的问题制作成问卷，然后通过 E-mail 或网址传给被调查者，由被调查者自己填答好后发回。这种调查方式可以看作是邮寄调查的一种电子形式，但是却具有传统邮寄调查不可能具备的诸多优势，比如说图解说明、图示、声音等均可添加在"问卷"中。

除了自我回答这一网上调查方式外，在线小组讨论也被认为是一种较好的网上调查方式。在线小组讨论由调查员充当实际上的主持人，小组成员在网上平等"讨论"，自由"沟通"。这种方式较之面对面的小组讨论，更便于作深度交流；同时也更便于进行一些敏感性、隐私性话题的探讨。

尽管也不可避免地存在一些问题，但网上调查因其自身强大的功能，还是备受调查者欢迎。网上调查的方法按照采用的技术方法不同可分为站点法、电子邮件法、随机 IP 法、视讯会议法等；按照调查者组织调查样本的行为不同，可分为主动调查法和被动调查法。主动调查法是指调查员主动组织调查样本，完成有关调查；被动调查法是指被调查者被动地等待调查样本单位造访，完成有关调查。

1）站点法

站点法是将调查问卷的 HTML 文件附加在一个或几个网络站点的 Web 上，由浏览这些站点的网上用户在此 Web 上回答调查问题，即将问卷置于网络中供受访者自行填答后传回，站点法属于被动调查法，是目前网络调查的基本方法，站点法既可在企业自己的网站进行，也可在其他公开网站进行。

2）电子邮件法

电子邮件法是指通过向被调查者发送电子邮件，将调查问卷发送给一些特定的网上用户，由用户填写后又以电子邮件的形式反馈给调查者。电子邮件调查法属于主动调查法，与传统的邮寄调查法相似，只是邮件在网上发送与反馈，邮件传送的时效性大大提高。

3）随机 IP 法

随机 IP 法是以产生一批随机 IP 地址作为抽样样本进行调查的方法，随机 IP 法属于主动调查法，其理论基础是随机抽样。利用该方法可以进行简单随机抽样调查，也可依据一定的标准组织分层抽样、系统抽样或分段抽样。

4）视讯会议法

视讯会议法是基于 Web 的计算机辅助访问，它是将分散在不同地域的被调查者通过互联网视讯会议功能虚拟地组织起来，在主持人的引导下讨论所要调查的问题。这种调查方法属于主动调查法，其原理与传统的专家调查法相似，不同之处是参与调查的专家不必实际地聚集在一起。视讯会议法适合于对关键问题的定性调查研究。

5）在线访谈法

在线访谈法是指调查员利用网上聊天室或 BBS 与不相识的网友交谈、讨论问题、寻求帮助、获取有关信息。在线访谈法属于主动调查法，与传统的访问调查法相似，不同之处在于调查员与被调查者无需见面，可以消除被调查者的顾虑，自由地发表个人的意见。适用于有关问题的定性调查研究。既可进行网上个别访问，也可组织在线座谈会。

6）搜索引擎

网上调查法不仅可用于搜集原始资料，亦可用于搜集现成的资料。即利用网络的搜索服务功能，输入关键词就可以通过搜索得到大量的现成资料。亦可直接进入政府部门或行业管理网站，搜集有关的统计数据和相关资料。此外搜索引擎还能够为市场调查策划提供许多相关的知识和信息支持和帮助。

2. 网上调查的程序

网上调查必须以企业网站和公共网站为技术平台，调查程序随调查课题的难易度不同而有所不同。以产品消费、广告效果测试等网上调查为例，其一般程序如下。

1）确定网上调查的课题

确定网上调查的课题，即明确网上调查的课题是什么，应研究解决什么样的决策问题，应搜集哪些信息（原始资料和现成资料）才能满足决策的信息需求。

2）确定网上调查的对象

网上调查对象一般有产品消费者、企业的竞争者与合作者、行业管理者和政府机构（宏观调控者）。应根据决策的信息需求，确定向谁作网上调查。此外，对产品消费者进行网上调查，还应明确必要的样本量，以便于网上调查能控制受访者的数量。

3）决定网上调查的方法

决定网上调查的方法即根据调查的目的要求和调查对象的特点决定网上调查的具体方法及其组合运用。如对产品消费调查可采用站点法或电子邮件法、在线访谈等方法搜集资料，对竞争者、行业管理者等可采用搜索引擎搜集有关的现成资料。

4）问卷设计

问卷或调查表是网上调查的重要载体，网页问卷设计对网上调查的质量有着十分重要的影响。为此，应围绕问卷内容、问卷措辞、问卷篇幅、页面显示方式、填答方式、视觉要素等方面认真做好设计，特别应考虑被调查者参与调查的兴趣度、满意度和难易度，以提高应答率。

5）上网调查

问卷设计之后，则可上网发布或以电子邮件方式将问卷传至受访者，或将问卷置于网站中供受访者自行填答传回。在网上问卷调查的同时，网上调查员亦可同时进行搜索，以搜集竞争者、合作者的相关资料，行业资料和社会、经济、政策、法规等宏观环境资料。网上调查是调查员与被调查者进行社会互动的过程，也是一种人机互动的过程。

6）数据处理

数据处理包括问卷的复核检验、被调查者身份验证、数据的分类与汇总、统计图表的生成等，由计算机根据设定的软件程序和控制条件自动完成。因此，数据处理应注意开发或利用有关的统计软件，同时应注意只有当样本量达到预先设定的要求后，方可结束调查，进行数据处理。

7）分析研究

分析研究是对网上调查获得的数据和相关资料进行对比研究，通过深度开发，得出调查结论和有重要价值的启示，亦可展开对策研究。分析研究的最终成果一般用调查报告来反映。

3. 网上调查的缺优点

网上调查能够设计出多媒体问卷，网络可直观地通过文字、图形和其他各种表现形式做出选择和回答。也可以通过视听技术，使网上调查员与网民（自动受访者）自由交谈、询问和解释各种调查问题，因而具有较强的互动性。

1）网上调查的优点

（1）辐射范围广泛。只要调查者将制作问题投放网络，它将在几秒钟之内辐射全球互联网。由于网上调查不受空间限制，可以实施大范围大样本调查。

（2）访问速度快，信息反馈及时。由于网上访问省却了印制、邮寄和数据录入过程，因此，问卷的制作、发放和数据的回收速度均得以提高。还能够通过网络迅速地获取信息、传递信息和自动处理信息，因而可以大大缩短调查周期，提高调查的时效性。此外，网络调查还能进行 24 小时的全天候调查，不间断地接受调查填表，直到满足样本量的要求即可。

（3）匿名性很好。网上访问与邮寄访问相比而言，优势更为突出，所以对于一些人们不愿在公开场合讨论的敏感性、威胁性问题，在网上展开讨论将使各方畅所欲言。

（4）费用低廉。由于网上访问节省了大量的印刷、邮寄、录入费用及其调查人员的开支等，同时调研费用的增加项很有限，因此，对于大规模的调研项目而言，网上访问的费用将是最低的。网上调查在信息采集过程中，不需要派出调查人员，不受天气和距离的影响，不需要印制调查问卷。信息采集和录入工作通过分布在网上的众多用户的终端来完成，信息检验和信息处理由计算机自动完成。因此，调查成本低，具有经济性。

（5）网上访问能够提供独特的视觉音响效果，这也可以说是所有访问方式中一项独一无二的优点。互联网的图文及超文本特征可以用来展示产品或介绍服务内容，对于那些拥有较新版本的用户，还可以将声音及播放功能插入问卷中，这是其他访问方式所无法比拟的。

2）网上调查的缺点

（1）费用较昂贵。网上调查也需配备一定的技术人员，而这又是加大调查成本的因素之一。需要调查公司至少投入约几十万元以上的资金才可以初步实现，而且在每次调查中还需要程序设计等其他额外支出。

（2）要求访问员计算机操作能力强。无论在计算机辅助电话调查还是在计算机辅助面对面访问中，访问员都需借助计算机完成访问任务，这就要求访问员不仅要有一般传统访问的经验，还要有操作计算机的经验。

（3）最主要的缺点是样本对象有局限性，也就是说网上调查仅局限于网民，对于大多数没有上网、不经常上网或不懂上网的人而言，则被剥夺了"言论自由"，这就可能造成因样本对象的阶层性或局限性问题带来的调查误差。所获信息的准确性和真实性程度难以判断。

以上讨论了六种访问方式，各种访问方式都有各自的优缺点，很难绝对地说哪种访问方式明显优于其他访问方式，因此在具体选择时，必须根据具体的调查内容和课题要求及操作可行性来定。

下面是其中四种访问方法在不同评价标准下，各自的优缺点比较（见表 6-1）。从表中可以看出，不同的访问方式，在不同的评价标准下，有不同的优缺点。

表 6-1 不同评价标准的优缺点

评 价 标 准	人员访问	电话访问	邮寄调查	网上调查
处理复杂问题的能力	很好	差	好	一般
收集大量信息的能力	很好	好	一般	很好
敏感问题答案的标准性	一般	一般	很好	很好
对调查者效应的控制	差	一般	很好	很好
样本控制	很好	好	一般	差
收集资料的周期	一般	很好	一般	很好
灵活程度	很好	好	差	一般
调查费用支出	差	好	好	很好
回收率	高	较高	差	一般
收集资料的真实性	好	一般	好	一般

6.2 定性调查法

定性调查是设计问题非格式化，收集程序非标准化，一般只针对小样本进行研究，且更多地探索消费需求心理层次的一种调查方式，它意味着调查结果没有经过量化或者未进行定量分析。

6.2.1 小组座谈法

1. 小组座谈法的意义

小组座谈法，又称焦点访谈法，就是采用小型座谈会的形式，挑选一组具有代表性的消费者或客户，在一个装有单面镜或录音录像设备的房间内（在隔壁的房间里可以观察座谈会的进程），在主持人的组织下，就某个专题进行讨论，从而获得对有关问题的深入了解。小组座谈法的特点在于，它所访问的不是一个一个的被调查者，而是同时访问若干个被调查者，即通过与若干个被调查者的集体座谈来了解市场信息。焦点小组座谈作为定性调查中最常用的方法，在发达国家十分流行，近年来我国的许多调查机构在市场调查中也越来越多地采用了这种研究方法。

小组座谈法可以应用于需要初步理解或深入了解的几乎所有的问题。例如：

(1) 理解消费者对某类产品的认识、偏好及行为；

(2) 获取对新的产品概念的印象；

(3) 产生关于老产品的新想法；

(4) 研究广告创意；

(5) 获取价格定位的印象；

(6) 获取消费者对具体的市场促销策略的初步反应。

2. 小组座谈会的实施步骤与要点

1) 明确座谈目的，准备调查提纲

设计好座谈提纲，既能围绕座谈主题，又能达到调查目的，还能调节座谈气氛，是一项十分重要而又需要技巧的工作。会议的主题应简明、集中，且应是与会者共同关心和了解的问题，这样才能使座谈始终围绕主题进行讨论。调查提纲是焦点小组座谈的问题纲要，既要给出小组要讨论的所有主题，还要对主题的顺序作合理的安排。这里以一个为韩国人投资的比萨店 MP 所做的座谈会提纲为例。

座谈会提纲

1. 预热话题和发言规则（10 分钟）

2. 小组成员互相介绍（3～5 分钟）

一般从主持人开始，顺时针进行

3. 上饭馆吃饭的态度和情感测试、消费行为（15 分钟）

（具体问题略，下同）

4. 对快餐的态度和情感测试、消费行为（15 分钟）

5. 对西餐的态度和情感测试、消费行为（20 分钟）

针对没有比萨饼店用餐经历的小组：

1. 测试对比萨饼店的态度和认知（20分钟）
2. 对比萨饼店服务的期望（10分钟）
3. 对比萨饼店内部装饰的期望（10分钟）

针对有比萨饼店用餐经历的小组：

1. 了解在比萨饼店的消费行为细节和对用餐经历的评价（30分钟）
2. 对比萨饼店用餐服务的评价（10分钟）
3. 消费者对比萨饼店内装饰的认知和评价（10分钟）
4. 概念1测试（出示概念板，10分钟）
5. 概念2测试（出示概念板，10分钟）
6. 谢谢参与，结束座谈，并说明如何领取报酬。

2）甄选参与者

每个小组参与者的数量，一般8～12人比较合适。对参与者的分组，一般以某个参数是否同质为准，同质同组。同质分组的目的在于减少参与者之间的抵触，提升认同感，这样有利于互相激发。如果条件允许，还可以进一步同质化，由研究人员根据自己调查的目的来决定。

参与者应该尽量"普通"些，如果没有十分必要，应该把有"专家"行为倾向的人排除在外，包括一些特殊职业（如律师、记者、讲师）的消费者，因为他们很容易凭借自己的"健谈"过多占用发言时间，并且影响其他参与者，同时增加了主持人的控制难度。曾经参加过焦点小组座谈的人，也不是合适的参与者。参与者中应该避免有亲友、同事关系，因为这种关系会影响发言和讨论。万一发生这种现象，应该请一人退出。

找到足够的合适的参与者并不是件容易的事，经常会发生参与者不够用的问题。为此，我们要了解参与者参加座谈的目的和心理。我们的研究表明，参加焦点小组座谈的动因，按重要性排序是：报酬、对调查内容的兴趣、有没有时间、对调查课题比较了解、好奇心理、有发表观点的机会。向目标人选描述座谈会的意义，强调目标人选的参与对研究十分重要等方法，都能有效地吸引人们参与焦点小组座谈。

3）确定会议主持人

小组座谈过程是主持人与多个被调查者相互影响、相互作用的过程，要想取得预期效果，不仅要求主持人要做好座谈会的各种准备工作，熟练掌握主持技巧，还要求有驾驭会议的能力。

拥有合格的受访者和一个优秀的主持人是焦点访谈法成功的关键因素。主持人在焦点小组座谈中的作用是十分关键的，合格主持人首先应该是训练有素的调查专家，对分组情况应该了如指掌。一个合格的主持人必须具备以下条件。

（1）有良好的专业基础知识，并受过一定的座谈会技巧的训练，最好有过成功主持座谈会的经验，否则很难胜任这个角色。

（2）具有较强的组织、协调和语言表达能力，同时有较强的亲和力，能迅速与参与者建立良好的沟通关系。

（3）灵活应变。很多时候，为了保证讨论能自然流畅，会需要主持人适时改变讨论提纲，主题的变化、问题顺序的变化、新概念的发现和提炼都是必然的。

（4）能够倾听参与者的意见，客观地分析参与者的言语。

（5）思维敏捷，有较强的应变能力，能引导和激励整个小组积极讨论。

（6）对待事物能分清主次，抓住重点，合理掌握时间进度。

4）选取、甄别被访者

选择参加人员，对参加者应作预先筛选，要考虑他们的相似性和对比性。同时，参会人数也要适中，一般为8～10人。如果参会者过少，难以取得应有的互动效果；参会者过多，发言机会就会减少，意见容易分散。

5）座谈会的场所选择和布置

进行座谈的场所设施是否完善和是否适合讨论十分重要。传统意义上的焦点座谈场所，从外观上看跟普通会议室大致差不多。不同的是在一面墙上会安装单向镜，在某个隐蔽的地方安装了麦克风和摄像头。为了保证录音效果，墙壁和天花板可能会用一些特殊材料。单向镜的那一边是个观察室，观察室内可能会有各种控制仪器。不同的调查项目会需要不同的现场布置，比如广告效果座谈就需要投影仪和屏幕；概念测试需要制作概念板；口味测试则需要更多的准备，苏打水、饼干、笔、纸都要提前到位。讨论一般安排在一个较大的房间中，并以圆桌形式就座。广告公司的会议室、主持人的家中、某一参与者的家中、客户的办公室、酒店或会议室，均可作为讨论的场所。除了按圆形就座，使每一个人都可看到其他人以外，该场所必须很安静，能保证讨论的进行。

会议场所和时间应对大多数与会者来说是方便和适当的。会场的环境十分重要，应安静，场地布置要营造一种轻松、非正式的气氛，以鼓励大家自由、充分地发表意见。理想的焦点（小组）访谈设施，可放在营销调查公司内的专门用于进行焦点讨论的房间。这种房间内应有一张大圆桌、舒适的椅子、一面单面镜，以便于客户观看讨论进行的情况。应提供摄像机、录音机的位置。所以，焦点小组座谈不仅需要配备大量的仪器设备，而且需要配备1～2名工作人员。工作人员主要是操作仪器，协助座谈的实施。图6-4中显示了一个典型

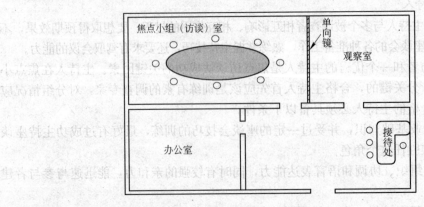

图6-4　焦点访谈的房间布置

的进行焦点小组访谈的房间的布置情况。

　　另外，在每次座谈前，把参与者的名字写在桌牌上，预先放置妥当。这样做很有好处，首先可以使参与者能够按设定的次序就座，大大方便了记录和数据分析处理；其次，主持人在座谈过程中能够直接称呼参与者，极大地促进了沟通关系的建立，也方便了主持人的工作。再次，每一位与会者能从此举中感受到被人尊重，树立自信，这样有利于调动与会者发言的积极性。

　　6）实施座谈

　　主持人在座谈开始时应该亲切热情地感谢大家的参与，并向大家解释焦点小组座谈是怎么一回事，使参与者尽量放松。然后，真实坦诚地介绍自己，并请参与者作自我介绍。

　　沟通规则一般应该包括，告诉参与者：①不存在不正确的意见，您怎么认为就怎么说，只要您说出真心话。②您的意见代表着其他很多像您一样的消费者的意见，所以很重要。③应该认真听取别人意见，不允许嘲笑贬低。④不要互相议论，应该依次大声说出。⑤不要关心主持人的观点，主持人对这个调查课题的观点跟大家一样，主持人不是专家。⑥如果您对某个话题不了解，或没有见解，不必担心，也不必勉强地临时编撰。⑦为了能在预定时间内完成所有问题，请原谅主持人可能会打断您的发言。当然，还有其他很多变通和技巧，这些规则主要靠主持人去把握。

　　7）对资料分析总结，撰写调查报告

　　座谈会的数据和资料分析要求主持人和分析员共同参与，他们必须重新观看录像，不仅要听取参与者的发言内容，而且要观察发言者的面部表情和身体语言。在产品的概念测试时特别注意这一点，因为参与者往往不愿意对我们设计的"概念"提出激烈的反对意见，对MP（韩国人投资的比萨店）的两个概念测试都听到了差不多的赞同意见，只有观察到参与者不屑一顾的嘲讽表情时，才会认识到概念并不受欢迎。

　　对会上反映的一些关键事实和重要数据要进一步查证核实，对于应当出席而没有出席座谈会的人，或在会上没有能充分发言的人，如有可能也最好进行补充询问并记录。一般的做法是，先让主持人在所有焦点小组座谈结束后，尽快递交一份即时分析报告，以便及时与营销专家取得沟通，在深刻印象淡化以前产生更多的碰撞，挖掘出更多的创意。

　　好的做法一般要求主持人、参与座谈的工作人员、观察者（营销专家、调查人员）每人都递交一份分析报告，然后集中到研究人员手中。由研究人员召集项目组人员举行头脑风暴会议，对每个人的独到的见解再次进行剖析和发散，最后由研究人员撰写正式报告。

　　3. 小组座谈法的优缺点

　　1）优点

　　（1）资料收集快、效率高，可节省大量时间。因为可同时访问若干个被调查者，从而节约了人力和时间。

　　（2）取得的资料较为广泛和深入。由于有多个被调查者参加座谈会，在主持人的适度引导下，大家能够开动脑筋、互相启发，从而获得大量的和有创意的想法和建议。一对一的面谈更容易发现新概念、新创意。因为被访者的发言能互相激励、互相启发。

(3) 结构灵活。小组座谈在覆盖的主题及其深度方面都可以是灵活的。提供了较好的观察被访者言行的机会，如通过单向镜或监视器，从而使不同的观察者都能发现自己要的信息。

(4) 能将调查与讨论相结合，不仅能回答问题，还能探讨原因和寻求解决问题的途径。

2) 小组座谈法的缺点

(1) 对主持人的要求较高，调查结果的质量依赖于主持人的主持水平，而挑选理想的主持人又往往是比较困难的。

(2) 代表性较差。小组座谈会的结果对总体的代表性较差，且受客户或调查者的影响容易出现偏差。因此，不能把小组座谈的结果当作决策的唯一根据。

(3) 因回答结果散乱，使用者对资料的分析和说明都比较困难。回答的无结构性使得编码、分析和解释都很困难。小组座谈会的意见性资料是凌乱的。

(4) 受会议时间限制，有时很难进行深入细致的交流。有些讨论涉及隐私、保密等问题，也不宜在会上多谈。

焦点小组座谈的目的决定了我们所需要的信息，从而也决定了我们需要的被访者和主持人。为了达到调查目的，还可能应用一些特殊的调查技术，如测试态度的量表技术及一些特殊的仪器，如广告效果测试时常常需要瞬间显露器和投影仪，这些都需要提早落实，准备到位。

6.2.2 深度访问法

在市场调查中，常需对某个专题进行全面、深入的了解，同时希望通过访问、交谈发现一些重要情况，要达到此目的，仅靠表面观察和一般的访谈是不可能达到的，这就需要采用深度访问法。

深度访问法是一种无结构的、直接的、个人的访问，又称个别访问法。即调查者按照拟定的调查提纲或腹稿，对受访者进行个别询问，以获取有关信息。在访问过程中，一个有经验的掌握访谈技巧的调查员通过深入地了解每一个被调查者，可以揭示调查者对某一问题的潜在动机、态度和感情。

与小组座谈会一样，深层访谈主要也是用于获取对问题的初步理解或深层理解的探索性研究。不过，深层访谈不如小组座谈会使用那么普遍。尽管这样，深层访谈在有些特殊情况下也是有效的，如在有以下需要时：

- 详细地刺探被访者的想法（例如汽车的买主）；
- 讨论一些保密的、敏感的或让人为难的话题；
- 了解被调查者容易随着群体的反应而摇摆的情况（例如大学生对古典音乐的态度，对出国留学的态度等）；
- 详细地了解复杂行为（例如选择购物的商店，见义勇为行动）；

● 访问专业人员（例如某项专门的调研，对新闻工作者的调研）；

● 访问竞争对手（他们在小组座谈的情况下不太可能提供什么信息）；

● 调查的产品比较特殊（例如在性质上是一种感觉、会引起某些情绪及很有感情色彩的产品）。

1. 深度访问的技术与技巧

（1）访谈前的准备工作。包括充分熟悉访谈提纲的内容、准备所有进行访谈所需要的有关材料；尽可能了解访谈对象、选择适宜的访谈时间与地点等。

（2）接近访谈对象。是否善于接近访谈对象，决定了访谈者是否受欢迎或被接纳，访谈能否顺利进行。接近访谈对象时需要注意以下几点：衣着应干净整洁；称呼要恰如其分；自我介绍不卑不亢、简洁明了；应使用正面肯定语气进行邀请；应通过适当方式消除访谈对象的紧张、戒备心理，必要时应主动出示介绍信或身份证件；根据访谈对象的具体情况随机应变等。

（3）对付拒绝的技巧。在遇到拒绝交谈的访谈对象时，访谈者一方面要耐心，甚至要能忍耐对方一些无礼的言行；另一方面要尽力弄清被拒绝的原因（常见的有不感兴趣、太忙、存在思想顾虑等）并设法克服它。不能轻易放弃，因为从这最初拒绝者身上，有时可能会获得特殊的有用信息。

（4）谈话与提问的技巧。谈话和提问时应注意：开始交谈时应寒暄几句，以调节气氛；严格按照访谈问卷的问题顺序和问题原话进行提问；交谈时应注意保持交流，认真倾听，并不时给予鼓励，但要避免引导；如发现遗漏内容，应再请对方回答；对不太熟悉情况或理解能力差的访谈对象应有耐心等。

（5）追问的技巧。在访谈中，当访谈对象的回答不完整、不明确、不准确或答非所问时，应进行适当的追问。根据目的的不同，追问可划分为详尽式追问、说明性追问、系统追问、假设追问、情感反应性追问和正面追问六类。追问的方式多种多样，需要灵活采用。比如，当对方犹豫不决或不理解时，可采用重复的方式；当回答不明确时，可采用重复提问的方式；当回答不全时，可采用沉默不语的方式；当需要对方提供更多信息时，可采用中性提问或评论的方式。

（6）深度访问的地点。通常以在被访者的家中进行较佳，对被访者比较方便。不论在何处实施，深度访问应单独进行，不应让第三者在场，因为让第三者在场可能会使被访者感到困窘或不自然，不愿提供真实的答复。

（7）深度访问的时间通常在 1～2 小时之间，很少超过 2 小时。

深度访问也有类似小组座谈的缺点，而且常常在程度上更深。能够做深度访问的有技巧的调查员（一般是专家，需要有心理学或精神分析学的知识）是很昂贵的，也难以找到。由于调查的无结构使得结果十分容易受调查员自身的影响，调查结果和质量的完整性也十分依赖于调查员的技巧。结果常常难以分析和解释，因此需要一定的心理学知识来解决这个问题。由于占用的时间和所花的经费较多，因而在一个调查项目中深度访谈的受访者数量是十分有限的。

2. 深度访问法的优点

（1）能比小组座谈法更深入地发掘消费者内心的动机态度。能将被访者的反应与其自身相联系，便于评价所获资料的可信度。不像小组座谈中难以确定哪个反应是来自哪个被调查者。深层访谈比小组座谈能更深入地探索被访者的内心思想与看法，而且深层访谈可将反应与被访者直接联系起来。

（2）能更自由地交换信息，常能取得一些意外资料。深层访谈可以更自由地交换看法，而在小组座谈中也许做不到，因为有时会有社会压力而不自觉地形成小组一致的意见。

（3）便于对一些保密、敏感问题进行调查。

3. 深度访问法的缺点

（1）调查的无结构性使这种方法比小组座谈法更受调查员自身素质高低的影响。

（2）深度访谈结果的数据常难以解释和分析，它的样本通常较小，样本代表性不够。

（3）由于访问时间长，故所需经费较多，有时不易取得被访者的合作。

6.2.3 德尔菲法

德尔菲法是 20 世纪 60 年代美国兰德公司首创并使用的一种特殊的调查方法。德尔菲法在我国也被称为专家预测法或专家调查法，是专家们采用书面的形式，"背靠背"地回答调查人员提出的问题，并经过信息反馈，多次修改各自的意见，最后由调查员进行综合分析，得出调查结论的方法。

1. 德尔菲法的特征

（1）匿名性。在德尔菲法中，专家之间彼此互不交流并且都以匿名的方式发表意见，这样就可以避免权威的约束和能言善辩者的影响，专家们也不需要为顾全自己的面子而固执已见。因此，在德尔菲法中专家们的经验和学识能够被充分利用，这也使最终的调查结论比较可靠。

（2）轮回反馈性。德尔菲法要反复多次征询意见，每次征询后都把收集的专家意见匿名反馈给各位专家，然后专家根据反馈的信息修正自己的意见。经过多次反馈和修正使调查结果最终趋于一致。

（3）定量分析。在每一轮专家意见资料的归纳整理中，德尔菲法都可以采用一定的定量分析方法，以确定意见的集中度和分散程度。常用的方法是中位数、四分位数、算术平均数、加权平均数等。

（4）调查员作用突出。在德尔菲法中，调查问题的设计、提出、反复征询、最终结果等都由调查员完成，因此调查员所起的作用十分突出。

2. 德尔菲法的执行步骤

1）拟订意见征询表

意见征询表是专家回答问题的主要载体，拟订意见征询表需要注意以下要点：

（1）征询的问题要简单明确，便于人们给予答复；

（2）问题数量不宜太多，回答时不应占用太长时间；

（3）在意见征询表中，要向专家们说明调查的意义及目的，争取对方的合作和配合；

（4）意见征询表要客观，防止出现诱导。

2）选择征询专家

德尔菲法依据的是专家的智慧、知识和经验，专家是否合适直接关系到德尔菲法的成功与否。选择专家时应注意的要点如下：

（1）所选专家应该精通调查项目所涉及的业务和专业范围，并具有预见和分析能力；

（2）专家的人数根据问题的大小和涉及面而定，一般以 10～20 人为宜。

（3）调查人员直接与专家联系，专家之间没有联系。

3）反复征询专家意见

征询专家意见应分几轮进行，一般来说征询轮数不应少于两轮。

第一轮，向所有专家发送意见征询表并提供相应的背景资料，要求专家在规定的时间内回答并寄回。调查人员将专家们寄回的资料进行汇总、归纳和统计，并提出下一轮调查的要求。

第二轮，将第一轮经过汇总的专家意见及新的调查要求发送给专家，要求专家根据收到的资料，在规定的时间内提出自己的见解并寄回。这时，专家们根据汇总资料可以清楚地了解全局情况，在此基础上，他们可以保留或修改自己原有的意见。在专家们修正自己的意见后，调查人员再次对专家的意见进行归纳和统计，并提出新的要求。

如此经过几轮的反复征询，直至专家们对征询问题的意见趋于一致（或者即使有不同意见，差异也趋于明确），专家征询工作即告一段落。

4）作出调查结论

调查人员根据专家几次提供的资料和几轮反复修改的各方面意见，最后做出调查结论。

逐轮收集意见并向专家反馈信息是德尔菲法的主要环节。收集意见和信息反馈环节一般要经过三四轮。德尔菲法在市场调查与预测当中有着广泛的用途。例如，软件经销商可以采用德尔菲法对某一软件销售量进行预测。经销商首先选择若干程序设计人员、软件企业管理人员、软件用户等人组成专家小组。将该软件和一些相应的背景材料发给各位专家，要求大家给出软件的最低销售量和最高销售量，同时说明自己做出判断的主要理由。将专家们的意见收集起来，归纳整理后返回给各位专家，然后要求专家们参考他人的意见对自己的预测重新考虑。经过多轮反复征询以后就可以获得该软件的最低销售量与最高销售量。

3. 德尔菲法的优缺点

1）德尔菲法的优点

（1）节省费用。其他的调查方法大多都需要组织大型的讨论会或人员众多的调查活动，而德尔菲法则不需要投入太多的人力、物力、财力。

（2）有利于专家们的独立思考、独立判断。每一轮的征询中，专家都必须匿名地发表自己的意见，这样就不会出现迷信权威或因慑于权威而不敢发言的现象。并且在征询过程中，专家之间不联系，避免了专家间的相互干扰。

（3）提高了调查的科学性

德尔菲法可以根据需要从不同角度对所得结果进行统计处理，提高了调查的科学性。

2）德尔菲法的缺点

（1）缺乏客观标准，有一定的主观片面性。在德尔菲法中专家对调查问题的回答全凭自我判断，主观色彩较为浓厚，因而这种方法主要适用于缺乏历史资料或不确定因素较多的情况。

（2）调查结论有可能接近于中位数或算术平均数。有的专家在得到调查组织者汇总的反馈资料后，有可能会因为种种原因做出接近于中位数或算术平均数的结论，这样就会造成调查结论的偏差。

（3）调查时间比较长。德尔菲法需要经过多轮的反复征询，因此可能会耗费比较长的时间。另外，大多数专家都身居要职，在时间方面的安排比较紧张，因此往往会出现专家中途退出调查的情况，这在一定程度上可能会影响到调查的科学性，甚至可能破坏整个调查。

6.2.4 投射技术法

1. 投射技术法的意义

小组座谈法和深度访问法都是直接法，即在调查中明显地向被调查者表露调查目的，但这些方法在某些场合却不太合适。比如对动机、原因、态度、情感等方面的提问，对较为敏感性问题的提问等，很难得到正确的答案，此时，研究者就应采取间接的方法，其中，最有效的方法之一就是投射技术法。

投射技术是穿透人的心理防御机制，使真正的情感和态度浮现出来的一种方法。它采用一种无结构的、非直接的询问方式，可以激励被访者将他们所关心话题的潜在动机、态度或情感反映出来。在投射技术中，并不要求被调查者描述自己的行为，而是要他们解释他人的行为。在解释他人的行为时，被调查者就间接地将他们自己的动机、信仰、态度或感情"投射"在无规则的刺激上。因为受试者并不是在直接谈论自己，所以就绕过了防御机制。受访者谈论的是其他的事情或其他的人，然而却透露了自己的内在情感。

2. 投射技术的类型

市场调查中最常用的投射技术有词语联想法、句子完成法和文章（故事）完成法、漫画测试法、角色扮演法和第三者方法等。

1）词语联想法

词语联想法又称引导性联想法，它是指调查者根据调查问题给出一连串的词语，每给一个词语，都让被调查者回答最初联想到的词语（反应语）。这种方式是给被调查者一个有许多意义的词或词表，让被调查者看到词后马上说出或者写出最先联想到的词。词语联想法也可以采取无控制的方式，例如，调查者说出"啤酒"一词，要求被调查者马上说出或者写出所能联想到的品牌，如"青岛"、"燕京"等。

联想法是利用人们的心理联想活动或在事物之间建立的某种联系，向被调查者提及某种事物或词语，询问被调查者联想到什么，以获取被调查者对调查问题的看法、动机、态度和情感。词语联想法常用来比较、评价和测试品牌名称、品牌形象及广告用语等。词语联想法有多种形式，如自由联想法、控制联想法等。

调查者感兴趣的那些词语（试验词语或刺激词语）是散布在那一串展示的词语中的，在给出的一连串词语中，也有一些中性的或充数的词语，用于掩盖研究的目的。例如，在对百货商店顾客光顾情况的调查中，试验词语可以选择"位置"、"购物"、"停车场"、"质量"、"价格"之类的词语。被调查者对每一个词语的反应词语，应按规定的时间书写出来。这样调查员可将那些反应犹豫者（停顿 3 秒钟以上）识别出来。调查员记录反应的情况，这样被调查者书写反应语所要求的时间也就得到了控制。这种技法的潜在假定是，联想可让反应者或被调查者暴露出他们对有关问题的内在感情。对回答或反应可通过如下几个量进行分析：

（1）每个反应词语出现的频数；

（2）在给出反应词语之前耽搁的时间长度；

（3）在合理的时段内，对某一试验词语完全无反应的被调查者数目。

在使用词语联想法调查时，要注意记录被调查者回答问题的时间。因为回答越快，说明被调查者对这个字词印象越深，越能反映被调查者的态度。回答越慢，则说明被调查者的答案不肯定，答案的可靠性越差。词语联想法是一种极大限度地开发被调查者潜藏信息的资料收集方式，这种方式主要通过对反应词及反馈时间的分析来了解被调查者对刺激词的印象、态度和需求状况。

2）句子完成法

句子完成法与词语联想法类似，给被调查者一些不完全的句子，要求他们完成。一般来说，要求他们使用最初想到的那个单词或词组。与词语联想法相比，对被调查者提供的刺激是更直接的，从句子完成法可能得到的有关被调查者感情方面的信息也更多。不过，句子完成法不如词语联想法那么隐蔽，许多被调查者可能会猜到调查的目的。例如：

（1）拥有一套住房_____。

（2）如果我现在有 10 万元，我会_____。

（3）对于一个家庭来说最重要的是_____。

与字词联想法相比，句子完成法不用强调被调查者回答问题的时间，由于完成的是句子，调查结果也比较容易分析。因此，常用于调查消费者对某种事物的态度或感受。为了减少被调查者回答时的顾虑，在设计问题时应避免用第一或第二人称。

3）文章（故事）完成法

由调查者向被调查者提供有头无尾的文章，由被调查者按自己的意愿来完成文章，从而借以分析被调查者的隐秘动机。不能提示故事的结尾。被调查者要用自己的话来作出结论。例如，在百货商店顾客光顾情况的调查研究中，要求被调查者完成下面的故事。

　　一位男士在他所喜爱的一家百货商店里买上班穿的西服。他花了 45 分钟并试了几套之后，终于选中了一套他所喜欢的。当他往算账柜台走去的时候，一位店员过来说："先生，我们现在有减价的西服，同样的价格但质量更高。您想看看吗？"这位消费者的反应是什么？为什么？从被调查者完成的故事中就有可能看出他对花费时间挑选商品的相对价值方面的态度，以及他在购物中的情感投资行为。再比如："一个朋友对我说，前天她在市场上看到一种新款服装，外形很漂亮，做工、面料也很好，只是价格稍微贵了一点，朋友当时出于价格方面的考虑没有买。朋友总结说，价格贵的东西都不好卖，哪怕质量好一些。我对她说……"。

　　4）漫画测试法

　　漫画测试法是按照调查目的设计出一张有两个人物的漫画，其中一个人向另一个人提出有关问题，而对方正在考虑，还未给出答案（如图 6-5 所示）。在调查时将设计好的漫画展示给被调查者，要求其回答漫画中的问题。漫画测试法的优点是能够把语言无法表达或不便表达的问题用图画的方式表现出来，以实现调查的目的。为了使被调查者易于理解和接受调查，设计漫画时要注意整个问卷的主体是文字而不是画，因此漫画内容尽量不要对语言反映有影响，因此可不画人物的眼睛、鼻子或反映个性的其他特征，使人物具有中立性。

图 6-5　漫画测试法

　　5）角色扮演法

　　在角色表演中，让被调查者表演某种角色或假定按其他某人的行为来动作。调查者的假定是，被调查者将会把他们自己的感情投入角色。通过分析被调查者的表演，就可以了解他们的感情和态度。例如，百货商店顾客光顾情况调查中，要求被调查者扮演负责处理顾客抱怨和意见的经理的角色。被调查者如何处理顾客的意见表现了他们对购物的感情和态度。在表演中用尊重和礼貌的态度对待顾客抱怨的表演者，作为顾客，希望商店的经理也能用这种态度来对待他们。

6）第三者法

在第三者法中，是给被调查者提供一种文字的或形象化的情景，让被调查者将第三者的信仰和态度与该情景联系起来，而不是直接地联系自己个人的信仰和态度。第三者可能是自己的朋友、邻居、同事或某种"典型的"人物。同样，调查者的假定是，当被调查者描述第三者的反应时，他个人的信仰和态度也就暴露出来了。让被调查者去反映第三者立场的做法减低了他个人的压力，因此能给出较真实合理的回答。

3. 投射技术法的优缺点

与小组座谈法和深度访问法相比，投射技术法的一个主要优点就是，可以提取被调查者在知道研究目的的情况下不愿意或不能提供的回答。在直接询问时，被调查者常常有意无意地错误理解、错误解释或错误引导调查者。在这些情况下，投射技术法可以通过隐蔽研究目的来增加回答的有效性。特别是当要了解的问题是私人的、敏感的或有着很强的社会标准时，作用就更明显。当潜在的动机、信仰和态度处于一种下意识状态时，投射技术法也是十分有帮助的。

投射技术法也有无结构的直接技法的许多缺点，而且在程度上可能更严重。这些技术通常需要有经过专门高级训练的调查员去作个人面访，在分析时还需要熟练的解释人员。因此，一般情况下投射技术法的费用都是高昂的，而且有可能出现严重的解释偏差。除了词语联想法之外，所有的投射技术法都是开放式的，因此分析和解释起来就比较困难，也容易产生主观片面性。

一些投射技术法如角色扮演法要求被调查者从事不平常的行为，在这些情况下调查者可能假定同意参加的被调查者在某些方面也不是平常的。因此，这些被调查者可能不是所研究的总体的代表。为此，最好将投射技术法的结果与采用更有代表性样本的其他方法的结果相比较。投射技术法一般不像小组座谈法和深度访问法那么常用。有一个例外就是词语联想法常常用于检验品牌的名称，有时也用于测量人们对特殊产品、品牌、包装或广告的态度。

思考练习题

一、简答题

1. 入户访问和留置问卷访问各有哪些优缺点？

2. 拦截式访问有哪些主要方式？

3. 电话访问时应注意哪些问题？

4. 邮寄访问的程序怎样，有何优缺点？怎样克服其缺点？

5. 利用小组座谈法收集资料事先应做好哪些准备工作？

6. 什么是深层访谈？需要哪些技巧？

7. 什么是投射技术法？有哪些具体的技术？

8. 网上调查法有哪些主要特点？

二、实践操作题

草拟一份市场调查的深度访谈提纲，项目不限，两人一组，进行模拟访谈。

三、案例分析

"神方前列欣胶囊"的市场深度调研

（一）案例介绍

济南宏济堂制药有限责任公司（原山东济南中药厂，以下简称宏济堂）是国家 21 个重点中药企业之一，始创于 1907 年，迄今已有近百年悠久历史。主要生产胶囊、片剂等 118 个品种，年营业额近亿元。

宏济堂在 1996 年推出纯中药制剂——神方前列欣胶囊（以下简称前列欣），该药品主治前列腺炎、前列腺增生，2001 年该药的全年销售额为 3 000 多万元。但在进一步开拓市场时，厂方深感精品众多、竞争激烈，运作中缺乏有效的营销模式。即使在山东境内，宏济堂花了几年的时间开发青岛市场，然而截止到 2001 年年底前列欣产品在其市场上每月的回款仅有 2 万多元。

2001 年年底，宏济堂通过在全国范围广为筛选，最终选择北京四夫营销策划公司作为其进一步开拓市场的营销顾问。宏济堂高层领导希望利用四夫公司在医药保健品市场的丰富经验，通过引进全新的市场推广模式，将前列欣做成强势品牌。

1. 深度市场调研

经研究，决定将济南、青岛作为试点市场。为提供科学的市场营销方案，四夫公司历时 1 个多月，对前列欣的营销现状进行深度调研。

（1）市场潜量。济南男性人口为 284.2 万人，30 岁以上男性占一半左右，其中前列腺患者发病率在 20％以上。若发病人群中 10％购买前列欣一个疗程，则可实现销售收入 901.63 万元。青岛男性人口为 356.1 万人，按上述方法计，则可实现销售收入 1137.74 万元。

（2）消费者需求状况。消费者选购药品容易受广告影响，但认为医生专家推荐最为可信。购药所考虑的因素按重视程度排序依次为：药品疗效、有无副作用、品牌、价格、服用方便等。而购买地点多选择大药房而非医院药房，两者在调查对象中所占比例分别为 53.59％和 36.36％。

（3）整体竞争状态。调查中发现市面有50余种同类药品出售，其中13种药品均为治疗前列腺炎和前列腺增生的药品。泽桂癃爽与前列欣属国家三类新药，进口药保列治、哈乐获得多数医生的认可。而市场份额占有率最高的则是前列康。

山东是人口大省，且经济发展良好，青岛为山东的经济龙头，而济南是山东的省会，因此该类药品在这两个城市的市场竞争非常激烈。可以说该市场处于诸侯割据状态，前列欣处于竞争品牌的大包围之下，欲"出人头地"实属不易。

（4）主要竞争对手。主要竞争对手为前列康、癃闭舒、泽桂癃爽、保列治、前列回春及安尿通等。

前列康具有低价和品牌的优势；保列治具有缩小前列腺体积，降低急性尿潴留的危险，降低良性前列腺增生相关手术危险性等显著特色；而癃闭舒则为国家基本医疗保险品种，与医院有较多特殊关系；泽桂癃爽为最近几年新批准的同类优质药品，在医院销售较好等。

（5）前列欣市场表现。宏济堂内部员工认为前列欣疗效好，但普遍认为价格高，宣传力度不够。消费者调查显示，济南的消费者对前列欣的提及率占总体的12.34%，青岛的消费者对前列欣的提及率仅占1.8%。在药店调查中显示，济南药店反映同类产品中前列欣销售较好的占30.34%，而在青岛该数据仅为4.88%。

（6）形式与选择。目前我国有各类前列腺疾病患者约8 000万人，山东省约有300万人左右。随着人口结构进入老龄化，前列腺患者群体呈不断增加的趋势。根据有关数据估计，山东市场潜量达1.47亿元，济南市场潜量为901万元，青岛市场潜量为1 137万元。

面对如此充满诱惑力的市场，国内外厂家纷纷染指，力争占有一席之地。前列康、癃闭舒、泽桂癃爽、保列治等在山东市场上气势逼人，在医院、药店等销售终端已取得了一定的市场优势。如果它们在市场上的扩张态势得不到遏制，将置前列欣于非常危险的境地。尽管如此，前列康治疗慢性前列腺炎的效果一般，而癃闭舒、泽桂癃爽、保列治则主要强调了治疗和抑制前列腺增生，而忽视了治疗慢性前列腺炎的宣传，所以它们也并非是无懈可击。

青岛市场对商家开拓整个山东市场非常重要。前列欣目前必须加大青岛市场开拓的力度，强力占领青岛市场，是实现该产品在山东做强的关键点。

前列欣在青岛各药店的销售很不理想，临床又有保列治和癃闭舒等牢牢盘踞。前列腺疾病是男性常见病，患者自发到药店购买此类药品的习惯基本成熟。因此，综合考虑后，前列欣选择首攻OTC市场。

2. 制定营销策略

根据市场调研的结果及细致的分析，匹夫公司为宏济堂前列欣的市场营销制定了如下营销计划，实践证明该计划是比较合理的。

（1）竞争策略：正面攻击OTC市场占有率最高的前列康。这是因为前列康的低价位策略导致该产品利润空间小，不可能在受到攻击时做出"强烈"反击，攻击的风险较小而成功后的受益巨大。

（2）强攻区域：青岛；人群定位：患有前列腺疾病的中老年男子。

（3）渠道定位：药店为主，医院为辅。

（4）USP：治疗慢性前列腺炎效果好。

（5）价格策略：维护高价位不变，灵活运用让利不让价方法。

（6）促销：在高铺货率的情况下，主要利用非人员手段进行促销。以事件行销为主，常规广告为辅。

（二）分析提示

四夫公司为了帮助宏济堂开拓前列欣胶囊的山东市场，首先认真进行市场营销调研，然后制订市场营销计划，符合市场营销决策的科学程序。市场营销的准则就是比竞争对手更好地满足市场需求。要做到这一点，市场营销者就必须认识到市场营销调研的重要性，建立调研管理系统，并持续地组织市场营销调研，准确掌握当时当地、此情此景中顾客需要的实证资料，以便有的放矢地开展市场营销活动。

问题：

1. 四夫公司都调查了哪些内容？

2. 本案例对我们有何启示？

第 7 章

观察法与实验法

【学习目标】

通过本章的学习，了解观察法和实验法的概念、特点及主要形式，能够针对调查项目进行观察调查表格和程序的设计，了解实验设计的种类及市场测试的内容，掌握利用观察法和实验法收集资料的具体方法。

7.1 观察调查法

7.1.1 观察调查法定义

观察调查法简称观察法，市场调查中的观察法是根据调查目的，调查者在现场利用直观感觉器官（视觉、听觉、嗅觉、味觉、触觉）或者凭借其他科学手段及仪器，跟踪记录、考察被调查者的活动和现场事实，有目的地对研究对象进行考察，以取得所需信息资料。这种方法主要应用于原始资料的收集。其特点是，调查人员不是强行介入，不需向被调查者提问，在被调查者毫无察觉的情况下获得真实的信息。由于商业的连锁经营、电子收款机的普及，以及技术日臻成熟、经费相对充足、设备日益完善，使观察法的应用愈加广泛。

7.1.2　观察法的种类

观察法的种类很多，可以根据特定的调查任务，选择合适的更有效的观察方法。按照不同的划分标准，可以把观察法划分为不同的类型。

1. 按观察的形式不同划分

按观察的形式不同可分为直接观察法、间接观察法和实验观察法。

1）直接观察法

直接观察法是调查者直接深入到调查现场，对正在发生的市场行为和状况进行观察和记录。这类观察法要求事先规定观察的对象、范围和地点，并采用合适的观察方式、观察技术和记录技术来进行观察。具体到市场调查中的直接观察是指观察员直接观察被观察者的行为、活动，并记录下来。直接观察的效果因为是与人类感官的功能直接相关的，所以直接观察具有简单、直接、受客观条件限制较少、可以随时随地进行等优点。

2）间接观察法

间接观察法是指调查者对自然物品、社会环境、行为痕迹等事物进行观察，以便间接反映调查对象的状况和特征，以获取有关的信息。例如，通过对城市的市容卫生、绿化、人们穿着的观察，就能从侧面了解人们的精神风貌；通过对城市建筑、农村住房、公路上的车辆等方面的观察也可反映人们生活水平的变化。

2. 按照调查对象是否参与调查活动划分

按照调查对象是否参与调查活动可分为参与性观察和非参与性观察。

1）参与性观察

参与性观察也称局内观察法，是指调查者参与到被观察对象群体中并成为其中的一员，直接与被观察者接触以收集资料的一种调查方法。观察者隐瞒自己的真实身份，较长时间置身于被观察者的群体之中，能更快更直接地取得信息。在市场调查中，参与性观察法往往通过"伪装购物法"或"神秘购物法"来组织实施。

2）非参与性观察

非参与性观察又称局外观察法，是指观察者以局外人（旁观者）的身份，置身于调查群体之外进行的观察、记录所发生的市场行为，以获取所需的信息。在非参与观察中，观察者像记者一样进行现场采访和观察，他们不参与被观察者的任何活动，只是记录事件发生、发展的真相。这种观察方式虽然比较客观，但是往往只能看到表面现象，无法深入了解行为背后的真实原因。非参与性观察往往要配备一定的观测设备和记录设备，比如望远镜、反窥镜、摄影机、摄像机等，以尽量保障观察的隐蔽性，降低调查人员的记数负担，提高资料的可靠程度。

3. 按照观察调查内容的范围、数量和界定划分

按照观察调查内容的范围、数量和界定，可以把观察调查法分为结构性观察和非结构性观察两种。

1）结构式观察

指事先制定好观察计划并严格按照规定的内容和程序实施的观察。市场调查人员事先设计好一份观察问卷，并且按照问卷上的内容对调查对象进行观察，观察后为每位调查对象填写一份调查问卷，这种观察方法的最大优点是观察过程标准化，它对观察的对象、范围、内容、程序都有严格的规定，一般不得随意改动，因而能够得到比较系统的观察材料供解释和研究使用。当然，要制定一个既实用又科学的观察计划很不容易，这本身就需要作许多探索性的调查研究。结构性观察调查法可以防止观察内容的遗漏，但是比较死板，也不可能对更多的事物进行观察。一般情况下，适合调查内容比较简单，调查人员对调查内容了解得比较少，以及探索性的市场调查等。

2）非结构式观察

指对观察的内容、程序事先不作严格规定，观察的内容没有规范的、严格的要求，视现场的实际情况随机决定的观察，调查人员需要对他们看到的调查对象的各种行为尽量全面地进行记录。非结构观察的优点是比较灵活，调查者在观察过程中可以在事先撰写的初步提纲的项目基础上充分发挥调查者的主观性、创造性，可以记录更多的内容，但是要求观察人员有比较好的素质和观察技巧。缺点是得到的观察资料不系统、不规范，受观察者个人因素影响较大，可信度较差。

4. 按观察的手段可划分为人员观察与仪器观察

1）人员观察

观察员通过自己的感觉器官或借助简易设备（如望远镜等）进行的观察是人员观察。通过对人的各种活动，如表情、言语、声调、动作等的察言观色，就能了解被观察者的行为表现，通过科学的分析研究，进而掌握被观察者的内心活动及偏爱，实现认识被调查者的调查目的。对人的行为的观察可以分为两种：①对消费者的行为进行观察。这是对人的行为进行观察的主要内容。其中包括对消费者的购买行为的观察和对消费者的消费行为的观察。前者更为常见。调查人员可以深入购物现场，观察消费者的整个购买过程。②对经营者的行为进行观察，通过对经营者的某些经营行为进行直接的或间接的观察，能得到许多有用的信息。

2）仪器观察

直接观察由于受到人们感觉器官观察能力的局限，使资料收集的范围、精确度和速度受到影响。通过仪器设备或主要借助设备仪器如摄像机、录音机等实现的观察是仪器观察。仪表和仪器是人的感官的延长，机器和工具是人的四肢的延长，计算机和人工智能机是人脑的功能的扩展，而现代机器人则是人的感官、四肢和大脑等功能拓展的综合体。现代科学技术已使电子仪器和机械设备成为市场调查的有力工具。在特定的环境中，仪器观察比人员观察更便宜、更精确、更容易完成工作。

常用的观察仪器有交通流量计数器、脑电图、测瞳仪、阅读器、扫描仪等。代表性的仪器介绍如下。

（1）视向测定仪，又叫眼睛照相机。它可以在一秒钟内拍摄人的 16 个视线动作，用于探测被测试者对广告的反应。用这种仪器虽然可以测出视线的停留位置和时间，却难以测定视线的移动情形。眼睛照相机能自动摄下人们的眼部活动和注意力所在，以测定人们对广告的反应。

（2）瞬间显露器。这种仪器可在短暂的时间内显示广告，用以了解广告的各个构成要素所需的时间。它显示时间时，可以从千分之五秒至十秒作适度调整——测记忆度。

（3）精神电流测定器。通过测量脉搏、血压、呼吸、汗腺等可以间接测出情感变化和心理反应。利用这种仪器，可以根据受测试者的感情变化，测出心理反应状况。

（4）皮肤电流反射器。又称精神电流器，俗称测谎器。利用这种仪器可以根据受测者精神上的变化在皮肤上发生的反应，测出受试者的反应。

（5）自动记录器。指装在收音机、电视机上可自动将样本收视、收听的频道及时间记录下来的仪器。这种仪器在做关于收音机、电视机的视听率调查时用得比较普遍，可与计算中心相连。

7.2　观察法的应用

运用观察法的一般做法是在精心选择的观察地点（比如超市、繁华地段的过街天桥和专门设置的观察室等），由训练有素的观察员或调查人员，利用感觉器官或设置一定的仪器，观测和记录消费者购物时的行为和举动、道路的拥挤堵塞状况和观众对广告的反应等。观察法可用于很多方面，下面介绍几种有代表性的方法。

7.2.1　神秘顾客调查法

"神秘顾客"又称伪装购物者，是让接受过专门训练的"神秘顾客"作为普通消费者进入特定的调查环境（商场、超市），进行直接观察，亲身对企业的服务、业务操作、员工诚信度、商品推广情况及产品质量等进行体验、感受，并作出客观评估，一般用来搜集有关商店、营业厅的销售或服务人员如何对待顾客方面的数据。"神秘顾客"与一个正常买商品的顾客一样，会与服务人员进行交流，咨询与商品有关的问题，挑选商品，比较商品，最后做出买或不买某种商品的决定。但是，"神秘顾客"与服务人员的交流并不是访问式，而是为了观察服务人员的态度、行为并对此作出评价。

神秘顾客在对受测对象检测中以第三方的身份出现，这些受过专门培训的购物者在体验过程中不掺和个人主观偏好；可以保持检测对象的客观、公正、保密性，神秘顾客的应用有利于企业提升、改进服务质量和服务水平。近年来，利用神秘顾客检测、评估一线服务顾客满意度及终端市场管理，正被广泛使用于各品牌及窗口服务机构，用于对服务质量要求较高的分支行业，成为商家的竞争制胜绝招。很多调查公司都为电信、IT 产品、汽车、银行、医院、连锁店等各种服务机构提供过这种服务。掌握经销商、经销点的市场行为、销售价格、产品渠道管理等。监测对象包括分支机构、基层服务人员和代理销售网点等。

1. 神秘顾客的任务

神秘顾客法是一种有效的直接观察法，神秘顾客的任务一般有以下几个方面。

（1）观察购物环境，如店堂布局与装饰、商品陈列、货架摆放、通道宽窄、文化氛围，以及倾听顾客对购物环境的评价言论等。

（2）了解服务质量。"神秘顾客"作为普通消费者进入调查的商场或超市，可买也可不买商品，买了也可退货，退了货还可再买；可以向售货员询问各种与购物有关的问题，借以了解服务质量。

（3）观察消费者的购买行为。"神秘顾客"与消费者一起选购商品，可以观察消费者购买商品的品牌、品种和数量，倾听他们对不同产品的评价言论，观察他们选购商品所关注的要素等。

（4）了解同类产品的市场情况。"神秘顾客"可以在特定的商品柜台前，观察同类产品（如空调、电视机、化妆品等）的陈列品种、价格定位，消费者的购买选择和评议言论，并向售货员询问与购物有关的各种产品问题，借以获取有关的信息。

2. 神秘顾客法的操作步骤

"神秘顾客"不同于一般性调查的访问员，具有较高的综合素质和理解能力、良好的心理状态、端正的工作态度、敏锐的观察、分辨能力，具备议价能力，有相当的记忆能力。具有了行为学、心理学基础知识的"神秘顾客"在调查过程中，表现更自然、不易暴露，另一方面更容易了解服务人员的心理，易于发现服务管理中存在的问题。

"神秘顾客"要始终坚持公平、公正、中立、严守秘密的工作原则，并具有良好的心态和心理素质。"神秘顾客"在进行调查时就要遵循"眼看耳听、用心感受"八字方针，使硬件服务和软件服务均得到综合考察。"眼看"就是根据考核的服务质量指标，细心观察服务设施是否齐全、营业人员的服务形象等内容；"耳听"就是倾听营业人员服务过程中服务用语、业务介绍；"用心感受"就是感受营业环境和设施，营业人员的服务态度、意识等。

（1）确定观察对象和观察内容。这是任何一种类型的观察都首先要确定的问题，观察对象可以是个人，也可以是班组、车间、企业、商店等。观察内容是所要研究的现象，它反映了观察对象的特征和状态。"神秘顾客暗访"既是一种暗访的形式，又结合并体现了观察法的内容和特点，"神秘顾客"和雇员之间要进行交流。购物者会这样提问："这种款式的多少钱?"、"这种款式有蓝色的吗?"或者"你们星期五以前能送货吗"? 这种相互交流并不是访谈，只是为了观察雇员的行动和评论。因此，虽然观察员经常卷入彼此间的交流，但神秘顾客调查法仍可以看成是一种观察调查方法。例如，某服装研究部门委托进行的这项研究，其观察对象是某个专卖店的营业员，观察的内容包括：营业员的礼貌和笑容、营业员的推销技巧、店铺和货品的整洁程度、管理人员的态度等。

（2）将观察内容具体化，做出详细分类，确定观察变量和指标。图 7-1 是某调查公司设计的一次神秘顾客暗访操作流程图，对 20 个项目在不同环节分别加以考察。

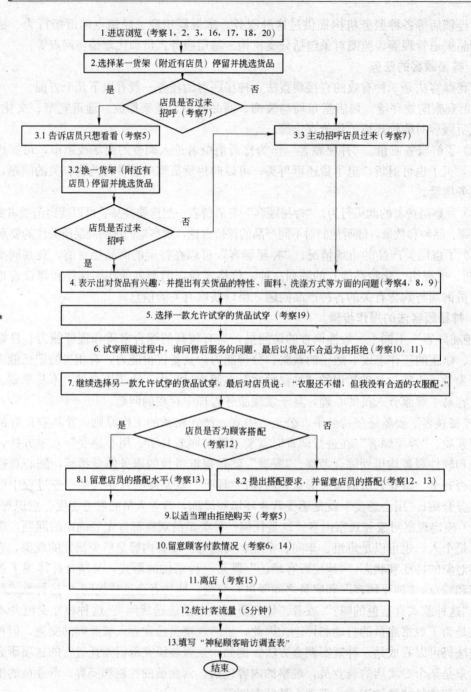

图 7-1　神秘顾客暗访操作流程

（资料来源：范伟达. 市场调查教程. 上海：复旦大学出版社，2003：211-214.）

（3）依据观察指标设计观察表格、卡片或拟定观察提纲，并规定标准化的观察方法和记录方法。

一般地说，在进行观察时，调查者都有固定的观察项目，因而对某一项记录的设计也十分周详。用实际标准化的观察卡片或采用一套特定的符号，以便于系统、科学地记录观察对象的情况。设计观察卡片，首先要确定观察项目及其相互关系，然后选择反映观察项目具体特征的观察指标或单位，形成标准化的观察范畴。根据观察范畴制定出具体的观察卡片，同时标明观察的时间、地点，观察客体的特征。这里摘录某调查的几个观察项目的评分标准，可以看出设计观察评分标准及记录的方法。

"伪装购物"观察售货员的记录表如下。

1. 观察时间： 9：00—12：00
   12：00—16：00
   16：00—18：30
   18：30 以后
2. 经营部代号
3. 购物行为。
（1）购物。
（2）非购物。
（3）送还货物。
4. 您等多久才得到售货员服务？
（1）几乎没等（半分钟之内）。
（2）等候短时间（2 分钟之内）。
（3）等候长时间（5～10 分钟）。
（4）等候很久（10 分钟以上）。
5. 售货员在哪儿？
（1）在售货位置上。
（2）在忙于其他事务。
（3）无所事事。
（4）在和同事攀谈。
6. 售货组长是否在场？
（1）在。
（2）不在。
7. 售货员是否热情为您服务？
（1）马上过来问候。
（2）过了一会儿才过来。

（3）过 5 分钟才自行过来。

（4）在同事示意后才过来。

8. 售货员的举止如何?

（1）非常友好（面带微笑）。

（2）一般（不声不响）。

（3）态度不好（说粗话）。

9. 您对售货员外表印象如何?

（1）非常有教养（穿戴表率）。

（2）教养一般化。

（3）显得无教养。

（4）显得非常无教养。

10. 您对售货员提供的知识咨询看法如何?

（1）良好咨询（主动提供）。

（2）较好咨询（随问随答）。

（3）一般咨询（能答部分问题）。

（4）慢吞吞的咨询（不太情愿）。

（5）糟糕的咨询（错误信息或不出声）

11. 售货员对缺货的处理办法。

（1）建议顾客找其他经营部。

（2）建议找其他商场。

（3）建议到别处看看。

（4）无建议。

12. 其他积极现象或消极现象。

13. 您下次来购物还希望获得同一位售货员的服务吗?

（1）倾向于同一位。

（2）倾向于换一位。

　　除了上述卡片记录和符号记录外，还可采用快速记录（在事件和地点允许的情况下不失时机地进行记录）、系统的观察日记（逐日系统地记载一切必要的情报、个别人的言行、本人的想法和困难）等进行记录，也可用袖珍录音机、录像机、电影拍摄机记录当时发生的情景。

　　（4）对观察记录进行统计整理和分析。如上表示例，神秘顾客即调查员根据如上表格的检查点，按照指定活动路线进行逐一检查。按照规定的分值——对应进行核查打分，各个检查点的分值累加起来为 100 分。按照各项的重要程度来分配分值权重。

7.2.2 顾客行为仪器观察调查法

顾客行为仪器观察调查法是指在顾客可能发生行为等特定的场所放置可以进行科学记录的仪器，而后定期通过仪器对顾客的行为获取有关信息的调查方法。行为记录法和痕迹观察法都需要配备仪器来进行，这些仪器包括照相机、录像机、心理测定器等。有些商场常在店门的进出口安装顾客流量观察仪器，用以测量顾客流量，并对顾客进行分类。在某些柜台安装录像录音设备，自动拍摄顾客挑选、评议、购买商品的过程，然后通过音像的加工整理，即可了解顾客的购买行为、购物偏好及其对商品和商场的评价意见。在超级市场上使用的电子收银机、光学扫描器等是市场调查工具的一大发明。当一个顾客通过出口结账处时，光学扫描器就阅读他的购货清单，记下品牌、规格和价格。这些数据都可进入计算机，由计算机帮助分析以改进存货和即将制订的营销方案。具体方法和观察内容如下。

1. 入口处顾客观察

在商店的门口放置仪器，对进入商店的顾客人数、类型等进行观察，掌握进行顾客细分和进行商业网点财务分析的依据等。例如，超市出入口十字旋转计数器就是一个专门统计顾客人数的自动观察仪器。顾客走进或走出推动十字旋转器的同时，计数器便计下了进出顾客的数目。如果进一步把计数器和时钟相连，就可以知道什么时间、有多少顾客光临过商场。

2. 顾客路线观察

指利用仪器对顾客在商店内的行动路线进行跟踪和记录的调查方法。根据调查的结果，可以对商店的摆设与商品的摆放进行科学的调整，能够比较好地缩短顾客购买时间的无谓浪费，增加消费者与产品接触，增加顾客的购买频率。例如，对进入商场的顾客用摄像机跟踪拍摄，调查人员在监视荧屏前观看，用各种彩色笔，在一张特制的图表上标出每位顾客的位置和行走的路线，通过统计分析确定有代表性的购物者的行走路线，据此调整商店陈设。

3. 顾客视向观察

指通过仪器对调查对象的视觉方向进行观察的调查方法。在不同的方向安装仪器，通过仪器捕捉和记录顾客眼光注视的方向，顾客目光注视的焦点。观察结果可以对产品的摆放，对商店布置进行比较和改善；可以使不同的顾客在他们感兴趣的方向和位置上，找到他们感兴趣的商品。因此，可以有效地提高商品的销售率，提高商店货架的使用率。例如，经过观察发现顾客看货架高度总是停留在与眼睛水平上下 30 厘米的地方。因此，应该加大该层次货架的利用率，争取多放一些商品，促使顾客更多地购买。相反，更高的地方或者最下面的地方，可以放一些"一目了然"的商品，或者主要是发挥促销作用。

4. 顾客注视度观察

对顾客进行注视度的观察是指观察顾客注视某个产品时间的长短和关注的程度，观察顾客瞳孔的亮度和面部表情的调查方法。通过这些观察，借以揣摩顾客的实际心理活动。例如，观察顾客在观看某个产品时没有转移视线的连续时间的长短，表明了该顾客对该产品的喜爱程度;观察顾客瞳孔的亮度,了解不同产品外观对消费者的不同刺激程度,可以为商品的包装和外观设计提供依据,为企业的 CIS 设计提供参考案例;顾客注视度的观察,有利于提高商店的形象和信誉,有利于保持顾客的忠诚度等。

5. 家庭成员行为记录法

指在征得顾客同意后,在顾客的家庭内安装仪器,对顾客家庭成员发生在家庭范围内的行为进行记录的市场调查方法。例如,在顾客的电视机上安装仪器,可以记录顾客家庭所有成员开启电视机的时间,对电视频道的挑选和转台的频率,收视不同节目的时间,对广告的收视情况等。所得到的信息资料,对观众的喜好,电视节目的调整,内容和形式的改革,广告频道的选择,传媒发展方向等有很大启发。例如,美国 A・C・尼尔森公司通过电子计算机系统,在全国各地上千家庭的电视机里装上监听器,每 90 秒扫描一次,每台电视机只要收看 3 分钟以上,就会被记录下来。这些信息对选择广告媒体和提高电视广告效果等经营活动都有很高的参考价值。

7.2.3 现场观察法

指到商店、商场、超市、展销会、交易会等现场观察商品销售和顾客购买情况。如调查员可以局外人的身份,到特定的商场观察顾客的流量、顾客购物的偏好、顾客对商品价格的反应、顾客对产品的评价、顾客留意商品时间的长短、顾客购物的路径、顾客购物的品种和数量;观察顾客的购买欲望、动机、踊跃程度;观察同类产品的设计、包装、价格和销售情况,等等。

7.2.4 购物行为观察法

在消费者购买的高峰期,到商店观察消费者的购买行为并对其语言进行观察和记录。观察的内容主要有:顾客进入商店后是如何选购商品的?顾客为什么拿起了商品又放下?是什么影响顾客在商店里逗留时间的长短?他(她)们的表情是怎样的?观察相同的商品摆放在不同的地方,对销售额有什么影响?观察之后的建议可以为商店的采购、市场定位,甚至人员的分配等各种经营管理决策提供依据。超市和普通商店的货架排列、商品摆放对于刺激购物者的购物冲动具有微妙的影响,为了找到最适合商圈内购物者的商店陈设方式,零售商往往会求助于调查机构或调查专家进行购物形为观察。

7.2.5 流量记录观察法

流量记录观察法是指在一定的时间内,对经过某个地点的人口或者事物的数量进行现场记录的调查方法。调查的结果可以为定量分析提供数据。流量记录观察法是观察调查方法中的一个主要方法和主要调查内容。具体的调查内容和方法如下。

1. 人口流量记录调查法

人口流量观察记录法是指调查人员在预定的地点对特定内容进行的观察。例如在机场、车站、码头和旅游胜地的进、出口处固定进行观察统计，对过往的人口流量数目或者其他行为特点的人口数据进行观察和记录，这种方法获得的数据主要用于商场、餐馆等的选址，还有利于对企业的多种市场营销决策的启发和修正。

2. 交通工具流量调查法

交通工具流量调查法是指对某个具体时间通过某个路段的交通工具的数量和种类进行观察统计的调查方法。交通流量观察、测量特定路段的汽车流量有助于户外广告设计者确定广告价格，有助于商店、加油站、修理厂的选址，有助于交通管理部门确定两端红绿灯的放行间距。

1）汽车流量调查法

汽车流量调查法是指在某个交通要道上对过往汽车的数目、种类、运载情况和行驶方向进行调查统计的方法。所获得的关于旅客数量、类型和流向，关于货物运载数量和类型等方面的资料，可以为多个部门提供决策依据。例如，对加油站的设立，酒店、饭店的增减，汽车维修和零配件的供应，货物运输等多个方面的决策很有启发。

2）物流观察调查法

在某个具体的地点上，通过对各种交通工具的类型、品牌、载重等情况进行统计，将会对了解各种产品的流向、市场供应量及市场普及率、市场占有率、顾客的品牌爱好等有帮助。例如，在某个商店门口，对出入的车辆类型、运输内容和车辆的来源进行观察和统计，可以了解该类商店的货源和采购类型、商店的进货量、进货周期、大宗商品的主要品牌等情况，并且可以间接预测出该商店主要商品的销售情况，商店采购网络和销售网络分布等。如果结合对商店内、外部的观察，可以对该商店的经营环境、经营状况等进行分析和预测。

7.2.6　对广告效果的观察分析

对各种广告媒体效果观察可通过消费者对不同广告的注意程度、记忆和理解度、知名度和视听率来推断广告心理效果的大小；还可通过观察广告费占销率的大小来说明广告经济效果的大小。广告费占销率越小，广告经济效果愈大，反之，则小；还可借用听力计来记录人们收听、收看广播电视节目的时间、频率、波长等，用眼神记录器来观察人们注视广告时眼睛的运动，来测量人们对广告的偏好。

7.2.7　信用卡扫描

以扫描仪为基础的市场调查越来越广泛。①可以对超市所有购物者的付款明细单进行记录，可以知道消费者的平均花费、所购商品结构，有利于了解消费者的购买力和购物习惯；

②向特别选择的消费者出售可识别的特别信用卡，调查对象在装有扫描装备的商场或药店等购物结账时的情况就可以被追踪。每个家庭每次购物的情况、购买的每个产品项目都会被扫描仪逐条记录。利用这种测量方法可以测量出影响措施（如广告、促销、新产品推出等）所引起的市场变化。

7.2.8 痕迹观察调查法

痕迹观察调查法是通过对现场遗留下来的实物或痕迹进行观察，了解顾客行为规律或者其他市场情报的调查方法。如国外流行的食品厨观察法，即调查者察看顾客的食品厨，记下顾客所购买的食品品牌、数量和品种，来收集家庭食品的购买和消费的资料。再如通过家庭丢掉的垃圾等痕迹调查，在居民小区的垃圾点等地址进行垃圾的收集和分类工作，从消费者丢弃的包装物、容器和其他废物中，了解该区消费者的消费结构、消费水平及各种产品的市场占有率、社会普及率等资料。

7.2.9 竞争对手行为观察调查法

竞争对手行为观察调查法是指在对方不知晓或者对方蓄意隐瞒之下，对主要竞争对手行为采取的特殊调查方法。例如，以顾客的身份到对方销售现场购买商品，进行关于商品结构、商品定价、促销技巧等方面情报的记录。在特定市场上，有的公司派出人员，在竞争对手目标市场所在地建立办事处或者维修站之类的机构。办事处工作人员的任务就是时时刻刻密切注视竞争对手的行为动向和消费者的反应。再如在竞争对手进行新产品实验、生产或者产品试销的现场进行秘密观察，这些调查和观察手段，随着市场竞争的加剧，越来越接近间谍手法。还有的公司利用竞争对手召开的新产品新闻发布会、新产品展销会、意见征询会、内部观摩会等收集信息。

7.2.10 观察法的主要优缺点

1. 观察法的优点

（1）直观可靠。观察法可以在被观察者不知情的情况下进行有目的的观察调查，记录被调查者的现场行为和活动事实，可以避免因被访者而产生的误差，客观真实，所获资料准确性较高。

（2）简便易行。观察法可随时随地进行调查，对现场发生的现象进行观察和记录或通过摄像、录音等手段，如实反映、直接测度或记录现场的特殊环境和事实，有较强的灵活性。

（3）可发现新情况新问题，不需语言交流，还可克服语言交流带来的干扰。

2. 观察法的缺点

（1）时间长，费用高。由于需要大量观察员进行长时间的观察，因此往往需要较长的时间，花费较多的调查费用，因而受时间、空间和费用的限制。

（2）只能取得表面性资料，无法深入探究其内在原因、态度和动机问题。

（3）对调查人员素质要求高。观察者素质不同，观察的结果也不同，易产生观察者误差。

（4）小样本，代表性差。

3. 为减少观察者误差，在应用观察法时，应注意以下事项

（1）为了使观察结果具有代表性，能够反映某类事物的一般情况，应注意选择那些有代表性的典型对象，在最适当的时间内进行观察。

（2）在进行现场观察时，最好不要让被调查者有所察觉，尤其是使用仪器观察时更要注意隐蔽性，以保证被调查者处于自然状态下。

（3）在实际观察和解释观察结果时，必须实事求是，客观公正，不得带有主观偏见，更不能歪曲事实真相。

（4）观察者的观察项目和记录用纸最好有一定的格式，以便尽可能详细地记录观察内容的有关事项。

（5）应注意挑选有经验的人员充当观察员，并进行必要的培训。

7.3　实验调查法

7.3.1　实验调查法的概念

实验调查法简称实验法，是指从影响调查问题的许多可变因素中，选出一个或两个因素，将它们置于同一条件下进行小规模实验，然后对实验观察的数据进行处理和分析，确定调查结果是否值得大规模推广，从中提取出有价值的信息，为决策提供依据。简单地说，实验法是研究者通过控制某一或某几个自变量（如价格、包装或广告），研究其对因变量（如销售量、品牌态度等）的影响。实验法是运用类似于自然科学中的实验室求证的原理来研究市场问题，单纯从逻辑上说，实验法最具科学色彩，因为只有实验法才能证明实验变量与目标变量之间是否存在因果关系，因此实验法调查又称因果性调查。

从某种意义上说，实验法是把被研究对象放在某一特定的条件下进行观察，因而也可以认作是一种特殊的观察法。但从本质上看，在访问法和观察法中，调查人员是一个被动的信息收集者。而在实验法中，调查人员成了研究过程中的主动、积极参与者。单纯的观察只能在自然条件下进行，无论直接用感觉器官观察还是借助仪器观察，观察者都没有改变或干预自然状态。在这种情况下，由于事物现象错综复杂，不利于人们认清现象背后的最本质的起着决定性作用的东西，所以单纯的观察已经不能再满足人们的需要，这时就要求人为地去干预并尽可能地去控制所研究的自然现象，或者在实验条件下再现它的最本质的方面，排除偶然，这就是实验法产生的背景。

实验法在市场调查中应用的范围比较广泛。一种产品在进入市场，或改变包装、设计、价格、广告、陈列方法、推销方法等因素时，均可先做一个小规模的试验，然后再决定是否需要大规模地推广。如包装对产品销量的影响，广告对品牌态度、品牌偏好的影响等。例如，要研究价格对销售量的影响，研究者可选择几个购买力等条件基本相同的地区或商店，分别以同一品牌的几种不同价格销售，然后观察这几个地区在销量上有什么不同。如果较高价格销售的地区销量明显较大，说明价格高反而有助于产品的销售。反之，如果中等价格地区销售量较大，说明中等价格比较适合消费者。

7.3.2 实验调查法的形式

实验环境可以根据它的人工或自然水平分为实验室实验和现场实验。

实验环境的人工水平就是指在一实验环境中一个应答者的行为与他在自然环境下的正常行为之间的差异程度。比如在一个实验室里做一项消费者味觉偏好的实验，实验环境的人为程度就很高，而同一个实验若由 n 个商店采用联合展销的方式进行，人为程度就较低。前者叫实验室实验，后者叫现场实验。

1. 实验室实验

实验室实验在新产品、包装和广告设计，以及其他调查的初始测试中有着广泛的应用。实验室实验可以通过实验环境，有意识地控制、操纵实验条件，最大限度地减少外生变量的影响，这是现场实验所不及的。另外，实验室实验与现场实验相比既省钱又省时，所以调查者常常在调查的初始阶段使用这种实验。

直接与其优点相联系，实验室实验的最大弱点就是预测效力差。所谓预测效力是指用实验结果推断实际情况的能力；因为实验室实验最大限度地消除了外生变量对实验结果的影响，所以它的环境就与真实环境相差甚远，从而降低了它的预测效力。另外，实验室实验可能导致反应误差，也就是说，应答者可能只是对环境有所反应，而对自变量没有反应，或反应很小。反应误差可能来自两个方面，一是来自实验环境，二是来自实验实施者。被试者在实验环境中并不总是被动的。他们试图了解他们正在干什么，并且总是希望有一正确的（即实验实施者希望的）行为。如果环境中有任何线索会透露出实验者的实验意图，那么被试者就会按照"好"的行为行事，结果就出现了反应误差。

比如，对一组被试者在实验室中进行某种产品广告促销效果实验。首先。事前测量被试者对这个产品的态度。而后在 30 分钟的电视录像节目中插播包括此产品在内的几则广告。

如果在进行事后测量时，由于事前测量被试者猜到实验者希望通过广告改善消费者对这个产品的态度，则被试者就很可能按照实验者希望的样子做出反应。

2. 现场实验

现场实验的一个最突出的特点就是实验得以进行的环境非常接近于实际中的真实环境。得到这种真实环境的典型方法是在市场上处理或变动自变量。但是，现场实验缺乏控制，既缺乏对于自变量的控制，也缺乏对于外生变量的控制。

比如，许多现场实验要求批发商或零售商合作，但是这种合作经常难以保证。那些正试图大规模降价的商店可能会拒绝以某特定价格经营某一种商品的要求。对于外生变量的控制更困难，像天气变化、战争、竞争者的活动这样的因素都无法由实验者控制。从某种意义上讲，现场实验不如实验室实验应用广泛，但是由于它的结果有较高的预测效力，所以在市场研究中它经常用于新产品大范围推出前的最后验证。

7.3.3　实验调查法的基本特点

（1）调查人员可以主动地引起市场因素的变化，并通过控制其变化来研究该因素对市场产生的影响，而不是被动、消极地等待某种现象的发生，这是其他调查方法所无法做到的。

（2）通过实地试验进行调查取得的资料，客观实用，排除了人们主观估计的偏差。一般进行试验时都与正常市场活动相结合，所以取得的资料和数据比较客观、可靠。调查人员可以针对调查事项的需要进行合理的试验设计，有效地控制试验环境，有意识地使调查对象在相同条件下重复出现，反复进行试验，使调查的结果更精确。

（3）市场实验是一种现场实验，它不具备实验室的实验条件。首先是影响市场变化的因素错综复杂，而这些因素不可能像自然科学那样可以严格控制，而且很多因素又无法进行人为控制，例如，在测量价格变化对销售量影响效果的同时，其他因素如消费者购买行为、竞争者的竞争策略、产品包装甚至气候的变化等都对销售量发生作用，因此，在市场实验中，实验结果并非单纯受到实验控制因素的影响，而且还将受到其他方面的影响，所以实验结果不可能像自然科学那样准确无误。其次，实验的市场条件不可能与其他市场条件完全相同，所以实验后的市场效果和措施，在其他市场不一定可行或可推广。

（4）对于实验对象的代表性及测量上的随机性所产生的影响，一部分可以在实验设计时加以控制和消除，例如，通过实验组与对比组比较的方法来消除一部分外来因素的影响，通过科学方法选择实验者来消除代表性偏差。另外，还有一部分剩余下来的不可控制因素和随机误差，是实验设计者没有能力加以消除的，它们形成了最终实验误差。

由于实验误差的存在，影响到了实验结果的可靠性。为了说明实验调查结果误差的大小及其可靠程度，可以利用统计分析的方法加以测定。一般在正式的市场实验中，实验的组织者都需要测量实验误差的大小，以保证实验调查结果的准确性和可信度。但是，由于正式实验所需要的费用高、时间长，且操作技术较为复杂，所以一般的实验调查者则较多地采用非正式实验。非正式实验，一般不需要做实验误差的测量。这样做，虽然实验的结果稍欠精确，但由于费用和时间均可得到大量的节省，且操作简单，所以，在市场调查的应用方面仍具有较为广泛的使用价值。

7.3.4 实验调查的基本要素

(1) 自变量。也称为实验变量或处理变量，指实际上引入的变量，是指那些可以操纵处理的、而且效果可以测量和比较的变量。如产品的形状、包装、价格水平、促销方法等。

(2) 因变量。由自变量的变化而引起变化的变量，是测量自变量结果或效应的变量。如在包装设计与销售量的关系中，销售量就是因变量。在市场调查中，常见的因变量有销售量、市场占有率、品牌态度、品牌知名度等。

(3) 实验处理。指改变实验对象所处的市场环境的实验活动。例如，改变价格或改变包装形式。

(4) 实验组。指一组被研究对象或实验实体，可以是消费者、商场、销售商、销售地区观众或听众等。

(5) 对比组。又称为控制组，就是在实验中自变量维持不变的那些个体所组成的组，即不引入处理的实验组。

(6) 干扰变量。指自变量和因变量以外的影响因素，也叫外部变量或无关变量。干扰变量有两类：一类是调查者可以加以控制的各实验对象之间的差别，如商场规模、地理位置等；另一类是调查者难以控制的，如气候、季节、竞争对手的行动等。这些干扰变量可以把因变量的测量值搅乱，干扰测量结果的准确性，在市场实验中必须努力加以控制和排除。通常通过对实验对象的随机抽样来减少它们对因变量的影响。

7.3.5 实验调查法的步骤

实验调查法在市场研究中，主要应用于产品测试、包装测试、价格测试、广告测试、销售测试等方面。但在应用时，应注意必须明确实验的目的，所选择的实验变量或指标对所研究的问题必须能提供重要的信息，必须选择好可控因子及其不同的状态或水平，必须优化实验方案设计，认真监视实验过程，做好实验数据的记录、处理和综合分析。

(1) 根据调查项目和课题要求，提出研究假设，确定实验自变量。例如，某种新产品在不同的地区销售是否有显著的差异，哪个地区的销售效果最好，不同的广告设计方案的促销效果是否存在显著的差别，哪个方案的促销效果最佳等。

(2) 进行实验设计，确定实验方法。实验设计的方案很多，有单因素的实验设计和双因素实验设计两大类，其中每一类又分为许多具体的实验设计形式。一般来说，应根据因素个数、因素的不同状态或水平、可允许的重复观察次数、实验经费和实验时间等综合选择实验方案。

（3）选择实验对象，进行实验。即按实验设计方案组织实施实验，对实验结果进行认真观测和记录，并对实验观察数据进行整理、编制统计表，运用统计方法对比分析、方差分析等对实验数据进行分析和推断，得出实验结果，并解释实验结果。

（4）编写实验调查报告。实验结果验证确认无误后，可写出实验调查报告。实验调查报告应包括实验目的的说明，实验方案和实验过程的介绍，实验结果及解释，并提出有价值的信息，为决策提供依据。

7.4　实验设计

实验设计是指调查者控制实验环境和实验对象的规划和方法。实验设计可以分为两大类：非正规设计和正规设计。常用的实验设计包括以下几种方法。

7.4.1　非正规设计

1. 无对比组的事前事后实验设计

这是一种最简便的实验调查法。在这种实验设计中，调查人员只选择一批实验对象作为实验组。在相似的市场内，实验前对实验组在正常情况下的数据进行测量，经过一定的实验期后，收集实验过程中产生的资料数据，通过对比实验组在实验前和实验后所要观察的现象的变化，研究分析实验的效果，得出实验结论。这种实验调查简单易行，可用于企业改变产品功能、花色、规格、款式、包装、价格等因素后的市场效果测试。其实验过程用表 7-1 表示。

表 7-1　无对比组的事前事后实验设计

项　目	实　验　组	对　比　组
事前记录	X_1	—
实验处理	有	—
事后记录	X_2	—

实验效果＝实验后检测效果－实验前检测效果＝$X_2 - X_1$

实验效果在一般情况下只测定绝对效果，也可同时测定相对效果。

例如，某饮料厂为了扩大产品的销售，准备改变某纯天然果汁饮料瓶的形状，由于改变形状后的果汁瓶成本较高，企业不能贸然行动。为了测试新设计果汁瓶的外形效果，在某市选定 6 家超市进行为期 1 个月的实验调查。事先对这三家商场在实验前 1 个月的旧瓶装饮料的销售量做了统计，计得总销售量 $X_1 = 6\,750$ 箱，实验开始后，对 6 家超市销售新瓶饮料的销售量进行连续一个月的统计，得到的结果是 $X_2 = 8\,725$ 箱。实验测试表明，改变饮料瓶的形状后，设计的新瓶果汁饮料比旧瓶果汁饮料的销售总量增加了 1 975 箱，上升的幅度为 29.25%，即：

$$实验绝对效果 = X_2 - X_1 = 8\,725 - 6\,750 = 1\,975（箱）$$
$$实验相对效果 = 8\,725 / 6\,750 \times 100\% = 129.25\%$$

说明改变饮料瓶的形状对产品的销售确有刺激作用，如果经过分析无其他因素影响，就可做出是否推广该果汁饮料瓶新的形状设计的决定。

2. 有对比组的事后实验设计

在单一实验组事后实验设计中，由于不能排除其他非实验因素的影响，只能粗略地估计实验效果。采用有对比组的事后实验设计，将实验组和对比组的观察对象在同一时间上进行对比，就可以排除其他非实验因素的影响。假如用 X 代表实验组事后测量值，用 Y 代表对比组事后测量值，则绝对实验效果 = 实验组事后检测效果 - 对比组事后检测效果 = $X - Y$，相对实验效果 = $X / Y \times 100\%$，如表 7-2 所示。

表 7-2 有对比组的事后实验设计

项 目	实 验 组	对 比 组
事前记录	—	—
实验处理	有	无
事后记录	X_2	Y_2

例如，某企业想了解店面 POP 广告对其销售量是否有促销作用，决定采用有对比组的事后实验设计来观察效果。从所有的经销商中选择了 10 家商场，其中 5 家商场为实验组，5 家商场为对比组，实验期为 1 个月，规定实验组自实验开始起悬挂 POP 广告，而对比组不得悬挂 POP 广告。实验开始后连续 1 个月分别记录两组的销售量。实验结束后，实验组的销售量 $Y = 6\,100$ 件，对比组的销售量 $Y = 4\,800$ 件。

$$实验绝对效果 = X_2 - Y_2 = 6\,180 - 4\,850 = 1\,330（件）$$
$$实验相对效果 = X_2 / Y_2 = 6\,180 / 4\,850 \times 100\% = 127.42\%$$

采用这种实验方法，应当注意实验组和对比组的可比性，例如，两组商场的规模、类型、地段等要大体一致，才能保证实验的效果。在实验后有对比实验中，对比组和实验组是在其他因素的影响相似的条件下进行的实验，其结论可以代表同类事物，因此，具有一定的准确性，但却无法剔除实验前后其他因素的影响。

3. 有对比组的事前事后实验设计

以上两种实验设计都具有简便易行的特点，但都无法排除非实验因素对因变量的影响。要消除非实验因素的影响，须先确定它对实验效果的影响程度，再将它从实验结果中剔除，采用事前事后有对比组实验设计效果比较好。这种方法是指在同一周期内，选择两组条件相似的研究对象，一组为实验组，一组为对比组，然后对实验前后的观察数据进行处理，得出实验结果。它是对上述两种实验方法的结合，设实验组在实验前一定时期内某现象变量的测量值为 X_1，实验后相同时期内该现象变量的测量值为 X_2；对比组实验前后与实验单位相同时期的该经济变量的测量值相应为 Y_1 与 Y_2。如表 7-3 所示。

表 7-3　有对比组的事前事后实验设计

项　　目	实 验 组	对 比 组
事前记录	X_1	Y_1
实验处理	有	—
事后记录	X_2	Y_2

实验效果 $E = (X_2 - X_1) - (Y_2 - Y_1)$

实验相对效果 $= (X_2 - X_1) / X_1 - (Y_2 - Y_1) / Y_1$

其中，$X_2 - X_1$ 表示实验单位的实验变量，在实验前后不同时期的增（减）量，它不仅反映了实验效果，而且包含着由其他非实验因素引起的增（减）量。$Y_2 - Y_1$ 表示对比组的同一变量在实验前后不同时期的增（减）量，它完全由其他非实验因素引起。所以上式中的 E 值表示的是实验的实际效果，即如实地反映了给定实验条件而引起的增（减）量。

例如，某食品公司欲测定改进虾条包装的市场效果，选定 5 家超市作为实验组，经销新包装虾条，另选 5 家超市作为对比组，经销旧包装虾条，实验期为 1 个月。实验前后 1 个月的销售量统计如表 7-4 所示。

表 7-4　虾条新包装销售测验统计

项　　目	实验前月销售量（件）	实验后月销售量（件）	变 动 量
实验组	2 200	3 360	+1 160
对比组	1 800	2 170	+370

实验绝对效果 $E = (X_2 - X_1) - (Y_2 - Y_1)$

$\qquad = (3\,360 - 2\,200) - (2\,170 - 1\,800)$

$\qquad = 1\,160 - 370 = 790$（件）

实验相对效果 $= (3\,360 - 2\,200) / 2\,200 - (2\,170 - 1\,800) / 1\,800$

$\qquad = (1\,160 / 2\,200 - 370 / 1\,800) \times 100\%$

$\qquad = 52.73\% - 20.56\%$

$\qquad = 32.17\%$

由此可以判断，产品采用新包装有利于扩大销售。

无对照组事前事后设计的优点是可以从被影响因素的变动中反映出实验控制因素的影响效果。缺点是因为无对照组，因而可能会受到其他非控制因素的影响，使实验效果模糊。如果实验前后测量的时间间隔较长，这种影响的因素会更大。

有对照组事后设计的优点是采用对照组数据作为比较基础，可以控制其他因素对实验过程的影响。缺点是不能反映实验前后的变化程度。

有对照组的事前事后设计优点是既可以控制外来因素对实验过程的影响，也可以反映实验前的变化程度。缺点是在进行消费者行为、态度测量时，将会受到调查者、被调查者态度的影响和实验前后调查者与被调查者人员变动的影响。

4. 所罗门四组设计

所罗门四组设计思想与实验前后有控制的对比实验设计相似。然而，为了控制所有干扰变量对实验的内在有效性的影响，可以通过加入第二个实验组和对比组，进行六次测量，两次事前测量，两次事后测量，它被称为"最理想实验模型"，这就是所罗门四组设计。它实际上是由有控制组的事前事后设计和有控制组的事后设计两种设计结合而成的，基本思路是：第二个实验组不接受预先检测，否则与第一个实验组没什么区别。第二个对比组只接受后期测量。其实验设计特点如表 7-5 所示。

表 7-5　所罗门四组实验设计

组　别	实验组 1	对比组 1	实验组 2	对比组 2
事前记录	Z_1	Y_1	—	—
实验处理	有	—	有	—
事后记录	Z_2	Y_2	Z_2	Y_2

实验效果的检测可以有三种方式：

$$E = (Z_2 - Z_1) - (Y_2 - Y_1)$$
$$E = Z_2 - Y_2$$
$$E = Z_1 - Y_1$$

如果在这些测量中实验效果有一致性，即发现效果都比较显著，那么对实验处理影响所得出的推断更加有力。但是，按照上面的实验方法，我们还是会注意到，因为实验单位的不同，也会产生一些误差。另外，寻找在各方面都相同或极其类似的实验单位在实际操作中有很大的难度。有的时候，也可以对实验组在实验一次以后互相交换再试一次来抵消误差，但除非为了要求非常精确的实验结果，这种办法不太常用，因为它所耗费的时间太长。在这种时候，往往对实验方法进行一些变通，比如只用 1 个月时间在两组商店分别销售新、旧包装的食品，第 2 个月再相互交换，观察记录两个月中两组商店销量的变化是否相同，变化情况有多大。

7.4.2　正规设计

正规实验设计的目的是为了能够利用统计学的定量分析方法来处理实验记录,获得较高可信性的实验结果。所以与非正规实验设计相比,正规实验设计必须在各阶段抽样上遵循随机原则。然后,再根据分析研究的目的,利用相应的统计学方法进行信息处理与分析。这里介绍两种重要的正规实验设计类型。

1. 单因素正规实验设计

单因素正规实验设计就是在实验设计中只选择一个影响因素作为实验因子,通过几组样本的同类观察数据的统计分析比较,得出实验开始前所做的假设是否能够成立的结论。这种设计的所有实验单位都是完全采用简单随机抽样抽取的,使众多的实验单位被选中的概率相同,从而保证实验结果的准确性。单因素随机化设计在统计处理上,如果只有两种实验处理,就用 t 检验来检验两种实验处理之间的差异。如果是两种以上实验处理,则先用一元方差分析来检验各实验处理之间差异是否显著,若 F 检验不显著,说明各实验处理之间无显著差异。相反,若 F 检验显著,说明各种实验处理之间的确存在差异。对此可进一步采用 t 检验方法对每两种实验处理之间的差异进行检验。

2. 拉丁方格设计

在单因素随机设计中,只有一个干扰变量得到控制和分析,而在拉丁方格设计中,研究者可以控制两个干扰变量,因而可以进一步降低实验误差,提高实验结果的精确性。拉丁方格设计有一个基本要求,即两个干扰变量的变化水平数目要与实验处理相同。如果实验处理为三种,两个干扰变量的变化水平也应为三种;如果实验处理为 4 种,两个干扰变量的水平也应为四种。在此之前关键就是确定一个具有相对科学性的实验程序设计方案,较为科学的实验程序设计方案的制订方法就是采用拉丁方格的原理。

若目标变量受到几个实验因子变动的影响,就要采用多因素随机实验设计方法。

对正规实验设计的结果要进行统计检验,才能获得比较准确的结论,具体方法见 9.2 节和 9.3 节中方差分析的相关内容。

7.4.3　市场测试的意义

市场测试是利用实验的方法对一种新产品或营销组合的某种要素进行测试,就是将产品投放到一个典型的市场上进行有限规模的销售并测定销售结果。这样制造厂家在进行全国性或区域性大量销售活动之前,或者说在其将承受大量开支之前,就能够搜集到各种市场情报和对产品不同质量的反应。研究的目的是通过提供一种真实市场的测试,来评估产品和营销计划,协助营销经理确定产品在全国推广后得到的估计利润是否超过潜在风险,从而对全新产品作出更好的决策,并对现有的产品或营销战略进行调整。

在市场竞争日益激烈、消费者越来越喜新厌旧的今天，没有新产品的企业是注定要被淘汰的，然而新产品的开发和推广往往带有很大的风险性。如何降低和规避风险是企业开发新产品必须面对的问题，在新产品上市前进行市场测试是降低风险的一种有效手段。市场测试在新产品创新开发及品牌管理中都发挥着重要作用。

1. 新产品上市前进行市场测试的必要性

一个新产品的引入往往带有很大的风险性。传统的观点认为：随着竞争的日趋激烈及变革速度的加快，新产品的利润贡献将超过以往。然而，新产品上市推广的失败率却很高，大致从66%到90%。据有关调查结果显示，市场经营者预计86%的新产品是失败的，为了弥补损失并将企业的利润保持在一定的水平，那些成功的产品必须在投资上获得高于平均水平30%的回报。

进行市场测试的目的是协助营销经理对新产品做出更好的决策，并对现有产品或营销战略进行调整。市场测试通过提供一种对真实或模拟市场的测试来评估产品和营销计划。营销人员利用市场测试在规模较小、成本较低的基础上，对所提出的全国性计划的所有部分进行评估。这种基本思想可以用来确定产品在全国推广后得到的估计利润是否超过潜在风险。市场测试研究可以为企业提供以下资讯：

（1）评估市场份额与市场容量以推测整个市场情况；

（2）新产品对公司已上市的类似产品销售量的影响，这种影响的程度可用替换率表示，它是指新产品取代公司现有产品的程度；

（3）购买产品的消费者特征。人口统计数据、生活方式、心理特征和其他形式的分类数据都要收集到，因为这些信息将有助于公司改进产品的营销战略；了解目标消费者心理的和生活方式的特征，能帮助营销者创造出更有效、更有影响力的媒体计划；也能对如何进行产品定位和确定吸引顾客的促销手段，提供有价值的参考；

（4）测试期间竞争者的反应也可以提供一些资讯，预示产品在全国推广后竞争者可能的动态。

2. 进行市场测试前须考虑的因素

市场测试费用很高，还有可能向竞争者提供早期信号，对手很可能仿效测试公司的做法，并抢先进入全国性分销渠道。在进行市场测试之前，首先要确定是否进行市场测试，要考虑的四个主要因素如下。

（1）将测试成本、失败的风险、成功的可能性及相关利润进行比较。

市场测试成本包括直接成本和间接成本两大块。其中，直接成本是指商业广告制作、支付广告代理商的服务费、消费研究信息和相关数据分析费、测试点赠券和样本费、为获得分销渠道而支付的高额贸易转让费。间接成本是指管理者花费在市场测试上的时间成本、一次市场测试失败对其他相同家族品牌带来的负面影响、竞争者知晓后进行市场竞争的影响。

市场测试的成本很高，正因为如此，这种方法仅用于已表明新产品或新战略有了相当大潜力的营销研究过程的最后一步。在一些情况下，即使失败，它也可能比直接上市新产品便宜。可以将测试成本与不进行测试直接进入市场失败后导致的成本相比较，如果直接进入市场失败后导致的成本高，而且又不能完全确定成功的可能性，那么就应该考虑市场测试。反之，如果直接进入市场失败后导致的成本低，而且产品失败的风险也小，那么不用市场测试而直接进入市场可能是合适的战略。

（2）考虑竞争者仿制产品并推向全国市场的可能性和速度。如果产品能轻而易举地被复制，最好直接将产品推向全国市场而不必进行市场测试。

（3）考虑为市场测试生产产品所需投资与面向全国市场生产必需数量的产品所需的投资。有时，两者之间的差异可能很小。在这种情况下，不进行市场测试而向全国推广产品可能更有意义。相反，若两者之间存在很大差异的话，在决定向全国推广产品之前进行市场测试更有意义。

（4）考虑不进行市场测试、新产品直接上市失败对公司声誉影响程度。新产品投放市场的失败可能会严重损害公司的声誉，可能会损害公司分销渠道的其他成员的声誉并破坏公司与之今后合作的可能性。在这种情况下就需要进行市场测试。

3. 新产品模拟市场测试

目前，使用越来越普遍的测试方法是模拟市场测试（STMs）。模拟市场测试并不是真实市场测试，它是指在实验室以外的某个场合，利用实验室的方法和条件，营造一个与实际市场比较接近的环境而进行市场调查的方法。这种方法介于实验室实验和现场实验之间，临时市场可以借用商场的一个局部作为实验场所，更多的是在一个经过挑选的其他场合，如大学的广场、礼堂或者会议厅等。典型的模拟市场测试包括以下几个步骤。

（1）在购物商场里拦截顾客，在实验中，消费者被领入一间测试室，要求完成一份有关他们的人口统计特征、购买实践及新产品类别的购买行为的调查问卷。根据使用类别进行筛选，或从新产品的目标市场获得有代表性的消费者样本来参与一系列的实验。

（2）让消费者观看竞争环境中的新产品测试广告。这些商业广告在实际电视节目中播放，其中包括许多属于产品类别中的现有品牌的商业广告，也有一些其他种类的产品和服务的商业广告。其目的在于测试环境要尽可能的现实，而并不仅仅是覆盖产品类别中的每一种品牌。

（3）参与者被给予机会在现场或实验室环境中购买新产品。将参与者组成小组进入一家模拟商店。在节目中做了广告的品牌和一些测试实验内没有包括的其他竞争品牌都可以在这家商店找到。给予受测试者一定数量的钱，让他们在这家"商店"购买东西，但所给的钱要低于测试产品的价格。之后要求他们根据自己的喜好进行购物（或决定不买）。很显然，要想购买测试产品就需要他们补上一部分钱。在这个测试中，只有那些受到品牌特征和用途的强烈吸引的受测试者才会用自己的钱去购买产品。

（4）让参与者讨论他们的选择及作出选择的原因，同时填写覆盖同样问题的结构化问卷。在完成讨论和设计选择原因的问卷调查后，消费者回到家中，按平常的方法使用他们购买的产品。

(5) 在经过足够长的一段时间后，打电话给受测试者或登门收集他们使用产品的态度，以确定他们对产品的评价和再次购买的可能性。值得注意的是，受测试者事先并没有被告知会再次回访他们。回访跟踪调查的目的是为了了解以下内容。

① 他们对自己所选的产品感觉如何。

② 其他家庭成员对产品有怎样的反应（如果这是一种可能被其他家庭成员使用、消费和注意的产品）。

③ 对产品的满意程度。

④ 是否满意的原因。

⑤ 他们对所选的产品与其他曾经用过的同类型产品的比较。

⑥ 使用产品的数量、频率。

⑦ 如果产品在市场上可以买到的话，他们是否已购买了更多的产品，以及将来他们购买此产品的可能性。

(6) 将先前做出的试用和重复购买的估计值输入数学模型，用来预测产品在全国上市时的份额和销售量。另外，管理层必须提供关于广告、分销和为新产品提出的营销战略中的其他要素的信息。

模拟市场测试依赖的是实验方法和数学模型，现在它的使用却越来越普遍。模拟市场测试以更低的成本、利用询问数据和数学模型来模拟市场测试结果。该数学模型用来进行销售量的估计，并提供评价产品特性和预期营销组合的信息。导致模拟市场测试日趋普及的主要原因如下。①它们是相对秘密的。由于采用的是实验室设计，竞争者不太可能了解正在进行什么测试、测试的细节及有关测试的产品的特性。②模拟市场测试比标准的市场测试进行得更快。模拟市场测试通常最多在 3－4 个月里就能全部完成。标准的市场测试几乎总要更长时间。③模拟市场测试比标准市场测试更省钱。④最重要的一点，已有证据表明模拟市场测试非常精确。

7.4.4 实验调查法的优缺点

1. 实验调查法的优点

(1) 能够揭示市场环境中不明确的因果关系。

(2) 可以主动进行变量控制，从而观察各种因素之间的相互关系，这是访问法和观察法所无法做到的。

(3) 调查是在一种真实的或模拟真实环境下的具体的调查方法，因而结果具有较强的客观性和实用性。

(4) 实验的结论有较强的说服力。在实验单位、实验变量、实验的设计和实验的环境都基本相同的情况下，进行实验的结果大致是相同的，实验结果具有较强的说服力，可以帮助决定行动的取舍。

2. 实验调查法的缺点

实验法是能够证明变量之间因果关系的存在和性质的唯一研究形式，在这方面要优于其他原始资料收集的调查设计。但是实验法研究在实践中并不经常使用，究其原因，主要是实验成本、保密问题、实施实验的难度等。

（1）费用高。从某种程度上讲，实验法在费用和时间方面比访问法或观察法费用都高。为保证实验的实现，一系列其他工作必须完成，所有这些的花费有可能要超过所获信息的价值。

（2）花费的时间长。一般在短时间内实验得不出可靠的结果，实验变量与有关因素的关系会由于其他多种干扰因素的变化而发生变化，因此，实验结果用于实际推广必须有一定的时间约束。

（3）保密性差。现场实验或市场测试，真实市场中要进行的某个营销计划或营销计划的某些关键部分容易暴露，这种信号使得竞争者作出反应，竞争者们将会在大规模市场推广之前考虑出对策。

（4）具有一定的局限性。实验法只能识别实验变量与有关因素之间的关系，而不能解释众多因素的影响，不能分析过去或未来的情况。由于影响实验变量的因素是多种多样的，要想比较准确地掌握实验变量与有关因素之间的关系，在技术和分析上有一定的困难。

（5）实施难度大。在实施某种类型的实验时会遇到大量阻碍实验完成的因素。

① 组织内部合作的困难。例如，一个地区的市场经理可能极不情愿地同意他的市场区域被用来作为降低广告水平或较高的价格的测试市场，主要担忧实验可能会降低这个地区的销售量。

② 干扰问题。干扰是指来自测试地区以外的购买者因为实验原因可能会到测试地区购买产品，这些外来购买者会扭曲实验结果。外来购买者可能是住在测试地区边缘，看到电视广告，仅仅是因为在测试地区提供了较低的价格、特殊的折扣或其他一些诱因去购买产品。他们的购买将意味着被测试的特殊销售刺激因素比实际情况更有效。另外，制造商所提供的大量现金折扣及商业广告上所登的折扣可能会由于吸引了来自测试地区以外的消费者而造成对营销调查结果的干扰。

③ 测试市场和总体市场之间的差异。在一些情况下，市场测试的情况不同，在那些市场中的消费者行为也不同，所以很难找出比较小的实验影响。这个问题可以通过对测试市场的仔细搭配和其他战略计划来解决，以保证测试单元有较高程度的等同性。

④ 缺少一组人或是作为控制群体可用的地理区域。在一些情况下，不能获得地理区域或一组人作为控制组。当处理工业产品时，按地理区域集中购买的数量非常小，在这样的购买者子群体间测试一项新产品成功的可能性很小。

思考练习题

一、简答题

1. 什么是观察法，有哪些具体方法？
2. 直接观察和间接观察各自的优缺点有哪些？各举一个直接观察和间接观察的例子。
3. 举几个观察法在市场调查中运用的例子。
4. 什么是实验调查法？有哪些优缺点？
5. 实验调查法有哪些类型？
6. 新产品上市前进行市场测试的必要性是什么？
7. 对观察法和实验法进行比较。

二、实践操作题

1. 某大卖场欲进行一次神秘顾客购物调查，内容包括：停车场、洗手间、手推车、卖场布置、日用品部、食品部、家电部、服饰部、收银处、售后服务中心等，请你为其设计一份暗访评分标准。

2. 如果请你为一家书店做神秘顾客调查，你认为应该包括哪些方面的观察？请你设计一份暗访评分表，寻找一家书店进行三次实地观察，填写评分表，并进行分析总结，递交给书店经理。

3. 某公司想推出一款新的洗发水，但不知道推出之后反应会怎么样，所以想做一个市场测试。在做市场测试之前应该注意哪些问题？根据书中所提到的方面为这个公司写一个市场测试计划。

三、案例分析

美国的大型超级商场雪佛龙公司聘请美国亚利桑那大学人类学系的威廉·雷兹教授对垃圾进行研究。威廉·雷兹教授和他的助手在垃圾堆中，挑选数袋垃圾，然后把垃圾的内容依照其原产品的名称、重量、数量、包装形式等予以分类。如此反复地进行了近一年的垃圾的收集研究分析。雷兹教授说："垃圾袋绝不会说谎和弄虚作假，什么样的人就丢什么样的垃圾。查看人们所丢弃的垃圾，是一种更有效的行销研究方法。"他通过对土番市的垃圾研究，获得了有关当地食品消费情况的信息，做出了如下结论：①劳动者阶层所喝的进口啤酒比收入高的阶层多，并知道所喝啤酒中各牌子的比率；②中等阶层人士比其他阶层消费的食物更多，因为双职工都要上班，以致没有时间处理剩余的食物，依照垃圾的分类重量计算，所浪费的食物中，有15%是还可以吃的好食品；③通过垃圾内容的分析，了解到人们消耗各种食物的情况，得知减肥清凉饮料与压榨的橘子汁属高等阶层人士的良好消费品。

问题：

（1）该公司采用的是哪种类型的观察法？

（2）该公司根据这些资料将采用哪些决策行动？

第8章

调查资料的整理

【学习目标】

通过本章的学习，了解调查资料整理的一般过程，熟悉调查资料的分组技术，掌握调查资料的描述方法。

以问卷收回为标志，现场调查阶段结束，调查工作开始进入资料处理阶段，这是整个市场调查工作中较为费时费事、技巧性强的一项工作。这个过程可以确保调查的环节符合既定程序，每份要送去进行数据录入分析的问卷都是有效的，为下一步的数据分析创造良好的条件。

8.1 调查资料的处理程序

通过市场调查取得的原始资料都是从各个被调查单元收集来的、零散的、不系统的，只是表明各被调查单元的情况，反映事物的表面现象，不能说明被研究总体的全貌和内在联系。而且，收集的资料难免出现虚假、差错、误差等现象。因此只有对这些原始资料去粗取精、去伪存真、由此及彼、由表及里，才能保证资料的真实、准确和完整。在此基础上进行加工整理，才能进一步分析研究，达到深刻认识事物本质的目的。

8.1.1 调查资料整理的意义

市场调查资料的整理，就是运用科学的方法，对调查所得的各种原始资料进行审查、检验和初步加工综合，使之系统化和条理化，从而以集中、简明的方式反映调查对象总体情况的工作过程。资料是市场调查分析的灵魂，完备、准确的数据是影响检验结果的最重要的因素。因此，在完成现场实施以后，必须对调查资料进行处理和分析。任何资料如果不经过科学的整理，就不可能进行科学分析，得出正确的结论。资料加工整理得好，会使综合资料十分丰富，能说明更多的问题及事物的内在联系。

8.1.2 问卷资料处理的步骤

问卷处理阶段是一项烦琐、细致的工作，每个步骤都有各自需要解决的问题和原则要求，问卷资料处理的基本程序如图 8-1 所示。

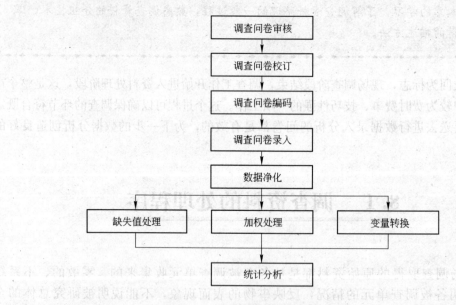

图 8-1 问卷资料处理的基本程序

图 8-1 表明，在对调查资料进行处理时，首先是对回收的调查问卷进行审核、校订，接着要对审核过关的调查问卷进行编码、转录、净化，然后是进行统计方面的预处理。一般来讲，对现场信息的整理工作不一定要等到现场作业完全结束以后再开始，由于调查问卷是一批一批收集上来的，所以，只要收回第一批调查问卷，对信息的整理和加工就应该开始。这样做的好处是，一旦发现问题，即可迅速进行修正。

从工作程序上看，资料处理具有承前启后的作用：在现场调查之后，对资料进一步加工；在报告撰写之前，为报告结论提供资料依据。对调查资料处理的全过程的一个形象的比喻是：现场访问提供原材料，资料处理加工成产品，报告撰写则完成最后的包装。

8.1.3　问卷的审核

为了确保每份要送去进行数据录入分析的调查问卷都是有效的，对收回的问卷进行审核是市场调查项目特别是数据分析过程中必不可少的步骤。

1. 复查审核

无论是入户调查、购物场所的拦截调查还是电话访谈，通常在所有现场调查结束后，客户单位或调查机构都要对每位访员所做的调查问卷做一定比例的复查，复查的比例一般为10%～20%不等。复查一般通过电话进行，审核内容主要包括以下五个方面。

（1）查实此人是否真正接受了调查。比如，在某时期内是否接受过有关调查。

（2）查实受访者是否符合过滤条件。比如，一项调查可能要求对居住在某小区内月收入为3 000元以上的居民进行，那么在复查中受访者将被再次问到是否住在某小区、自己月收入是否在3 000元以上。

（3）查实调查是否按规定的方式进行的。比如，一项拦截访谈应在指定的购物场所进行，那么就应查实受访者是否在该购物场所接受访谈。市场研究人员有义务确保所有的数据都是在规定的条件下获取的。

（4）查实问卷回答内容是否完整。有时访员会借口受访者很忙，没有时间完成所有题目；或者某项具体调查很难找到受访者，所以访员很可能开始问一些问题，访员然后就自己填写其余问题的答案。因此在复查审核过程中应查实受访者是否回答了所有问题。

（5）核查其他方面的问题。比如访员举止是否礼貌、衣冠是否整齐、礼品是否足量送到、是否有过提示，受访者对访员或调查本身有什么意见。

以上检查的目的是确认调查是否是按要求正确无误进行的。研究人员必须确信用以提出建议的调查结果真实反映了目标顾客的回答。

2. 编辑整理

1）登记与编号

对于一个大规模的调查，不同的地区和访问员交付上来的问卷，应当认真细致地做好接收与核对工作，资料采集之后，所有获得的资料都要汇总在一起，以便进行统计处理。在汇总过程中，为了避免信息损失及评价访问员的工作成绩，有关负责人要对先来后到的资料进行登记分类。负责接收问卷的人员一般要事先设计好一定的表格，用于登记交付上来的问卷。表格上的项目一般包括调查员的姓名、调查地区、调查实施的时间、交付的日期、实发问卷数、未答或拒答问卷数、丢失问卷数、其他问卷数和合格问卷数等。其中重要的是对不同调查员和不同地区（或单位）交付上来的问卷在登记之后要及时在问卷表面编号或注明调查员和调查地区等，否则大量的问卷混在一起，弄乱之后容易失去大量的信息。

2）查验存在问题

复查审核是对访员的作弊行为及调查是否严守程序进行核实，而编辑整理是对访员和受访者的疏忽、遗漏、错误进行检查。编辑整理过程多是由人工操作，编辑整理过程中查验的问题包括以下几个方面。

（1）访员是否没问某些问题，或者没有记录某些问题的答案。如果这些问题及早发现，将可以通过补访完成，但一旦进入数据录入或分析阶段，在大多数情形下已经没有时间再进行补访，这份问卷或相关问题的答案可能会因此而无效，不能被采用。

（2）访员是否遵循了规定的跳问路线。有些时候，特别是在项目开始的头几次访谈中，访员容易混淆，跳过了实际应该问的问题，或者没有跳过不要求作答的问题。

（3）开放式问题的答案是否真实合理。市场研究人员及客户企业通常对开放式问题的答案很感兴趣，因此开放式问题的答案质量或答案所记录的内容，是反映记录答案的访员工作优劣程度的标志。

做编辑整理工作的人员必须对开放式问题非标准答案作出判断，还必须判定对某一特定问题的回答中哪些方面有缺陷甚至毫无用处。如有可能，应在补访时再次提问那些答案未被认定有效的问题。

3）筛选出无效的问卷

首先应对每份调查问卷的完整性和调查质量做审核，以便发现不合格的调查问卷。事实上，在调查人员收集调查问卷时就应该及时进行调查问卷的审核。如果现场作业交由外界专门机构来完成，则应在现场作业完成之后进行独立审核。

在进行问卷审核时应当注意以下两个要点。

①规定若干规则，使检查人员明确问卷完整到什么程度才可以接受。例如，至少要完成多少，哪一部分是应该全部完成的，哪些缺省数据是可以容忍的，等等。

②对于每份看似完成了的问卷都必须彻底地检查，要检查每一页和每一部分，以确认调查员（或被访者）是否按照指导语进行了访问（或回答）并将答案记录在了恰当的位置上。

通常，一份不合格的调查问卷有以下特点。

（1）所回收的问卷是明显不完整的，例如，缺了一页或多页。

（2）问卷的回答不完全，即有相当多的部分没有填写的问卷。

（3）被调查者没有理解问卷的内容而错答的；或是没有按照指导语的要求来回答的问卷，例如，没有按照跳答要求来回答的问卷。

（4）答案几乎没有什么变化，例如，在用5级量表测量的一系列问答题中，只选了答案3，等等。

（5）问卷是在事先规定的截止日期以后回收的。

（6）调查对象不符合调研设计要求，由不符合要求的其他人填写的问卷。

（7）由于调查人员的记录不准确而造成的模糊不清，特别是对开放性问题。

（8）前后不一致。前后矛盾或有明显错误的问卷，例如，年龄为 50 岁，职业为中学生等。

一般情况下会有一些检查人员难于判断的问卷，这些问卷应该先放在一边，通知研究人员来检查以决定取舍。因此，通常最好建议检查人员将原始问卷分成三部分：①可以接受的；②明显要作废的；③对是否可以接受有疑问的。

如果有配额的规定或对某些子样本有具体的规定，那么，应将可以接受的问卷分类并数出其数量。如果没有满足抽样的要求，就要采取相应的行动，例如，在资料校订之前对不足份额的类别再做一些补充的访问。

8.1.4　问卷的校订

问卷校订是为提高数据的准确度而进行的审查，这个阶段实际上就是在筛选出的合格问卷中找出不满意的答案，并对这些不满意答案进行处理的过程。

1. 检查不满意的答案

为了增加准确性，对那些初步接受的问卷还要进一步地检查和校订，找出任何属于下列情况之一的答案。

（1）字迹模糊或答案不完全的。如果调查员记录做得不好，特别是当问了大量无结构的（开放的）问答题时，答案就可能会是字迹模糊的。如果有些问答题没有回答，答案就是不完全的。

（2）答案前后不一致的。假如在一个调查问卷中，调查对象一方面表明其月薪低于 1 000 元，而在同一张表中又同时表明他（她）频繁出入精品店进行高档消费，从直观上看，这就是一种不一致的表现。

（3）模棱两可。一些开放题的答案，可能会因为用了缩写的字或意思不清楚的字而变得模棱两可和难于清楚地解释。有时候，某些要求单一答案的封闭题也会出现选了多个答案的现象。

（4）分叉错误。有些市场调查问卷可能要求很多的分叉或许多有排除条件的项目，可能根据对某一个关键题的答案要求被访者跳过整段的内容，例如，问答题可能是这样问的：

这是您第一次来这个超市购物吗？

是—1　继续回答

不是—2　跳答

或者有些项目是要受前面问答题条件的限制的，例如，问答题可能是这样开头的：

"如果是这样的话，那么……；否则就……"

如果问卷中有许多这样的分叉和排除条件，校订工作就变得更加需要。重要的是，校订人员要认真地检查这样的项目，并对被访者完成的本不应回答的项目作必要的修改。

2. 处理不满意的答案

对于上述不满意的答案，通常有三种处理办法。

1）返还现场

对于那些存在不合格回答的调查问卷，要将它们返还调研现场与调查对象重新取得联系，以便取得符合要求的原始资料。将调查问卷返还现场的办法对于样本容量较小且被调查对象易于辨认的商业和工业市场调研是相当重要的。但是，也可能由于时空变化或是调研方式的不同（如电话与面对面访问不同）而导致第一次与第二次调研所取得的原始资料不同。

2）找出遗漏值

如果不可能将调查问卷返还现场，或由于不合格调查问卷数量较大造成成本的大幅度增加；那么，审核人员可以找出调查问卷中的不合格回答的遗漏值，以便在进一步的信息整理工作中避开这些被遗漏信息，保留剩余的有用信息。

这一方法适用于以下这些情况：做出不合格回答的调查对象人数较少，每位这样的调查对象所给出的不合格答案在所有答案中所占比例较小，或不合格回答所对应的变量不是关键变量。

3）排除（丢弃）不合格的调查对象（问卷）

在这一阶段，做出不合格回答的被访者将被剔除，适用于这种情况的前提条件如下。

（1）这类调查对象占样本容量的比例较小（少于10%）。

（2）样本容量较大。

（3）在较为明显的特征上，如人口统计学特征、产品使用特性等方面，不合格的调查对象与令人满意的调查对象几乎不存在差异。

（4）不合格的回答在一个调查问卷中所占比例大。

（5）缺少对关键变量的回答。

可以针对具体情况将不合格调查问卷的处理方法归纳为两类。第一类是当调查的样本容量较大时，可舍去不合格调查问卷，并对合格的调查问卷做进一步加工处理；第二类是当样本容量较小时，应将调查问卷返还现场，以便取得符合要求的回答，然后再将正常的或有问题但不能返还调查现场的调查问卷做细致处理。

需要注意的是：不满意的问卷与满意的问卷之间一般都会有差异，而且将某份问卷（某个被访者）指定为不满意的问卷也可能是主观的。找出遗漏值或将调查对象排除，都可能会使数据产生偏差。因此，当研究者决定要扔掉不满意的问卷时，应该向客户报告识别这些问卷（被访者）的方法和作废的数量。

8.1.5　编码

编码就是把调查所获得的原始资料转换成计算机可识别的数字、形成码值的过程。对每个问题中的每种可能回答，都规定一个相应的数字来表示。编码的基本方法有事前编码和事后编码两种，前者指在设计问卷的同时作编码设计，使研究结果能直接编录入编码表的编码方法，后者是在研究完成之后，根据研究目的和所记录的本身反应或答案，构建编码系统，对资料进行编码的方法。

1. 前编码

前编码的问卷通常是将每个答案的对应值印在问卷上，数据文件用的记录格式常常放在最右边或放在某处的括弧内。由于问卷调查中的问题大部分是结构式的问题，因此编码比较方便，一般只要按问卷中相应的数字来规定变量和编码就可以了。

例如在下例中就给出了如下一些问卷内容：

1. 请问您家有没有计算机？

①□有　　　　　　　　②□没有

2. 请问您家的计算机是什么牌子？

①□联想　　　　　　　②□康柏　　　　　　　③□IBM
④□同创　　　　　　　⑤□HP　　　　　　　　⑥□其他（请注明）

3. 请问您家的计算机买多久了？

①□最近半年　　　　　②□一年
③□二年　　　　　　　④□三年以上

4. 请问您家的计算机的主要用途？

……

其中计算机的品牌、购买时间等都是事先确定了答案的，属于前编码或称之为事先编码。

2. 后编码

后编码的问卷指的是研究者在调查已经实施，问题已经作答之后，给予每一个变量和可能答案一个数字代码或符号。通常需要事后编码的有：①封闭式问答题的"其他"项；②开放式问答题。

封闭式问答题可能有几个供选择的答案，再加上需要被访者具体说明的"其他"类别。例如在前面的例子中，宽带接入方式可能还有其他方式，但名单上没有列出。由于这样的答案事先不知道有多少可能答案，因此在数据录入前编码员要做后编码的工作。

对于开放式的问答题，后编码的工作量就更大。这是因为研究人员一般无法事先告诉编码员会出现多少新的代码和答案；而且还有一些答案是类似的，必须决定是将它们合并为一类，还是要分成几类。

1) 封闭式问题的编码

（1）规定变量，问卷中的每个问题都要用一个或多个变量来对应。变量的名称可以在问卷设计时事先规定好，也可以事后规定。为了便于查找，最好将变量的下标与问卷的题号相对应。例如：

居民的基本情况（注意：在您认为符合您的选项上画圈或填入数字）：

X_1　　您的性别　　　　①□男　　　①□女

X_2 您的年龄_____（周岁）

X_3 您的婚姻状况是　　①□未婚　　①□已婚　　（"未婚"者免答）

X_4 如果回答"已婚"，那么您是下列哪一种情况呢？

①□结婚 3 年以内

②□结婚 4～9 年

③□结婚 10～15 年

④□结婚 16～20 年

⑤□结婚 20 以上

⑥□其他_____（请注明）

……

以上问题分别用 X_1、X_2、X_3、X_4……来表示性别、年龄、婚姻状况和婚姻时间等，其取值（即编码值）也是直接按照上述问题中的答案编号来的，例如 $X_1=1$（如果是男性）或 2（女性）。

如果问卷设计时没有事先规定变量的名称，也可以按照题号的顺序，让变量的下标与之相对应。

（2）编码的第二项工作是给问卷规定相应的变量。例如，地区编号、街道编号、单位编号、调查员编号等，实际上也是通过规定相应的变量来进行的。

下面是一个模拟的问卷编码，样本量为 1 000。问卷如下：

问卷编号

1. 被访问对象性别：①□男　　　②□女

2. 请问您的年龄是：_____周岁

3. 请问您的最高学历是：

①□小学及小学以下　　②□初中　　　③□高中（含中专）

④□大学专科　　　　　⑤□大学本科　⑥□研究生或研究生以上

4. 请问您的个人月平均收入大约在：

①□500 及 500 元以下　②□501～1 000 元　③□1 001～1 500 元

④□1 501～2 000 元　　⑤□2 001～2 500　⑥ □2501 元以上

5. 对下面的说法您的意见如何？请按照您的赞同程度圈选答案。

	非常赞同	赞同	无所谓	不赞同	很不赞同
①我觉得公司的管理很混乱	5	4	3	2	1
②我们的老板很有人情味	5	4	3	2	1
③待在这个公司我觉得郁闷	5	4	3	2	1
④我对这份工作很珍惜	5	4	3	2	1

……

问卷编号占 4 位数，每份问卷一个号码。从 0001 至 1 100；

　　问题 1 占 1 位数，编码 1 代表男性，2 代表女性；

　　问题 2 占 2 位数，实际填写的年龄作为编码；

　　问题 3 占 1 位数，编码 1 代表小学及小学以下，2 代表初中，3 代表高中（含中专），4 代表大学专科，5 代表大学本科，6 代表研究生或研究生以上；

　　问题 4 占 1 位数，编码 1 代表 500 元及 500 元以下，2 代表 501～1 000 元，3 代表 1 001～1 500 元，4 代表 1 501～2 000 元，5 代表 2 001～2 500 元，6 代表 2 501 元以上；

　　问题 5.1 占 1 位数，编码 5 代表非常赞同，4 代表赞同，3 代表无所谓，2 代表不赞同，1 代表很不赞同；

　　问题 5.2 占 1 位数，编码同 5.1。

　　2）开放性问题的编码

　　对于开放性问题的编码，编码员首先要将答案浏览一遍，列出所有的可能答案，然后定义这些答案的变量名称和变量表值，再对每一个回答者进行分类。例如，"您为什么选择那个品牌的计算机？"有 12 个回答者的回答内容如表 8-1 所示。

表 8-1　回答内容表

问题：你为什么选择那个品牌的计算机？列出答案如下（设有 12 个样本）
（1）质量好
（2）外形美观
（3）价格适中
（4）耐用
（5）高科技
（6）体积小
（7）是名牌
（8）大家买这个牌子
（9）经常在广告中见到
（10）说不清
（11）我不知道
（12）没有什么特别的原因

　　若对 300 个人询问，可能会得到五花八门的答案，如果不进行归类处理就不容易进行分析。所以可以将一些意思相近的答案归到某一类中去，从而分析为什么不买的主要原因，可将上例的答案分为 7 个类别，如表 8-2 所示。

　　如果样本量很大时，编码可以从全部资料中随机抽取 20％来确定答案类别。在确定类别时不宜过多。因为答案类别过多会将研究对象在该项目上的本质特征掩盖，并且一些类别上回答者比率小于 5％，对分析没有太大的意义。

表 8 - 2　开放式问题的合并与编码

回答类别描述	表 8 - 2 的回答	分类的数字编号
质量好	1，4，5	1
外形美观	2	2
价格便宜	3	3
体积小	6	4
名牌	7，8，9	5
不知道	10，11，12	6

3）缺省值的编码

当数据存在缺省时，需要对缺省进行定义，一般用 9 表示数据的缺省，例如，一道 5 个选项的单项选择问题，如果变量值为 1~5，则分别表示受访者选择了选项 1~5；但如果受访者没选择任何一个选项，则变量值定为 9。如果选项的情况超过 1 位数，则缺省值也可以用 99 表示，在问题的正确回答要求填写数字的情况下，需要进行事先约定，选择某一数字代表缺省。例如，在询问工资收入时，规定月收入为 999 元的与 998 元的一样记作 998，而将未回答此项记录记作 999。如果该选项中出现 0 值，则可以解释为工资收入为 0，或者是录入中的差错。

4）编码手册

前编码和后编码所用的编码本最后将合并为一个编码本。当所有变量和量表值都规定清楚之后，编码人员要编写一本编码手册（对照表），说明各种符号、数码的意思。因为在市场调查研究中，通常都有大量变量名称及数码的意义。如果不制作一本手册，则很可能会将它们所代表的含义忘记，查阅起来就不方便。编码对照表具有三个功能。

（1）录入人员可根据编码本说明来录入数据。

（2）研究人员或计算机程序员根据编码本拟定统计分析程序。

（3）研究者阅读统计分析结果时，不清楚各种代码的意义时，可以从编码本中查阅。

如果只有一个编码员工作，那么事后编码是相对简单而且容易的。但是如果行不通，那么所有的编码员应该在不同的时间工作，或同时在同一地点工作，使用同一编码本。因为如果两个或多个编码员同时在不同地点工作，他们就无法知道其他编码员在编码手册中设立了什么新码。经验说明，允许编码员在分隔的地点用不同的编码本独立地工作会出现严重的错误数据问题。

编码本必须包括所有的变量和代码，使研究结果中的任一部分都能在其中找到合理的位置。同时应清晰明确，方便使用。一般来说，编码本不但是编码人员的工作指南，也提供了数据集中变量的必要信息。表 8 - 3 给出了某品牌牙膏消费者调查问卷的编码本（节选）。从表中可以看出，编码本通常包含有 6 个主要项目，即变量序号、变量含义及变量名称、相应问卷题号、是否跳答、数据宽度、数据说明。

表 8 - 3　某品牌牙膏调查问卷编码本

变量序号	变量含义及变量名称	相应问卷编号	是否跳答	数据宽度	编码说明
1	被访者编号			3	从 001～300
2	调查员编号				从 01～20
3	某品牌的知名度	Q_{1-1}	否	1, 0	1=是，2=否，9=未答
4	最常用的品牌	Q_{2-1}	否	2, 0	1=中华，2=雕牌，…12=洁银，13=其他，99=未答
5	对常用品牌的满意度	Q_{3-1}	否	1, 0	1=满意，2=一般，3=不满意，9=未答
…	…	…	…	…	

变量序号是给各变量的一个新的数码，表示各变量在数据库中的输入顺序；变量含义，即问卷中问题意思的概括，使研究者或程序设计师很快得知这一变量的意思；相应问卷题号指变量属于问卷中的第几题，便于查寻原来的题意；变量名称是变量的代号，代号便于计算机识别和统计操作，列入编码本可使研究者便于从代号查寻其含义；数据宽度包括该变量的数据最多是几位数及小数点之后有几位数；编码说明是对各数码代表受访者的何种反应的说明。

大多数较为复杂的市场调查中，编写编码本是一项必要的程序。但是在编写编码本时，各项说明要尽量详尽。有了编码本之后，对于储存于计算机中的资料，其含义就会一清二楚。录入之后的问卷材料就可以束之高阁。在目前常用的 SPSS 统计软件中，编码本的主要内容可以输入到文件之中，以便直接在统计结果中体现出来。通过 SPSS 的编码功能或通过普通录入软件的寻找替换功能实现编码录入。至此，问卷已经成为编辑完好、核对无误、编码清楚的有效信息载体，可以转交数据录入人员。

8.1.6　数据录入

对于样本量较小、问卷长度较短的情况，直接录入是完全可以的。但对于样本量较大或问卷长度较长的情况，采用程序录入则是首选途径。程序是指录入员按事先编写好的录入程序实施数据录入的方法，在该录入程序里，每个题目答案的变量性质（字符串型、数字型、日期型、逻辑型等）、编码长度（位数）、编码范围（1～5 还是 0～9 等）、该变量与前面变量的逻辑关系及跳项条件都有定义，录入时将依此进行逻辑检查。因此无效的码字根本无法录入，一旦录入计算机将发出声音警告，并在屏幕上提示合理的码字范围，除非录入员更正录入，否则无法继续下一个变量的录入。

程序录入不仅可以提高录入速度（如自动跳项），而且可以提高录入质量，因此在发达国家应用得十分普及。光电扫描录入是另一种高效录入方法，作为找出多选题答案并判分的有效途径，在市场调查方面的应用并不普遍。原因是设备费用高昂及记录答案时要使用特殊型号的铅笔，随着扫描技术的发展和个人计算机的普及，例如，最新技术允许问卷的填写几乎可以使用任何书写工具（铅笔、圆珠笔、转动笔、钢笔等），这种局面很快得到扭转，可以预期，光电扫描在市场调查中也将迅速得到普及。

数据的录入一般利用数据库的形式，优点是清楚、便于录入查错；缺点是对变量的个数有限制。当变量的个数太多时，需要几个数据库分别录入，增加了组织上和操作上的难度。还可采用专门的数据录入软件，如 SPSS 等。但是并不是在任何情况下都有必要。如果数据是用计算机辅助的电话调查或面访调查收集的，就不再需要了。

编码的工作实质上是帮助建立一个数据库结构。问卷的每个题目都用一个变量来代表。每个变量在数据库中有固定的位置，每个变量的取值即变量对应的编码。

例如，在以上提及的消费者抽样调查中，问卷编号的变量名为 A，题目 T_1 至 T_4 变量名依次为 A_1，A_2，A_3，A_4，数据库的结构可以是这样的：

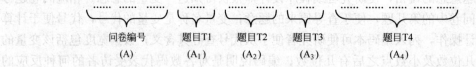

问卷编号	题目T1	题目T2	题目T3	题目T4
(A)	(A_1)	(A_2)	(A_3)	(A_4)

这样，输入时每份问卷按数据库中指定的位置输入相应变量的取值，一行数字就是一份问卷。结果所有问卷依次输入完毕就形成一个数据库。

例如，0001 号问卷圈选的结果是：A_1. 女；A_2. 28 岁；A_3. 本科及以上；A_4. 月收入 1 000 元；……0033 号问卷圈选的结果是：T_1. 男；T_2. 30 岁；T_3. 研究生及以上；T_4. 月收入 4 000 元；……得到的数据库如下：

000122851000……
000213241500……
……
003313064000……
……

8.1.7　缺省数据的处理

缺省数据是指由于被调查者没有给出明确的答案或调查员没有记录下他们的答案而造成的未知变量值。

1. 缺省值的类型

缺省值不能与无效数据等同起来，一般有以下几种情况产生缺省值。

（1）回答者不知道问题的答案。

（2）回答者拒绝回答有关问题。

（3）回答者答非所问。

（4）访问员疏忽漏问此问题，因此回答者没有回答。

（5）受访者忘记填写该题。

（6）受访者提供了答案，但答案存在逻辑错误。

（7）录入时发生了差错，但未及时纠正。

2. 缺省值的处理方法

针对有缺省数据的资料，如果简单将此样本剔除，那么样本越来越少，最后的结果一是使样本估计的精确度降低，统计检验说服力差；二是如果回答者与不回答者有明显特征差异，那么得到的结果产生的偏差很大。总体来说，如果分析的变量很多时，简单将缺省值剔除的结果是其样本的代表性不显著，误差过大，造成的结果是很严重的。

在许多情况下，少量的缺省回答是可以容忍的，但是如果缺省值的比例超过了10％，就可能出现严重的问题。常用的处理缺省数据的方法是填充法，一是能保留下所收集的缺省问卷的其他信息资料，二是避免了非随机性引起的偏差。处理缺省值主要有以下几种方法。

1）用平均值替代

缺省值可以用一个样本统计量去代替，最典型的做法是使用变量的平均值。这样，由于该变量的平均值会保持不变，那么其他的统计量如标准差和相关系数等也不会受很大的影响。例如，一个被访者没有回答其收入，那么就用整个样本的平均收入或用该被访者所在的子样本（比如说属于社会地位比较高的那个阶层）的平均收入去代替。不过从逻辑上说，这样做是有问题的，因为被访者如果回答了该问题的话，其答案可能是高于或低于该平均值的。

2）用模型计算值替代

用模型计算值替代，是指利用由某些统计模型计算得到的比较合理的值来代替，例如，利用回归模型、判别分析模型等。比方说，"产品的使用程度"可能与"家庭规模"和"家庭收入"有关系，利用回答了这三个问答题的被访者的数据，可能构造出一个回归方程。对于某个没有回答"产品的使用程度"的被访者，只要其"家庭规模"和"家庭收入"是知道的，就可以通过这个回归方程计算出其"产品的使用程度"。考虑到这种替代是基于科学的统计方法，所以用模型计算值替代，它较之平均值替代更准确些。

3）个案删除

个案删除，指的是将凡是有缺省数据的问卷（即个案或调查对象）都删除掉，不参加数据分析。由于许多被调查者都可能会有一些问答题没有回答，因此，这种方法可能会导致小样本删除大量的数据，这并不是所希望的，是时间和财力的很大浪费。而且，有缺省数据的调查对象与全部回答的调查对象可能会有系统上的不同。如果真是这样的话，个案删除可能会使结果产生严重的偏差。

4）配对删除

在配对删除中，并不删除有缺省数据的所有个案，而是对每种计算只使用那些有完全回答的个案。因此，在分析中不同的计算可能会基于不同的样本数来进行。这种方法在以下几种情况中还是可行的。

（1）样本量比较大。

（2）缺省数据不多。

（3）变量间不是高度相关的。

不同的缺省值处理方法可能产生不同的结果，特别是当缺省值不是随机地出现及变量间的相关程度较强时。因此，应当使缺省的回答保持在最低的水平。在选择处理缺省数据的特定方法时，要认真地考虑可能出现的各种问题。

8.1.8 查错与核对

虽然所有问卷中的数据已经录入并在计算机中得到一些初步处理，但在进行图表化和数据分析之前，还必须再查一遍是否有错误。需要进一步审核，如有效性审核、一致性审核和分布审核。对于审核出来的问题进行查询、修正、插补等。

1. 审核方法

在录入结束后，由审核人员将数据库中的记录与问卷资料进行核对，确定是否存在错录情况。部分复查，抽取 25%～30% 的问卷即可；这种方法能够发现差错发生的比例，但不能确定具体问卷录入中错误的所在，也就无法提供修改依据。

2. 双机录入

双机录入指将同一份问卷上的内容在计算机中录入两次，两次使用不同的录入员。从理论上讲，两个录入员在同一份问卷的同一个地方按同样的方式发生错误的概率非常小，因此，在录入完成后，设计人员可以将两个数据库进行比较，找出其中对应变量之差不为 0 的变量，根据问卷号码进行查找，发现变量的真实数值。

3. 一致性查错和逻辑查错

在对输入计算机的数据进行图表化和数据分析之前，必须再检查一遍错误之处，即数据自动清理。有两种检查方法：一致性查错和逻辑查错。

（1）一致性查错主要是考察变量的取值范围是否与所规定的范围一致。例如，性别的取值范围是 0（未答）、1（男）和 2（女）。如果出现了 3、4、5、6、7 等数字，就说明超出了取值范围，肯定有错。一般可以利用现成的统计软件，如 SPSS 等，将所有变量的取值范围检查一遍，可以很简单方便地寻找超出范围、有极端值或逻辑上不一致的数据。通常的做法是：做一张所有非连续变量的频数表，以及计算连续变量的均值、标准差、最小值、最大值等统计量，那么超出范围的数据或极端值就可以检查出来。例如，假定"收入"的编码应该是从 1 至 6，分别对应 6 种不同收入水平的被访者。假定用 0 表示缺省的数据，那么频数表中出现的大于 6

的数据就是超出范围的。根据对应的被访者编号、变量编码、记录号码、列号码，以及超范围的变量值等，就可以找到原始的问卷和数据文件的对应位置，进行必要的修改。对超出取值范围的变量，可以查出对应的个案，核对原始问卷，就可以改正录入错误了。

（2）逻辑查错是检查数据有无逻辑错误。一是样本结构上的逻辑错误，如年龄为 20 岁的离退休人员。二是回答内容上的逻辑错误。例如，不喜欢某个品牌的答卷人，在后面又选择了使用该品牌；回答不收看某个频道节目的被访者，在同一问卷上又选择了对该频道播出的电视节目很感兴趣的答案。这些都是不符合逻辑的情况，需要审核。这种错误一般也是利用 SPSS 等统计软件通过做交叉分析表来检查的。方法之一是作出交叉表，从中可以很方便地发现逻辑上不合理的数据。例如，在一张"产品使用频度"和"熟悉程度"的交叉表中，有两个"从未听说过"该产品，但是却"频繁地"使用这种产品的被访者。根据这两个被访者的编号、变量编码、记录号码、列号码及变量值等，就可以进行必要的修改。如果逻辑错误被查出，那么一定要找出相应的原始问卷，而且必须在计算机数据文件中进行纠正，这样就可以进行列表和数据分析了。

8.1.9 数据的统计预处理

统计预处理的方法主要有加权、变量转换及量表的转换等。在市场调查中，加权处理是比较常用的。加权就是根据不同个案的重要性及个案间的相互关系给个案数据一个权重数。例如，在某些项目的调查中需要对某些特征的被访者赋予更大的权重，以突出其重要性。

通常统计运算开始时，首先要对有关变量进行数据转换，生成中间变量。变量转换有两种含义：一是变量类型的转换，例如，出于录入需要有些数字型数据被定义为字符型数据，待进行数据处理时则要将这些字符型数据还原为数字型数据。转换的原则是提高而不是降低数据适合程序处理的程度。二是数学意义上的变量代换，即使用原有数据变量做自变量，利用常规运算和统计分析软件中的函数库构造新的变量。采取适当的统计预处理可以提高数据分析的质量。

中间变量，可以由某一原始变量经过数据转换生成。在利用拥有物品来衡量家庭经济状况的调查中，原始数据中通常用"1"表示拥有某一物品，"0"表示不拥有。由于各种物品的拥有程度不同，它们在衡量一个家庭的经济情况时也是不等价的，因此为了体现各种物品在衡量经济状况中的差别，经常要对数据进行转换，如将原始数据转换为频率，分析得出的"家庭拥有率"。

中间变量也可以由两个或两个以上变量采用加减法或加权法组合而成。例如，将各种物品拥有情况的变量相加成一个新的变量。此外，中间变量还可以运用一定的统计方法运算生成。如采用主成分分析方法将受调查者的经济收入和教育程度这两项变量合并为"社会地位"这样一个中间变量。

中间变量生成之后，计算机操作人员就可以依据统计分析计划要求，对计算机一一下指令，让其执行，计算机会自动把结果输出来。在所有的结果都输出来后，资料的统计处理就可以宣告完毕。不过，有时输出的结果不能满足数据分析要求，可以再次进行统计运算。

8.2　调查资料的描述

8.2.1　调查资料的描述方式

市场调查原始资料的加工整理主要是对调查问卷提供的资料进行处理。原始资料（主要是问卷资料）收集工作结束后，经过审核，问卷的数量和质量得到确认，研究人员必须先对问卷或调查表中的问题及答案进行资料汇集并加以分类处理，从中筛选或摘取出某些足以说明问题、规律的数据结果，并用一定的方法来表达。数据的描述就是将经过分析摘取出来的有关统计数据资料转变为让读者容易阅读的形式，通常是用表格和统计图进行描述。

1. 调查结果的表格化

在市场调查的原始资料整理中，表格化就是使答案以某种报告的形式出现，表现为对调查问题本身的不同选项或取值进行分组汇总的结果。在封闭型问卷中，每个调查问题都是分组的标准，问题下的备选答案都是分组后的组别或类别。由于调查问题及备选答案是在调查设计阶段事先设计好的，所以又称事前分组处理。调查者只需要把每个问题下的备选答案的被调查者的填答次数统计起来，就可得到一系列的分组处理的结果。统计表是数据资料表现的一种重要方式，它能够简明地描述资料的特性及不同资料之间的关系，便于进行比较分析。表8-4是某项调查中消费者针对新产品购买意愿的答案选项整理出的统计表。

表 8 - 4　资料表格化形式

购买意愿	数值（频率）	百分比/%
绝对会买	124	11.1
很可能会买	211	18.9
不知道	376	33.7
很可能不买	204	18.3
绝对不买	200	18.0
合计	1 115	100.0

从构成形式来说，统计表一般包括以下几个项目。

（1）序号。写在表的左上方，一般以文章或书本中出现的先后顺序列出。

（2）标题。即统计表的名称，概括统计表的内容，写在表的上端中部。

（3）横行标题。横行的名称，即各组的名称，写在表的上方第一行。

（4）纵栏标题。纵栏的名称，即指标或变量的名称，写在表的左侧即第一列。

（5）指标数值。列在横行标题和纵栏标题交叉对应处。

（6）表注。写在表的下面，用以对标题加以补充说明，或说明表中数据的来源等。

统计表从内容上看，由主词或宾词两大部分构成。主词是统计表所要说明的总体的各个构成部分或组别的名称，列在横行标题的位置。宾词是统计表所要说明的统计指标或变量的名称和数值，宾词中的指标名称列在纵栏标题的位置。有时为了编排的合理和使用的方便，主词和宾词的位置可以互换。

用表格的形式来汇总数据清晰简明，便于显示数字之间的关系，有利于进行比较和分析研究。封闭式问题资料的加工开发有简单分组处理和交叉分组处理，开放式问题资料的整理主要是意见分类归纳处理。由这些多方向、多分组构成的原始资料加工开发体系，可以加工开发出大量的综合性资料，能够最大限度地满足市场研究和用户的信息需求。

2. 统计表的类型

最常用的表格化的形式是频数及频率分布表，依照所含调查项目的多少可分为简明表和交叉表两种形式。

（1）简明表。简单分组处理的表格形式是简明表，简明表只包括一项调查资料，例如，某项调查回收的问卷中，消费者关于家庭月收入选项回答的频率分析如表 8-5 所示。表8-6是一项对驾车者交通事故率的调查。由两个表中的资料可以看出用统计表对数据进行解释更直观和容易。

表 8-5 家庭月收入的频率分布

家庭月收入/元	回答者数量/人	百分比/%	累计百分比/%
1 000 以下	56	4.9	4.9
1 000~1 500	135	11.7	16.6
1 500~2 000	213	18.5	35.1
2 000~2 500	351	30.5	65.6
2 500~3 000	302	26.3	91.9
3 000 以上	93	8.1	100.0
总和	1 150	100.0	—

表 8-6 驾车者的事故率

	百分比/%
开车时无事故	59
开车时至少经历一次事故	41
合计	100
样本数量/人	13 200

（2）交叉表。交叉表是同时将两个或两个以上具有确定值的变量，按照一定顺序对应排列在一张表中。交叉列表包括两种或两种以上调查项目（如表 8-7 和表 8-8 所示），同样是反映驾车事故率，但这两个表比简明表 8-6 更能体现复杂现象之间的相互关系。

表 8-7　不同性别驾车者的事故率

	男/%	女/%
开车时无事故	54	63
开始时至少经历过一次事故	46	37
合计	100	100
样本数量（人）	8 120	5 080

表 8-8　不同驾驶里程的事故率

	男/%		女/%	
	>1万公里	<1万公里	>1万公里	<1万公里
开车时无事故	51	73	50	73
至少出过一次事故	49	27	50	27
样本数量（人）	100	100	100	100

3. 统计图

统计图是以圆点的多少、直线长短、曲线起伏、条形长短、柱状高低、圆饼面积、体积大小、实物形象大小或多少、地图分布等图形来陈示调查数据。用统计图陈示调查数据具有"一图抵千字"的表达效果，因为图形能给人以深刻而明确的印象，能揭示现象发展变化的结构、趋势、相互关系和变化规律、便于表达、宣传、讲演、广告和辅助统计分析。但统计图能包含的统计项目较少，且只能显示出调查数据的概数，故统计图常配合统计表、市场调查报告使用。图示的主要种类有条形图、圆形图、曲线图和统计地图。

统计图可以采用手工制作，也可以采用计算机作为辅助工具进行制作，计算机技术的发展不仅提高了图形的绘制速度，而且可以使各种统计图形绘制更加准确和精美。一些常用的统计软件包和电子图表软件都具有强大的图形处理能力，可以使用户快速生成花样繁多且质量很好的图形来。

1）统计图的要素

完整的统计图包括 6 个要素，即图号、图名、图目、图尺、图形和图注（见图 8-2）。

（1）图号。指图的序号，以图在调查报告中出现的顺序来确定。

（2）图名。指统计图的名称，是对图示资料内容的概括。通过阅读图名，读者能很快明白图形的含义。图名一般与图号一起写在图的最下方。

（3）图目。一般指在统计图的横坐标上所用的单位名称。

（4）图尺。指在统计图的纵坐标上用一定的距离表示数据的单位。图尺可以是计数单位，也可以是百分比单位。

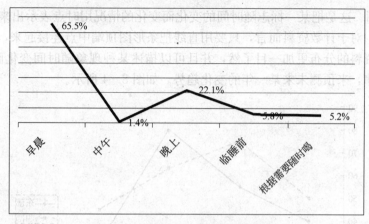

图 8-2　某市居民喝奶时间选择统计

（5）图形。指图的主要部分。可以用线或面构成。在表述不同的结果时，用不同的图形线或面加以区别。图形的制作要求是使整个图形和谐、美观、均衡。

（6）图注。指在图形的局部或某一点，用文字或数字加以补充说明的部分。图注的目的是帮助读者理解图形所表达的内容或说明资料来源。

2）统计图的类型

统计图的种类很多，常用的主要有饼形图、柱形图、折线图等。

（1）圆形图。又称饼图，是以圆形的面积代表总体指标数值，圆形的各扇形面积代表各组指标数值，或将圆形面积分为若干角度不同的扇形，分别代表各组的频率。在实际应用时亦可将圆面改为圆饼或圆台，变成圆形立体图。圆形图适合于分析总体中各部分的构成比例，以及各部分之间的比较。所要显示的资料数据一般是百分数。圆形图的图尺是圆周，单位是把圆周分成 100 份，每 1％相当于 3.6 度，它的基线是圆内的半径。

例如，某酒店 2005 年的旅客源的构成如下：商业旅游者占 45％，纯旅游者占 16％，旅行社旅游者占 13％，会议旅游者占 11％，体育团体占 10％，其他占 5％，将其用饼形图直观地表示如图 8-3 所示。

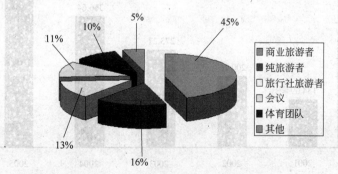

图 8-3　某酒店 2005 年旅客构成统计

（2）折线图。这是把某一标志随时间的变化而变化的情况用时点表示出来，然后连接起来形成的图形。对于计数资料而言，只要用直线把条形图顶端中点连接起来，就可以得到折线图。它可使资料的分布更加一目了然，并且可以描述某种现象随时间变化而变化的趋势。通过分析其规律，来预测未来某一年的变化趋势。如图 8-4 所示。

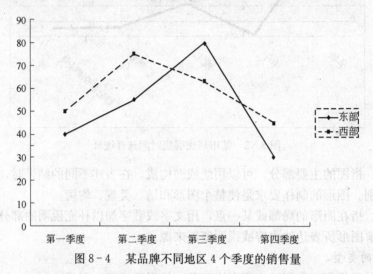

图 8-4　某品牌不同地区 4 个季度的销售量

（3）柱形图。以宽度相同的条形的高低或长短来表示统计数值大小及数量关系的一种统计图形。任何可以在线形图、饼状图中表示的数据均可在柱形图中表达。另外，许多不能用其他图表有效表达的数据，也能用柱形图表达。由于这种图形制作简单，便于对比，又容易给人留下深刻印象，所以被广泛应用于实践中。常用的四类柱形图如下：

① 简明柱形图。柱形图主要是在表示同一指标随时间变化而变化的情况或表示同一指标随地点不同而变化的情况时使用，如图 8-5 和图 8-6 所示。

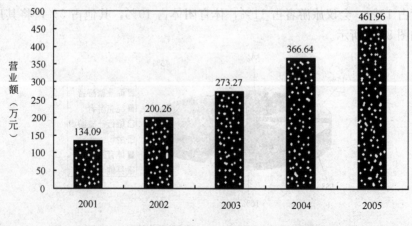

图 8-5　某企业甲产品 2001—2005 年的销售量

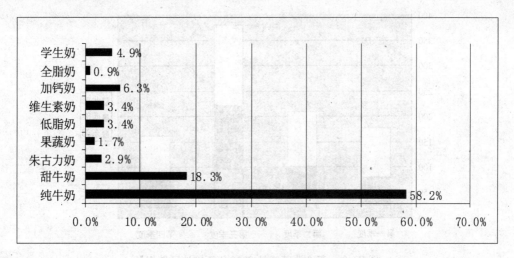

图 8-6　消费者对鲜奶品种选择与消费情况统计

② 聚类柱形图。聚类柱形图可以将交叉表格内数据结果图示出来。如图 8-7 所示。

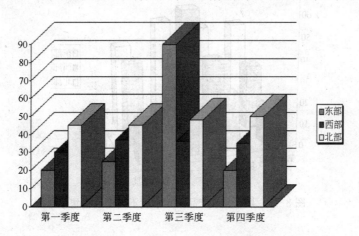

图 8-7　某企业某产品 2006 年不同地区销售量

③ 堆积柱形图。这是聚类柱形图的另一种表示方式，如图 8-8 所示。

④ 多行三维柱形图。这种图表达交叉表格信息最具视觉吸引力，有立体感，效果非常好，如图 8-9 所示。

　　一项调查所得资料经过处理，通常会有大量的结果。这么多的数据资料如果仅用文字去描述，不便于客户阅读和理解。所以在资料初步整理这一阶段，主要是用表格把数据陈列出来，以便进行下一步的分析工作。在进行各种统计分析处理之后，计算机会输出相当多的数据结果，从中挑选出能够说明本次调查结果的数据，用表格和图示形式表现出来，可以为撰写调查报告做准备。

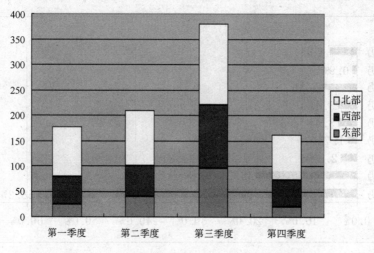

图 8-8　某企业某产品 2006 年不同地区销售量

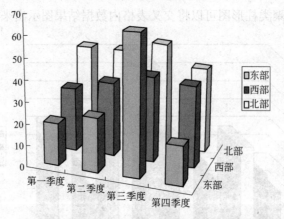

图 8-9　某企业某产品第二季度不同地区销售量

8.3　调查资料的初步分析

　　资料分析就是运用定量分析方法对市场调查中所获得的资料进行科学的处理和加工,从中提炼出各种有价值的信息的工作。市场调查资料经过整理和汇总之后,就可以利用各种单变量分析方法先进行初级统计分析,再进一步利用各种双变量和多变量分析技术做更深入的分析研究。本章只介绍常用的交叉频率分析,其他分析方法在下一章介绍。

　　频率分布分析也叫横列表分析,表中列出每个问题中各备选答案被选择的数量,在市场调查中被广泛地应用，这是因为：①交叉频率分布分析及其结果能很容易地为那些并不具有较深统计知识的经营管理人员接受和理解；②许多市场调查项目的数据处理分析可以依赖交叉频率分析方法得到解决；③通过一系列的交叉频率分布分析，可以深入分析和认识那些复杂的事物或现象；④清楚明确的解释能使调查结果很快成为经营管理措施的有力依据；⑤这种技术简便易行，尤其一般市场调查人员更易接受。

8.3.1　单变量频率分布分析

调查数据资料分析的第一步通常是先对每个问题进行单独分析。单变量频率分析就是对某个问题中的各个变量值出现的次数（频数）及其所占百分比（频率）的分析。通过某个变量各变量值的频率分布，可以掌握此变量的总体分布特征，因此变量的频率统计分析是资料分析中最基础和最重要的分布之一。

频数即变量取某一值的个案数，频率也叫百分比，是表示调查结果的最常用的统计数字之一。将变量所有取值的频数和百分比列在一个表中，这种表叫频数表，从中可以看出各变量各个取值的发布情况，对分组后的变量也可以做出频数表。如果调查所用样本是有代表性的随机样本，那么百分数就常常用于估计相同的项目在调查总体中所占的比率，即百分比等于频数/样本量×100％。例如，对问题"其他条件不变的情况下，如果 A 品牌计算机降价10％，您会购买吗？"答案的选择，编制成的变量频数分布表如表 8‑9 所示。

表 8‑9　购买 A 品牌计算机意愿频数表

变量类别	变量取值	频数/人	百分比/%	有效百分比/%	累计百分比/%
肯定购买	1	12	2.3	2.5	2.5
会购买	2	72	14.0	15.1	17.6
说不准	3	223	43.5	46.9	64.5
不会购买	4	124	24.2	26.0	90.5
肯定不买	5	45	8.8	9.5	100.0
未　答	6	37	7.2	—	—
合　　计	—	513	100.0	—	—

有效个案数 476　　　缺省个案数 37

在上例中，表中第一列是"变量类别"，是对变量取值的说明；第二列是"变量取值"，"1"至"6"分别代表了"肯定购买"到"肯定不买"，"6"代表了缺省值；第三列是"频数"，对应的值表示各个取值的频数，例如"不会购买"的约有 124 人；第四列是"百分比"，是频数对于样本量（513 人）的比率；第五列是"有效百分比"，是频数对有效个案数（476 人，即样本量减去缺省个案数）的比率；第六列是"累计百分比"，是对有效百分比的累加。百分数主要用于估计和比较各个相同或相似的子群在总体中所占的比例，估计总体中具有某种特征的个体的数目，估计变化情况或变化速度。

8.3.2　多变量频率分布分析

多变量频率分布分析是计算某个变量的变量值在另一个变量的变量值上出现的频率分析。这种分析需要采用交叉列表进行分析，能够更深入地显示现象之间的相互关系。以某项研究时装购买与婚姻状况之间关系的市场调查项目为例，通过对 1 000 名消费者对购买服装选择的调查资料进行整理，列出二变量交叉分析表如表 8-10 所示。

表 8-10　婚姻状况与时装购买状况的关系

时装购买状况 ＼ 婚姻状况	已婚/%	未婚/%
高档服装	31	52
低档服装	69	48
列合计	100	100
被调查者人数	700	300

从上表资料的显示可以看出，被调查者中 52% 的未婚者属于高档时装的购买者，而在已婚者中只有 31% 是高档时装的购买者，得出的结论似乎是未婚者比已婚者购买更多的高档时装。为了验证这一结论，我们再引入"性别"这一变量进行多变量交叉分析，如表 8-11所示。

表 8-11　婚姻状况、性别与时装购买选择分布表

时装购买状况	女性				男性			
	已婚		未婚		已婚		未婚	
	人数	百分比	人数	百分比	人数	百分比	人数	百分比
高档时装	75	25%	108	60%	140	35%	48	40%
低档时装	225	75%	72	40%	260	65%	72	60%
被调查人数	300	100%	180	100%	400	100%	120	100%

表 8-11 的资料显示，女性中 60% 的未婚者属于高档时装购买者，而已婚女性中的比例只有 25%。对男性而言，40% 的未婚者和 35% 的已婚者属于高档时装购买者，两者的比例较为接近。显然，通过引入性别这一变量后，原有的结论得到了更准确的反映。从这个资料可以看出女性由婚前对高档服装的热衷到婚后对低档服装购买的增加，说明女性在婚后比男性更注重对家庭的投入，从社会学的角度来看，这种分析的结果也是比较符合常理的。

选择和确定交叉列表分析中的变量，包括其内容和数量，应根据调查项目的特征而异。在某些应用型的调查项目中，调查人员应该把所有与问题相关的因素都选作交叉频率分析的变量。比如，在一项关于产品销售的研究项目中，调查人员应把可能影响产品销售的因素，

比如质量、品种、花色、品牌、包装、体积等都加以考虑。再如，在研究顾客光顾快餐店是否受一些关键的因素影响和制约时，应考虑的变量因素可能包括消费者的性别、收入水平、职业、年龄等。调查人员也可以把消费者的受教育程度、民族、性格等作为考虑的因素。总之，在这一类情况中，交叉列表的变量取决于客户的要求和调查人员的分析判断。通常情况下，需考虑的变量因素在调查要求中已明确列出，调查人员只需要按照要求把各项数据列入已设计好的表格之中。

在探索性的研究中，研究者可凭直觉选择所有的与用户有关的因素交叉列表。例如，在研究消费者时，研究者自由地选择那些可能影响购买偏好的因素（年龄、性别、生活方式、收入、教育等）。但不管研究者有多大的自主权来选择用于横列表中的因素，这些因素的选择都应当在资料收集之前就已决定。这并不是说其他的因素不可能加进去，只是因为交叉频率分析只能在有数据基础的因素上进行。

交叉频率分析法有两个局限性，一是如果有几个因素要考虑，就需要相当大的样本；二是很难确保所有的有关因素已进行了分析。如果因素选择得不恰当，就会得出错误的结论。即使是因素选择得正确，研究者也许会使用不当，从而也不能找到真实的关系。

思考练习题

一、问答题

1. 调查资料的一般整理步骤是什么？
2. 怎样处理开放问题的编码？
3. 数据资料有哪些描述方法？

二、思考题

1. 为什么说开放式问题的编码是一种艺术？
2. 对一项调查的问卷进行编码后，发现大部分被调查者对某些封闭式问题最终选择了"其他"这一选项，这意味着什么？如何修正它？
3. 两个变量的交叉分组表比两个简单的单变量频率分布表更能为调查研究人员提供丰富的信息。请你做一个简易的调查，给出一个例子来加以说明。

三、计算与分析题

一家市场调查公司为研究不同品牌饮料的市场占有率，对随机抽取的一家超市进行了调查。调查员在某天对 50 名顾客购买饮料的品牌进行了记录，如果一个顾客购买某一品牌的饮料，就将这一饮料的品牌名字记录一次。下面是记录的原始数据。

旭日升冰茶	可口可乐	旭日升冰茶	汇源果汁	露露
露露	旭日升冰茶	可口可乐	露露	可口可乐
旭日升冰茶	可口可乐	可口可乐	百事可乐	旭日升冰茶
可口可乐	百事可乐	旭日升冰茶	可口可乐	百事可乐
百事可乐	露露	露露	百事可乐	露露
可口可乐	旭日升冰茶	旭日升冰茶	汇源果汁	汇源果汁
汇源果汁	旭日升冰茶	可口可乐	可口可乐	可口可乐
可口可乐	百事可乐	露露	汇源果汁	百事可乐
露露	可口可乐	百事可乐	可口可乐	露露
可口可乐	旭日升冰茶	百事可乐	汇源果汁	旭日升冰茶

试建立一张频数分布表，并绘制直方图，进行简略分析。

第 9 章

调查资料的统计分析

【学习目标】

通过本章的学习，理解调查各种资料分析方法的基本原理，能针对具体调查项目和资料要求选择适当的分析方法，掌握初级统计分析和假设检验的基本应用，并对高级统计分析方法有一定程度的了解。

9.1 市场调查分析概述

现场调查之后，对真实性、准确性均无可挑剔的答卷所提供的有效数据进一步加工，为撰写报告结论提供依据。调查数据的分析是利用各种统计分析方法对调查数据进行加工处理，所以又称数据处理。

9.1.1 调查资料的定性分析

定性分析指对研究结果的"质"的分析，是运用分析和综合、比较和分析、归纳和演绎等逻辑分析方法，对研究所获资料进行思维加工，从而认识心理与教育科学中的心理现象和行为的本质，揭示其发生发展的规律，为研究结果的解释和理论的建构提供依据。定性分析有如下几种基本方法。

1. 比较与分类

比较是指依据一定的标准，确定事物或现象之间的异同及相互关系，从而寻找心理行为的普遍性及特殊本质。比较有纵向和横向两种，前者指对同一对象在不同时间的比较，后者指对同时并存的不同对象的比较。分类就是将对象划分为不同的类别。

2. 归纳与演绎

归纳就是从大量资料中概括或推论出某一类事物、现象所具有的某种属性；演绎是从一般性前提推出个别性结论的逻辑方法。

3. 分析与综合

分析是指把复杂的研究对象（研究结果、现象等）分成简单的部分，进行单独的考察，从而认识各部分的性质和特点。综合则是指根据分析的结果，在已经认识到的事物本质的基础上，将事物的各方面的本质联合成为一个整体，从而使人们获得对已知对象全面、完整的认识。

4. 抽象与具体

心理学研究对象是具体的，要认识其中的本质和规律，必须借助于抽象方法。另一方面，为了描述、解释、预测心理现象，必须要经过由抽象到具体的过程，才能使理论运用于实践。

9.1.2 调查资料的定量分析

目前，定量分析已成为市场研究的一个重要工具。定量分析需要借助一定的数理统计方法来进行，因此，定量分析也常常被称为统计分析。市场研究数据具有变异性和统计规律性的特点，它要求在纷繁复杂的数据中寻求研究对象的特征和规律性，正确地使用统计分析方法。定量分析要以定性分析为基础，以市场研究理论为基础，只有在正确的观点和思想方法指导下的统计分析才是有用的。定量分析是为了揭示数据的特征和规律性，因此，这种定量分析的方向、范围须由定性分析来确定，而不是由研究者随意确定；定量分析的进行需依据一定的方法和公式，这些方法和公式的选择需要研究者具备一定的市场研究专业知识。此外，定量分析得出的规律或特征也需要借助于市场研究理论才能科学地解释。可见，对市场研究的结果必须进行定性与定量两方面的分析，才能揭示市场现象的本质和规律。

9.1.3 统计方法的选择

要准确、客观地描述资料的特征，采用适当的统计方法十分重要。在选择统计方法时，要考虑下列两个因素，即调查问题的性质和数据资料的性质。

根据研究的目的与要求，统计工具可分为：单变量统计、双变量统计和多变量统计。所有调查都需要单变量统计分析的方法，绝大多数的调查也需要双变量统计分析的方法，但只有少部分比较复杂的调查需要多变量的统计分析方法。

市场调查的问题基本上要么是描述性问题，要么是关系性问题。在描述性问题研究中，

　　如果是对一个变量取值的归纳整理及对其分布形态的研究，在资料统计处理时，常常采用描述统计方法如频数分析及频率分析（计算百分比）、众数、中位数、均值和标准差等方法。如消费者对某一电视广告的接触状况和反应；消费者对某品牌产品各方面特性的评价；不同阶层消费者对某一品牌的偏好差异等。

　　相关性问题所探讨的是两个变量之间（或一个变量与一组变量）有无关系及其关系的密切程度。相关性问题的统计分析可采用各种相关分析、方差分析和回归分析等。对双变量的相关性分析，可以用卡方分析、单因素方差分析、简单相关系数、一元线性回归分析等方法；对多变量的相关性分析，可以用多元线性回归、判别分析、聚类分析、因子分析等方法。

　　数据分析是一项技术性非常强的工作，不同的项目涉及的分析内容也大不相同，因而采取的统计方法也不一样。在大多数市场调查项目中，数据分析的内容仅限于计算频数和平均数及一些基本的误差分析等，因此，采用常规的统计方法就可以胜任。而对于某些特殊问题，还需要借助高级统计方法才能解决。但在某些复杂的项目中，需要用到许多高深的统计原理，甚至有些时候需要构造新的模型，推导一些特殊的误差计算公式等，就需要高级的统计方法。

9.1.4　统计分析方法的类型

　　拟定统计分析计划时，首先要熟悉各种统计方法，了解各种统计方法运用的要求，然后才能进行具体的操作。要熟练地拟定统计分析计划，不仅要求统计人员清楚调查研究所要解决的问题，而且还要非常熟悉各种统计方法及其运用条件。

　　1. 频率分析

　　频率分析用于统计一个变量的不同值出现的频率，统计结果是次数和百分数。

　　2. 交叉频率分析

　　用于统计两个或两个以上变量交叉分组的频率及百分数。例如，要了解随机抽取的样本中，各年龄段的男性和女性各占多少，就要采用交叉频率分析。

　　3. 描述统计

　　描述统计主要用于计算变量的平均数、众数、中位数、标准差等，如计算各种职业的消费者的月平均支出数额等。

　　4. 平均数差异检验或 t 检验

　　平均数的差异检验分为独立样本 t 检验和配对样本 t 检验。独立样本 t 检验，用于两组不相关样本的平均数的差异检验。配对样本 t 检验用于两组相关样本的平均数差异检验。

　　5. χ^2 检验

　　χ^2 检验是非参数检验的方法之一，用于检验变量的实际观测值与期望值是否存在差异。

6. 方差分析

方差分析，也叫变异数分析，包括一元方差分析、简单因素方差分析、一般因素方差分析、多元方差分析和重复测量方差分析等。

（1）一元方差分析。也称单因素方差分析或单因素变异数分析。用于两组以上独立样本的平均数差异检验，如高、中、低收入者对某品牌评价的差异检验，它适用于单因素的设计。

（2）简单因素方差分析。用于多因素设计的方差分析。可以检验各因素的效果及因素之间的交互作用（最高级别的交互作用），例如，分析广告、包装和价格对销量的影响。

（3）一般因素方差分析。用于更一般的独立变量因素设计，它在设计分析模型时更加灵活，可以检验各个级别的交互作用。

（4）多元方差分析。对两个或两个以上相关因变量的方差分析和协方差分析，用于检验一系列相关因变量与变量之间的关系。

（5）重复测量方差分析。用同一指标对同一被试者进行多次测量的平均数差异检验。

7. 相关分析

相关分析用于分析两个变量之间的线性关系。相关分析的方法有很多，包括皮尔逊相关、斯皮尔曼相关、肯德尔和谐系数、净相关等。皮尔逊相关适用于两个变量均为等距量表的情况；当等距资料出现极端数据或变量分布为非正态时，一般采用斯皮尔曼或肯德尔和谐系数；净相关用于在控制其他变量的影响下求两个变量之间的相关系数。

8. 回归分析

回归分析的方法有许多种，较常用的是线性回归。线性回归方法主要用于检验一个因变量与若干自变量之间的关系。该方法要求所有变量均为等距变量，如果自命名变量，则必须是二分变量。如果因变量为二分变量，则采用逻辑回归方法。

9. 主成分分析和因子分析

这两种统计方法都是用少数几个因子去描述多个相关的变量。主成分分析的目的是生成少量几个新的变量。因子分析旨在获得因子的同时，进一步揭示各因子与观测变量的关系。例如，购买量与未来的购买意向具有相关关系，可以采用主成分分析方法将它们合并成为一个新的变量。也可以进一步采用因子分析方法探讨两个原始变量跟新变量的关系，或两变量分别对新变量的贡献。

10. 聚类分析

聚类分析的目的是依据某些特征，将事物或人分成几个较为同质的类别。例如，可以根据观众对各种电视节目的偏好程度和收视频度，采用聚类分析方法将他们分成不同的观众群。

11. 多维量表分析

标定客体在多维空间中的位置。例如，可以根据口感、味道、价格等指标来确定各品牌啤酒的相对位置。

9.1.5 统计分析计划的拟定

调查资料如何进行统计分析，研究人员在调查方案设计时一般已经心中有数，图 9-1 就是一个统计分析计划的构想，它指明了分析哪些变量，采用何种统计方法，分析的目的是要解决哪些问题。具体的计划一般在编码之后当变量名称及数据类型确定下来时才拟定。

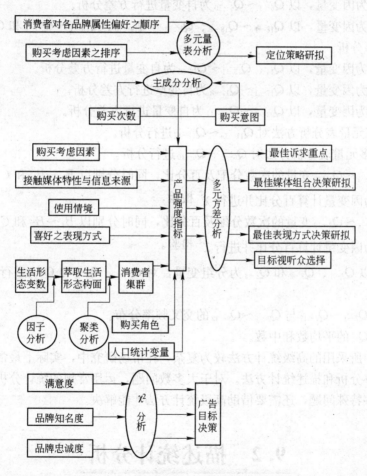

图 9-1　调查资料的统计分析计划

拟定具体的统计分析计划实际上就是列出一张统计分析清单，说明对什么变量采用什么统计方法、要得到什么统计量。例如，针对某品牌产品的调查问卷编码本统计分析清单可能包含下列项目。

（1）对 Q_4 和 Q_5 进行频率分析。

（2）对 $Q_{22-1} \sim Q_{22-15}$ 等15个变量进行因子分析，获得以特征值大于1的各因子，并生成各因子得分的中间变量（$F_1 \sim F_n$），然后采用聚类分析方法（以 $F_1 \sim F_n$ 为自变量）将样本进行分类，并生成类别变量 C。

（3）采用主成分分析方法将 Q_{12} 和 Q_{13} 合成一个中间变量 M_1（称产品强度），并将该产品强度变量转换成为百分位数 M_2。然后以 M_2 为因变量，以 $B_1 \sim B_7$ 和 C 为自变量进行方差分析。

（4）以 M_2 为因变量，以 $Q_{6-1} \sim Q_{6-10}$ 为自变量进行方差分析。

（5）以 M_2 为因变量，以 $Q_{18-1} \sim Q_{18-8}$、$Q_{19-1} \sim Q_{19-10}$、$Q_{20-1} \sim Q_{20-8}$ 和 $Q_{21-1} \sim Q_{21-5}$ 为自变量进行方差分析。

（6）以 M_2 为因变量，以 Q_{14}、$Q_{15-1} \sim Q_{15-5}$ 为自变量进行方差分析。

（7）以 M_2 为因变量，以 $Q_{17-1} \sim Q_{17-8}$ 为自变量进行方差分析。

（8）以 M_2 为因变量，以 $Q_{23-1} \sim Q_{23-11}$ 为自变量进行方差分析。

（9）采用多元量表分析方法对 $Q_{11-1a} \sim Q_{11-9f}$ 进行分析。

（10）采用多元量表分析方法对 $Q_{6-1} \sim Q_{6-10}$ 进行分析。

（11）求 $Q_{1-1} \sim Q_{1-12}$ 变量的次数分配及百分比，同时分别以 $B_1 \sim B_7$ 和 C 等8个变量为自变量，Q_{1-1} 为因变量计算百分比并进行 χ^2 检验。

（12）求 $Q_{2-1} \sim Q_{2-12}$ 变量的次数分配及百分比，同时分别以 $B_1 \sim B_7$ 和 C 等8个变量为自变量，Q_{2-1} 为因变量计算百分比并进行 χ^2 检验。

（13）分别以 Q_{2-1}、Q_{2-2} 和 Q_{2-3} 为分组变量，对 Q_{3-1}、Q_{3-2} 和 Q_{3-3} 进行频率分析和 χ^2 检验。

（14）计算 $Q_{7-1} \sim Q_{7-12}$ 与 $Q_{9-1} \sim Q_{9-12}$ 的交叉频率分布。

（15）统计 Q_{16} 的平均数和中数。

上述例子中所采用的高级统计方法较为复杂，在市场研究中，实际上最常使用的是频率分析、交叉频率分析和描述统计方法。对于大多数问题，运用常规的统计分析方法就可以解决；而对于某些特殊问题，还需要借助高级统计方法才能解决。

9.2　描述统计分析

数据分析是一项技术性非常强的工作，不同的项目涉及的分析内容也大不相同，因而采取的统计方法也不一样。在大多数市场调查项目中，数据分析的内容仅限于计算频数和平均数及一些基本的误差分析等，因此，采用常规的统计方法就可以胜任。但在某些复杂的项目中，需要用到许多高深的统计原理，甚至有些时候需要构造新的模型，推导一些特殊的误差计算公式等，就需要高级的统计方法。

9.2.1　数据的集中趋势分析

数据集中趋势是指次数分布趋向集中于一个分布的中心。其表现是次数分布中心附近的变量值的次数较多，而相距次数分布中心较远的变量值，其次数较少。集中趋势数据的特征是，总体中各单位的次数分布既有差异性，又有趋中性。它反映了社会经济现象的特性，即社会经济现象总体数量特征存在着差异性，但客观上存在着一个具有实际经济意义的能够反映总体中各单位数量的一般水平的数值。

1. 平均数

为应用最普遍的一种集中量数，由各单位数值之和除以单位数目而得。平均数反应灵敏，计算简便，较少受抽样变动的影响。但当出现数据性质不同或者包含极端数据时，应避免采用。平均数的具体计算方法有算术平均数、调和平均数、几何平均数等多种，其中以算术平均数应用最为广泛。

简单算术平均数

$$\bar{x} = \frac{\sum x}{n}$$

加权算术平均数

$$\bar{x} = \frac{\sum xf}{\sum f}$$

2. 众数

众数是样本对变量取值中出现次数最多的值。在市场调查中，众数代表了最典型的个案或分布的高峰所对应的变量值。众数可能会因为数据中个别值的变化而有较大的变化，因而是很不稳定的。需要注意的是，一组数据中可能会有不止一个众数。如果 3 个不同的值出现了相同的次数，并且这个次数比其他的值高，那么这组数据就有 3 个众数。

3. 中位数

又称中数、中点数，它是指数据的次数分布处于 50% 位置处的数值，即位于一组数据中较大一半与较小一半中间位置的数。中位数的定义分为两种情况：将所有的个案按照某个变量的取值大小由低到高排序，当 n 为奇数时，排在中间位置上的数值即为中位数；当 n 为偶数时，排在中间位置上的数值的平均值即为中位数。不管数值从小到大的排列中个别极端值有多大的变化，中位数的值也会保持不变或变化很小。中位数计算简便，但反应不够灵敏，受取样影响较大，因此对于不规则的分布（不对称、有极端值等）使用中位数作分布中心的度量是很合适的。

由于平均数的计算需要用到所有的数据，因此，平均数与中位数和众数相比，它所含的信息量最大。但是，平均数极易受极端值的影响，与中位数相比，它不够稳定。因此，在对中心的偏离程度和偏斜程度都不大的情况下，用平均数代表分布的中心比较好；如果存在极端值或分布很偏，则使用中位数可能更为合适。

9.2.2 数据的离中趋势分析

数据的离中趋势是指次数分布呈集中趋势的状态下，同时存在偏离次数分布中心的趋势。在市场调查过程中，除了需对集中趋势进行概括，以反映事物的一般水平外，也要对离中趋势进行概括，以反映各单位标志值之间的差异程度，从而更全面深刻地认识事物的特征。离中趋势通常由全距、平均差、平均差系数、标准差、标准差系数等反映。方差和标准差是最常用的差异量数，适合于代数运算方法，数值较稳定且反应灵敏，在计算中全部数据都参与运算，是数据离散程度的最好指标。全距可用于检查数据的散布范围，以便确定统计分组。

1. 全距

全距是所有标志值中最大值与最小值之差。计算公式为：

$$全距＝最大标志值－最小标志值$$

由全距的计算方法可知，全距只受最大值和最小值的影响。如果因特殊原因出现特别大或特别小的数值时，全距就不能确切反映标志值真实的变异程度，可见它只是一个较粗略的测量离中趋势的指标。在实际应用中，当经济现象的离散程度比较稳定时，可以使用这一指标。

2. 平均差

平均差，即平均离差，是总体各单位标志值与算术平均数离差的绝对值的算术平均数，计算公式为：

$$简单平均差 \ d = \frac{\sum |x - \bar{x}|}{n}$$

$$加权平均差 \ d = \frac{\sum |x - \bar{x}| f}{\sum f}$$

平均差的意义在于，平均差越大，则表示平均数的代表性越差；反之，平均差越小，平均数的代表性越好。

3. 标准差

标准差是各个离差平方的算术平均数的平方根，亦称均方根或均方差，表示分布对中心（平均值）的偏离程度或伸展程度的一个度量，计算标准差是采用对离差进行平方来消除正负号。标准差用 σ 表示，其公式为：

$$简单标准差 \ \sigma = \sqrt{\frac{\sum (x - \bar{x})^2}{n}}$$

$$加权标准差\ \sigma=\sqrt{\frac{\sum(x-\bar{x})^2 f}{\sum f}}$$

众数、中位数、平均数都是对变量分布中心趋势的度量和描述，其中平均数最为常用。对变量的分布形状的描述，最常用的统计量是标准差。标准差越小，表明数据越集中于均值附近，反之则越分散。如果数据的分布与正态分布相差不大，那么利用标准差（和均值）就可以估计落在分布的某个范围内的调查对象或个案所占的比例。

4. 标准差系数

标准差系数是标准差与相应的平均指标对比而得出的相对数值。计算公式为：

$$V=\frac{\sigma}{\bar{x}}\times100\%$$

5. 方差

方差也称为变异数，是标准差的平方，用 σ^2 或 s^2 表示，计算公式为：

$$\sigma^2=\frac{\sum(x-\bar{x})^2}{n}$$

标准差和平均数是参数估计的重要指标。标准差和方差都是用以描述数据资料分布的离散程度。其值越大，则离散程度越大；其值越小，说明数据分布愈集中。在方差分析、因子分析、回归分析等统计中，方差是一个重要的统计量。例如，在主成分分析中，要根据方差的贡献率和方差累计贡献率来评估用因子解释各变量的程度。

6. 偏度和峰度

偏度表示分布的不对称程度和方向。如果分布是对称的，偏度为零；如果分布偏向左边，偏度为正；分布偏向右边，偏度为负。不对称的程度越高，偏度与零的偏离也就越大。峰度表示分布与正态曲线相比的尖峭程度或扁平程度。如果分布与正态曲线的形状相同，峰度为 0；如果比正态曲线尖峭，峰度为正；如果比正态曲线扁平，峰度为负。

9.2.3　调查资料的频率分布分析

资料分析就是运用定量分析方法对市场调查中所获得的资料进行科学的处理和加工，从中提炼出各种有价值的信息的工作。市场调查资料经过整理和汇总之后，就可以利用各单变量分析方法先进行初级统计分析，再进一步利用各种双变量和多变量分析技术做更深入的分析研究。

频率分布分析也叫横列表分析，表中列出每个问题中各备选答案被选择的数量，在市场调查中被广泛地应用，这是因为：一是交叉频率分布分析及其结果能很容易地被那些并不具有较深统计知识的经营管理人员接受和理解；二是许多市场调查项目的数据处理分析可以依赖交叉频率分析方法得到解决；三是通过一系列的交叉频率分布分析，可以深入分析和认识那些复杂的事物或现象；四是清楚明确的解释能使调查结果很快成为经营管理措施的有力依据；五是这种技术简便易行，尤其一般市场调查人员更易接受。

1. 单变量频率分布分析

调查数据资料分析的第一步通常是先对每个问题进行单独分析。单变量频率分析就是对某个问题中的各个变量值出现的次数（频数）及其所占百分比（频率）的分析。通过某个变量各变量值的频率分布，可以掌握此变量的总体分布特征，因此，变量的频率统计分析是资料分析中最基础和最重要的分布之一。

频数即变量取某个值的个数，频率也叫百分比，是表示调查结果的最常用的统计数字之一。将变量所有取值的频数和百分比列在一个表中，这种表叫频数表，从中可以看出各变量各个取值的发布情况，对分组后的变量也可以做出频数表。如果调查所用样本是有代表性的随机样本，那么百分数就常常用于估计相同的项目在调查总体中所占的比率，即百分比等于频数/样本量×100%。例如，对问题"对于西安市场上各种牌子的袋装牛奶，说出你接受的价位？"答案的选择，编制成的变量频数分布表如表9-1所示。

表 9-1　某市消费者接受袋装奶的价格（元/227mL）统计

变量（价格）	变量取值	频数/人	百分比/%	有效百分比/%	累计百分比/%
0.5~0.6元	1	32	11.5	11.6	11.6
0.6~0.8元	2	74	26.6	26.8	38.4
0.8~1.0元	3	98	35.3	35.5	73.9
1.0~1.2元	4	39	14.0	14.1	88.0
1.2~1.5元	5	11	4.0	4.0	92.0
1.5元以上	6	22	7.9	8.0	100.0
未答	9	2	0.7	—	—
合计	—	278	100.0	100.0	—

在上例中，表中第一列是"变量"，是对变量取值的说明；第二列是"变量取值"，"1"至"6"分别代表了不同的价格，"9"代表了缺省值；第三列是"频数"，对应的值表示各个取值的频数；第四列是"百分比"，是频数对于样本量（278人）的比率；第五列是"有效百分比"，是频数对有效个案数（276人，即样本量减去缺失个案数）的比率；第六列是"累计百分比"，是对有效百分比的累加。百分数主要用于估计和比较各个相同或相似的子群在总体中所占的比例，估计总体中具有某种特征的个体的数目，估计变化情况或变化速度。

2. 多变量频率分布分析

多变量频率分布分析是计算某个变量的变量值在另一个变量的变量值上出现的频率。这种分析需要采用交叉列表，以便更深入地显示现象之间的相互关系。以某项研究时装购买与婚姻状况之间关系的市场调查项目为例，通过对1 000名消费者选择服装的调查资料进行整理，列出两变量交叉分析表，如表 9-2 所示。

表 9-2　婚姻状态与时装购买的关系

婚姻状况 时装购买状况	已婚 /%	未婚 /%
高档服装 低档服装	31 69	52 48
列合计	100	100
被调查者人数	700	300

　　从表 9-2 资料的显示可以看出，被调查者中 52% 的未婚者属于高档时装的购买者，而在已婚者中只有 31% 是高档时装的购买者，得出的结论似乎是未婚者比已婚者购买更多的高档时装。为了验证这一结论，这里再引入"性别"这一变量进行多变量交叉分析，如表 9-3 所示。

表 9-3　婚姻状况、性别与时装购买选择分布表

时装购买状况	女　性				男　性			
	已婚		未婚		已婚		未婚	
	人数	百分比	人数	百分比	人数	百分比	人数	百分比
高档时装 低档时装	75 225	25% 75%	108 72	60% 40%	140 260	35% 65%	48 72	40% 60%
被调查人数	300	100%	180	100%	400	100%	120	100%

　　表 9-3 的资料显示，女性中 60% 的未婚者属于高档时装购买者，而已婚女性中的比例只有 25%。对男性而言，40% 的未婚者和 35% 的已婚者属于高档时装购买者，两者的比例较为接近。显然，通过引入性别这一变量后，原有的结论得到了更准确的反映。从这个资料可以看出女性由婚前对高档服装的热衷到婚后对低档服装购买的增加，说明女性在婚后比男性更注重对家庭的投入，从社会学的角度来看，这种分析的结果也是比较符合常理的。

　　选择和确定交叉列表分析中的变量，包括其内容和数量，应根据调查项目的特征而异。在某些应用型的调查项目中，分析研究时应该把所有与问题相关的因素都选作交叉频率分析的变量。比如，在一项关于产品销售的研究项目中，调查人员应把可能影响产品销售的因素，比如质量、品种、花色、品牌、包装、体积等都加以考虑。再如，在研究顾客光顾快餐店是否受一些关键的因素影响和制约时，应考虑的变量因素可能包括消费者的性别、收入水平、职业、年龄等，也可以把消费者的受教育程度、民族、性格等作为考虑的因素。总之，在这一类情况中，交叉列表的变量取决于客户的要求和调查人员的分析判断。

　　在探索性的研究中，研究者可凭直觉选择所有的用户交叉列表的因素。例如，在研究消费者时，研究者自由地选择那些可能影响购买偏好的因素（年龄、性别、生活方式、收入、教育等）。但不管研究者有多大的自主权来选择用于横列表中的因素，这些因素的选择都应当在资料收集之前就已决定。这并不是说其他的因素不可能加进去，只是因为交叉频率分析只能在有数据基础的因素上进行。

交叉频率分析法有两个局限性，一是如果有几个因素要考虑，就需要相当大的样本；二是很难确保所有的有关因素已进行了分析。如果因素选择得不恰当，就会得出错误的结论。即使是因素选择得正确，研究者也许会使用不当，从而也不能找到真实的关系。

9.3 推论统计分析

推论性分析又称解析性分析，是指运用统计分析技术对数据本身所包含的现象隐性的本质属性及规律性进行深入的分析研究。资料的分析有两个层次，在较低层次的分析中，所收集的资料被分类，并作类目之间的比较。在市场研究中，一般很少做普查，更多的是做抽样调查，所描述分析的资料也多为样本资料。抽样调查的目的是要由样本特征对总体做出结论，这就是推论统计，主要包括参数估计、假设检验等。推论分析是一门通过样本的统计值来估计总体的参数值的方法，有时涉及多个变量或两个以上样本的数据分析，因而有一定的难度，一些难度较大的统计分析方法需要利用统计应用软件进行求解。

9.3.1 参数估计

当利用抽样结果对总体平均值进行估计时，有两种方法，一种是点估计，另一种是区间估计。

1. 点估计

点估计就是在总体参数未知时，用一个特定的样本统计量估计总体。一个较好的估计量应满足无偏性、有效性和充分性等特征。点估计是把样本平均值作为总体平均数的估计值。例如，要知道某地区居民户的平均收入，就以样本的均值作为估计值。一般来说，如果样本愈大和抽样的方法愈严谨，这种估计方法愈可信。但无论如何，抽样误差是难免的，抽样结果的点估计很难恰好准确，因此市场调查通常采用区间估计法。

2. 区间估计

区间估计是指用一个置信区间估计总体参数。这个置信区间是在一定的置信度或显著性水平下建立的，总体参数落在这个区间内可能犯错误的概率等于显著性水平。区间的大小，取决于在估计时所要求的置信度，这个区间被称为置信区间。区间估计的种类有总体平均值的区间估计、总体百分数的区间估计等。

置信区间、置信度和显著性水平是区间估计常用的三个术语。置信区间是指在某一置信度下，总体参数所在的区域范围。置信度表示用置信区间估计总体参数的可靠性和把握程度，用 1−α 表示，显著性水平则指估计某一参数落在置信区间内时，可能犯错误的概率，用符号 α 表示。在调查研究中，置信度和显著性水平一般由研究者确定，通常要求置信度为95％或99％，显著性水平为 0.05 或 0.01。

1) 均值的区间估计

假如所要求的置信度是 95％，可用下面的公式来计算置信区间：

$$\overline{X} = \pm 1.96(SE)$$

即

$$\overline{X} = \pm 1.96(\frac{S}{\sqrt{N}})$$

或

$$\overline{X} - 1.96(\frac{S}{\sqrt{N}}) \leqslant M \leqslant 1.96(\frac{S}{\sqrt{N}})$$

式中，$\overline{X}$ 是样本的均值，SE 是标准误差，S 是样本的标准差，N 是随机样本的大小。

置信区间的大小与样本的大小是成反比的。样本愈大，其代表性一般是愈大，因此在估计时就可用较小的间距。换言之，在固定置信度以后，只要将样本加大，就可以得到较小的间距，使估计更加精确。

2) 比率的区间估计

如果要求 95％ 的置信度，则计算置信区间的公式是：

$$P = \pm 1.96(SE)$$

即

$$P = \pm 1.96\sqrt{\frac{P(1-P)}{N}}$$

其中 P 是样本中的比例（即百分率），SE 是抽样分布的标准误差，N 是随机样本的大小。

9.3.2　假设检验

假设检验是推论统计中常用的一种方法。在市场研究中，根据已有的理论和经验或对样本的总体的初步了解而对研究结果作出的假设叫做研究假设 H_1（也叫备择假设），而与之相对立的假设称为虚无假设 H_0（也称零假设）。研究者通过对 H_0 进行检验，从而接受或拒绝 H_1 的过程便是假设检验。假设检验就是对总体分布中的某些参数或总体的分布形式，先作出某种假设，然后根据样本观察的数据来检验原假设是否正确，以决定是接受还是拒绝原假设。在市场调查中，许多问题往往需要经过检验，才能得出正确的结论。例如，"某种液态奶包装平均每包的重量不少于 500 克"，"广告前后消费者对某种商品的购买发生明显变化"等。但这些推断是否真实、是否正确，应当加以科学的检验。

假设检验可以分为参数检验和非参数检验。如果对象总体可以计算平均值，则称其为对象总体的参数，对总体平均值的检验称为参数检验。常用的检验方法有以下几种。

（1）Z检验。常用于总体正态分布、方差已知或独立大样本的平均数的显著性和差异的显著性检验，非正态分布的皮尔森积差相关系数和二列相关系数的显著性检验及两个相关系数分别由两组被试得到的相关系数差异性检验等情况。

（2）t检验。常用于总体正态分布、总体方差未知或独立小样本的平均数的显著性检验，平均数差异显著性检验，相关系数由同一组被试取得的相关系数差异显著性检验，非正态分布的皮尔森相关系数的显著性检验等情况。

（3）F检验。常用于独立样本的方差的差异显著性检验。

在市场调查中，如销售额、收入、市场占有率、商品的某些质量特性等对象总体的检验，都属于参数检验。如果对象总体不能计算平均值，或者平均值没有意义，那么对象总体不存在参数，有关这类总体的检验称为非参数检验。在市场调查中，许多行为研究的资料，多为顺序或类别方面的问题，如消费者对产品的偏好结构和偏好等级的检验，应该用非参数检验的方法，对其分布形式，包括类别结构和层次结构，进行检验。非参数检验主要运用 χ^2 检验、麦氏检验、戈氏检验、马氏检验和魏氏检验。在进行应用分析时，应根据调查数据的性质，并根据实际情况选择合适的假设检验方法进行假设检验。

9.3.3 参数假设检验

在进行假设检验时，如果总体的分布形式已知，仅需对总体的未知参数（总体均值、总体比率等）进行假设检验，则称之为参数假设检验。如果总体分布形式未知，或者解决的问题不符合参数假设检验条件时，通常采用非参数假设检验。假设检验的一般步骤如下。

（1）建立假设。首先要依据问题的性质和条件同时提出两个相对立的假设。例如，在对广告效果的检验时，提出两个假设为：

H_0：广告前后的销售量无显著变化；

H_1：广告前后的销售量有显著变化。

其中 H_0 称为原假设、零假设或虚无假设，它是关于不存在差别的假设，因而用符号表示时，必含有等号，H_1 称为对应假设或备择假设。

（2）选择合适的检验统计量。样本虽然反映了总体的分布规律，包含着关于未知参数的信息。但是，直接用样本观察值去检验假设是困难的，必须借助于根据样本构造出的某个统计量。用于假设的统计量称为检验统计量。选择适当的检验统计量要依据有关的抽样分布。对不同类型的问题选择不同的统计量作为检验统计量。许多常用的检验统计量可以归结为如下一般形式：

检验统计量＝（样本的统计量－被检验的参数）/样本统计量的标准误差

（3）规定合适的显著性水平。显著性水平 α 的值是事先根据调查人员愿意承担拒绝零假设的风险程度来确定的。在市场调查中往往把 α 确定为 0.05，即检验结果的可靠程度为95%。如果使用双侧检验，则应使用 $\alpha/2$。

（4）由样本资料计算出检验统计量的具体数值。选定了检验统计量后，就要根据所搜集的样本数据，并根据这些数据计算出检验统计量的值。

（5）做出统计决策。根据显著性水平，将实际计算的检验用的统计值与查表得到的否定域的临界值比较，决定虚无假设的取舍（临界值通常可以在 t 分布表、F 分布表、χ 分布表查到）。一般情况下，当统计量的计算值（有时取绝对值）小于临界值时，应接受 H_0 而拒绝 H_1；当统计量的计算值大于临界值时，应拒绝 H_0 而接受 H_1。

1. 平均数的检验

对总体单值平均数的检验，和下文所要介绍的两平均数之差的检验，在大样本情况下，用 Z 检验法，在小样本中则用 t 检验法。一般而言，当 $n \geqslant 30$ 时，为大样本；当 $n < 30$ 时，为小样本。

（1）大样本方法（Z 检验法）。当总体分布为正态分布，并且总体标准差已知时，而样本量 $n \geqslant 30$ 时，常采用 z 分布检验。检验统计量 z 的计算公式为

$$z = \frac{\overline{X} - \mu_0}{\sigma} = \frac{\overline{X} - \mu_0}{\sigma/\sqrt{n}}$$

由显著水平 α，查 z 分布表，可得 $-z_{\alpha/2}$，$z_{\alpha/2}$ 两个临界值，若检验统计量 Z 落在两个临界值之间，则接受原假设；反之，拒绝原假设。

【例 9 - 1】 某地城镇居民某年人均可支配收入 9 850 元，标准差为 880 元。某项市场调查随机抽取 600 名居民进行调查，结果人均可支配收入为 9 785 元，在 $\alpha = 0.05$ 的条件下，能否认为样本户的人均可支配收入与总体均值没有显著的差别（$H_0 : \mu = \mu_0$）。

解
$$z = \frac{9\ 785 - 9\ 850}{880/\sqrt{600}} = -1.809\ 3$$

查 z 分布表，$-z_{\alpha/2} = 1.96$，$z_{\alpha/2} = 1.96$，由于检验统计量 $z = -1.809\ 3$，落在了两个临界值之间，故接受原假设，即样本均值与总体均值之间没有显著的差别，样本是有代表性的。

（2）小样本方法（t 检验法）。若总体为正态分布，总体方差未知，当样本量 $n < 30$ 时，可用样本标准差代替总体标准差，应用 t 检验。检验统计量 t 为

$$t = \frac{\overline{X} - \mu_0}{s/\sqrt{n-1}}$$

根据显著性水平 α，自由度 $n-1$，查 t 分布表，可得 $-t_{\alpha/2}$ 和 $t_{\alpha/2}$ 两个临界值，若检验统计量落在两个临界值之间，则接受原假设；反之，拒绝原假设。

【例 9 - 2】　某商场上半年测量的每天的顾客流量为 4 312 人，10 月份从 18 天构成的随机样本测量的顾客流量为 4 396 人，标准差为 210 人，设 $\alpha = 0.05$，假定顾客流量服从正态分布，能否认为顾客流量比上半年要高一些？（$H_0 : \mu = \mu_0$）

解
$$t = \frac{4\,396 - 4\,312}{210 / \sqrt{16 - 1}} = 1.549\,2$$

查 t 分布表，当 $\alpha = 0.05$ 时，得临界值为（-1.753，1.753），检验统计量 $t = 1.549\,2$ 落在此区间内，因此，不能认为顾客流量比上半年高，即差异不显著。

2. 两个总体平均数之差的检验

营销人员常常希望检验不同调查群体间的差别。在检验两个总体平均数之差是否具有显著性时，无论总体是否服从正态分布，当样本为大样本（$n \geqslant 30$）时，来自两个总体的样本平均数之差是趋近于正态分布的，故可采用 Z 检验，其检验统计量为

$$z = \frac{(\bar{x}_1 - \bar{x}_2) - (\mu_1 - \mu_2)}{\sqrt{\dfrac{\sigma_1^2}{n_1} + \dfrac{\sigma_2^2}{n_2}}}$$

当两个总体方差 σ_1^2、σ_2^2 未知，在大样本条件下，可用样本方差 S_1^2、S_2^2 代替。公式中的 $\mu_1 - \mu_2$ 一般为 0（假设二者相等），可略去。

【例 9 - 3】　某大学对 500 名已毕业 4 年的校友的月收入进行调查，其中男校友 448 人，月平均收入为 1 786 元，标准差为 29 元。女校友 52 人，月平均收入为 1 630 元，标准差为 26 元，可以看出男校友的平均月收入比女校友的高，试问在显著性水平 $\alpha = 0.05$ 的条件下，这种差别是否有显著意义？（$H_0 : \mu = \mu_0$）

解　（1）两个平均值之差为 1 786 - 1 630 = 156

估计两个平均值差的抽样误差：

$$
\begin{aligned}
S &= \sqrt{S_1^2 / n_1 + S_2^2 / n_2} \\
&= \sqrt{29^2 / 448 + 26^2 / 52} \\
&= 3.862
\end{aligned}
$$

（2）根据样本数据，计算检验统计量的值 z：

$$
\begin{aligned}
z &= \frac{\text{两样本平均值之差} - \text{原假设表述的平均值的差}}{\text{两个平均值差的抽样误差}} \\
&= \frac{156 - 0}{3.862} \\
&= 40.4
\end{aligned}
$$

当 $\alpha = 0.05$ 时，查 z 分布表得临界值为 1.64，计算出来的结果 40.4＞1.64，所以有

95％的把握确信男校友的平均月收入比女校友高。

3. 总体比率的假设检验

在许多情况下，调查人员都会遇到用百分比进行统计的情况。在单个总体比率的假设检验中，当样本单位数 $n \geqslant 30$，np 和 $n(1-p)$ 均大于 5 时，样本比率 p 的抽样分布近似正态分布，可采用 z 检验，检验统计量 z 为

$$z = \frac{p - p_0}{\sqrt{\dfrac{p_0(1-p_0)}{n}}}$$

式中，p_0 为假设的总体比率，p 为样本比率。

【例 9 - 4】 某企业生产某品牌电饭煲，根据以往统计，该品牌的市场占有率为 18％。现抽取 800 户居民家庭进行调查，测得 A 品牌的市场占有率为 17.4％，在显著性水平为 $\alpha = 0.05$ 的条件下，能否认为 A 品牌电磁炉的市场占有率没有明显的变化（H_0：$P = P_0$）？

解
$$z = \frac{17.4\% - 18\%}{\sqrt{\dfrac{18\%(1-18\%)}{800}}} = -0.441\,7$$

查 z 分布表，得临界值（-1.96，1.96），检验统计量 $-0.441\,7$ 落在此区域内，故可以认为 A 品牌的市场占有率没有明显的变化。

4. 两个总体比率之差的检验

当样本量较大时，来自两个总体的样本比率之差的抽样分布是近似于正态分布的。当两个总体比率 p 大体相同时，检验的统计量为

$$z = \frac{p_1 - p_2}{\sqrt{\dfrac{p_1(1-p_1)}{n_1} + \dfrac{p_2(1-p_2)}{n_2}}}$$

【例 9 - 5】 某企业为拟开发的新产品做了市场调查，在 1 000 名调查者中有 300 名来自高、中收入家庭，有 16％的人表示愿意购买新产品，700 名来自低收入家庭，其中 14％的人表示愿意购买新产品，由此是否可以认为高、中收入家庭比低收入家庭更愿意购买新产品？（显著性水平 $\alpha = 0.05$）

解
$$z = \frac{16\% - 14\%}{\sqrt{\dfrac{16\%(1-16\%)}{300} + \dfrac{14\%(1-14\%)}{700}}}$$
$$\approx 0.803$$

查 z 分布表，当 $\alpha = 0.05$ 时，得临界值为 1.64，计算的结果 $0.803 < 1.64$，故认为家庭收入水平对人们购买该新产品的意向没有显著性影响。

9.3.4 非参数假设检验

非参数假设检验主要应用于两个方面，一是总体未知，或所要判别的问题不符合参数假设检验的条件；二是采用类别尺度和顺序尺度计量的现象，需要作出某种判别时，传统的参数假设检验是无法做到的，只能采用非参数假设检验。非参数假设检验的方法很多，其中，应用最多的是 χ^2 检验和方差分析。当统计所得值大于 $\alpha = 0.05$ 或 0.01 显著性水平的临界值时，说明所检验问题差异显著或非常显著，当统计所得 χ^2 值小于 $\alpha = 0.05$ 或 $\alpha = 0.01$ 显著性水平的临界值时，则表示所检验问题差异不显著。

1. χ^2 检验

在市场调查研究中，χ^2 检验有两个主要用途。①χ^2 检验样本分布与总体分布有无显著差异，用以说明样本的代表性。如果 χ^2 检验显著说明样本分布与总体分布差异大，缺乏代表性。②应用于检验两个或两个以上因素的多项分类之间是否关联或是否具有独立性的问题。

1）对单个独立样本的 χ^2 检验

在市场分析研究中，常常需要对变量的观察值出现的实际次数（O_i）与理论次数（E_i）进行比较，以便判别实际的频数分布形态与期望分布是否一致。χ^2 的统计量定义为

$$\chi^2 = \sum \frac{(O_i - E_i)^2}{E_i}$$

检验的决策法则为

$$\chi^2 > \chi^2{}_{1-\alpha} \quad \text{不适合某理论分布（差异显著）}$$

$$\chi^2 < \chi^2{}_{1-\alpha} \quad \text{适合某理论分布（差异不显著）}$$

例如，某乳制品公司请 120 个用户评价公司某新产品的三种包装设计。请他们挑出认为最好的一种，结果如下：

包装式样　　甲　　乙　　丙
选择的人数　60　　35　　25

能否根据上面的调查结果判断甲、乙、丙三种包装设计中有一种受欢迎的程度显著地高于其他两种？（显著性水平 $\alpha = 0.05$）

H_0：三种包装设计受欢迎的程度一样

H_1：三种包装设计受欢迎的程度有显著差异

这是一个适度检验问题，采用 χ^2 检验

$$\chi^2 = \sum \frac{(O_i - E_i)^2}{E_i}$$

$$= \frac{(60-40)^2}{40} + \frac{(35-40)^2}{40} + \frac{(25-40)^2}{40}$$

$$= 16.25$$

式中，O_i——第 i 中设计（类别）的选择数目（观察值）（$O_2 = 35$）；

　　　E_i——在 H_0 假设下第 i 种设计（类别）被选择的数目期望值（观察值）（$E_i = 40$）

　　　k——设计（类别）组数（$k = 3$）。

按 df$= k - 1 = 2$，由 χ^2 值表查得 $\chi^2 = 5.99$。由于 $\chi^2 > \chi_a^2$，故拒绝 H_0，而接受 H_1，认为潜在用户对新产品的三种包装设计的反映有显著差别。即甲包装设计受欢迎的程度明显地高于乙、丙两种。

2）两个变量的独立性检验χ^2检验——列联表分析

在市场调查研究中，往往有许多两变量交叉分类的数据资料，χ^2 检验的另一个应用就是用来检验两个变量的独立性。检验统计量为

$$\chi^2 = \sum \frac{(O_{ij} - E_{ij})}{E_{ij}}$$

式中，O_{ij} 为交叉分类表中的每格的实际次数。E_{ij} 为交叉分类表中的每格的理论次数，

则

$$E_{ij} = \frac{n_1 n_2}{n}$$

例如，某调查公司对 500 名大公司职员的月薪进行调查，其结果按收入范围和学历进行交叉分类，如表 9-4 所示，其数据表中括号内为理论次数，可以发现职员的收入水平因学历不同而有差别，那么学历对收入水平是否有显著影响呢？

表 9-4　月收入调查频率分析

学历 收入水平	专 科	本 科	研究生	行样本量 n_i
2 000 以下	19(11)	23(23)	0(8)	42
2 000~2 500 元	45(45)	95(95)	35(35)	175
2 500~3 000 元	50(53)	110(111)	45(41)	205
3 000 以上	16(20)	42(42)	20(16)	78
列样本量 n_j	130	270	100	500

H_0：职员的收入水平不因学历而变化

H_1：职员的收入水平因学历不同而有显著变化

此检验问题为两个独立样本之间的差别检验，采用 χ^2 检验方法，

$$\chi^2 = \sum_{i=1}^{r} \sum_{j=1}^{k} \frac{(O_{ij} - E_{ij})^2}{E_{ij}}$$

$$= \frac{(19-11)^2}{11} + \frac{(23-23)^2}{23} + \frac{(0-8)^2}{8} + \cdots + \frac{(20-16)^2}{16}$$

$$= 16.17$$

式中：O_{ij}——表中第 i 行第 j 列的观察值（$O_{32}=100$）；

E_{ij}——在虚无假设 H_0 下第 i 行第 j 列单元的期望值（见表中括号内数据，如 $E_{32}=111$）；

r——行变量个数（收入范围个数 $r=4$）；

k——列变量个数（学历等级数 $k=3$）。

由 df $=(r-1)(k-1)=6$，$\alpha=0.05$ 查值表得 $\chi_\alpha^2=12.59$。由于 $\chi^2>\chi_\alpha^2$，故拒绝 H_0，接受 H_1，认为学历对职员的月收入水平有显著影响。

2. 方差分析

方差分析是利用方差来判断多个样本总体均值是否相等，或者检验多个样本均值之间的差异是否具有显著性的一种统计分析方法，常用于判断影响某变量众多因素中，哪些因素起主导作用，哪些因素起次要作用，或者判断不同的方案中哪一种方案最好。通常用 F 检验值来判断。

$$F \text{检验值} = \frac{\text{变量所产生的变化}+\text{抽样误差}}{\text{抽样误差}}$$

F 值越大则说明变量产生的变化越大，就越能判断由变量引起的样本的观察值之差异的成分越大（方差分析也常用检验回归方程的显著性）。

1）单因素方差分析

在单因素方差分析中，只检验一个变量的影响。例如，某公司在一次新产品的研究中，试验三种不同包装对新产品销售量的影响。从某城市的相似商店中随机选取三组样本，每组样本各有 5 个商店。将三组样本商店分别随机地配以三种不同包装的新产品进行销售。表 9-5 中列出了新产品在三种不同包装下的销售量。要求根据试验结果检验包装对该产品的销售量是否有显著影响。

表 9-5 不同包装对销售量的影响

包装 \ 商店销售量	1 2 3 4 5	销售量总和(4 个)	样本平均
甲	12 11 10 9 8	50	$\overline{x_1}=10$
乙	10 9 8 6 7	40	$\overline{x_2}=8$
丙	9 8 7 7 4	35	$\overline{x_3}=7$
		总样本平均 $\overline{x}=8.33$	

H_0：包装对该产品销售量无显著影响

H_1：包装对该产品销售量有显著影响

下面对调查结果进行方差分析，表 9-6 中是方差分析结果。

表 9-6　包装对销售量影响的方差分析

离差来源	离差平方和	自由度	离差均方和
包装组之间	$SS_r = 23.3$	$r-1 = 2$	$MSS_r = 11.65$
包装组内商店之间	$SS_\lambda = 34$	$r(n-1) = 12$	$MSS_\lambda = 2.8$
所有商店之间	$SS_t = 57.3$		

（1）计算各商店销售量总的离差平方和 SS_t。

$$SS_t = \sum_{i=1}^{n} \sum_{p=1}^{r} (x_{ip} - \bar{x})^2$$
$$= (12-8.33)^2 + (11-8.33)^2 + \cdots + (4-8.33)^2$$
$$= 57.3$$

式中：x_{ip}—— 出售第 p 种包装产品的第 i 个商店的销售量（如 $x_{13} = 10$）；

$\bar{x}$——销售量的总样本平均 $= 8.33$；

n——出售每种包装产品的商店数（$n=5$）；

r——包装种类（$r=3$）。

（2）计算出售不同包装产品的商店之间销售量的差别（样本组之间的离差平方和 SS_r）

计算出售不同包装产品商店的销售量样本平均值之间的差别 SS_r，这个差别是可以由包装这个变量来解释的，即由包装引起的销售量平均值的变化。

$$SS_r = n \left[\sum_{p=1}^{r} (\bar{x}_p - \bar{x})^2 \right]$$
$$= 5 \left[(10-8.3)^2 + (8-8.3)^2 + (7-8.3)^2 \right] = 23.3$$

式中：$\bar{x}_p$—— 销售 p 种包装产品的各商店销售量的平均值（如 $\bar{x}_2 = 8$）。各包装种类的平均销售量之间差别的方差估计（或均方和）由下式计算：

$$MSS_r = SS_r / df = 23.3 / 2 = 11.65$$

式中：df —— 包装组之间方差估计的自由度，$df = r-1 = 2$。

（3）计算出售各包装产品的商店销售量之间的离差（即样本组内离差平方和 SS_λ）。

计算出售各包装产品的商店的销售量之间的离差平方和 SS_λ，它是不能被包装种类所解释的离差部分：

$$SS_\lambda = \sum_{i=1}^{n} \sum_{p=1}^{r} (x_{ip} - \bar{x}_p)^2$$
$$= (12-10)^2 + (11-10)^2 + \cdots + (4-7)^2 = 34$$

销售同种包装产品的商店的销售量之间的离差的方差估计（或均方和 MSS_λ）由下式计算：

$$MSS_{\lambda} = SS_{\lambda}/df = 34/12 \approx 2.8$$

式中：df—— 包装组内方差估计的自由度，$df = r(n-1) = 12$

（4）计算 F 值

$$F\text{检验值} = \frac{\text{样本组间离差均方和}}{\text{样本组内离差均方和}}$$

$$= \frac{MSS_r}{MSS_{\lambda}}$$

$$= \frac{11.65}{2.8} \approx 4.16$$

由 $\alpha = 0.05$，自由度 $df = (2, 12)$ 查 F 值表得到 $F = 3.89$，由于 $F > F_{\alpha}$，故拒绝 H_0 而接受 H_1，认为包装设计的不同对该产品的销售量有显著的影响。

2）多因素方差分析

单因素方差分析即只考虑了产品包装变量对销售量的影响。但实际上会发现商店的规模大小对产品的销售量也有影响，则能更好地研究产品包装对销售量的影响。例如，某洗发水公司设计了三种新的包装款式，现在想选择其中的一项投放市场，希望通过一项实验确定哪种包装款式最受顾客欢迎。实验设计者很清楚，必须先证实三种包装款式在顾客心目中确实存在显著性差异后，方可再指出其中的哪款包装设计才是顾客"心中的最好"。实验设计方案如下。

（1）随机抽取 12 位目标顾客，将其分成 3 组，每组 4 人。

（2）采用评分的方法，最高分 10 分。

（3）考虑到"先入为主"对顾客印象的影响，在三种款式的安排次序上各组各不相同。

（4）建立假设：顾客对三种款式的洗发水的评分结果不具有显著性差异。

（5）确定显著性水平，设 $\alpha = 0.05$。

（6）采用拉丁方格原理确定实验次序。

（7）三种新款包装设计以 A、B、C 定名。

数据资料如表 9-7 所示。

表 9-7　顾客对三种新款包装设计的评分实验及实验结果数据表

顾客代表小组	第一展示	第二展示	第三展示	合计	平均值
第一小组	5（A）	9（B）	6（C）	20.00	6.67
第二小组	8（B）	4（C）	5（A）	17.00	5.67
第三小组	5（C）	6（A）	9（B）	20.00	6.67
合计	18.00	19.00	20.00	57.00	…
平均值	6.00	6.33	6.67	…	6.33

从表 9-7 的数据上看，展示的先后次序之间所产生的差异与各小组之间对三款包装的

评价的差异都不具有显著性差异。而 A 款的平均分 5.33 分；B 款的平均分 8.67 分；C 款的平均分 5.00 分。在这方面的差异似乎较为明显。

从表 9-8 的结果查 F 分布临界值表，仅不同包装之间的差异不具有随机性差异的特征。即顾客对三种新款包装的评分差异不能说是随机性差异，而是存在显著性差异。可以再由此推断 B 款包装设计给顾客的印象最好，应该率先推出。

市场调查的对象是各类庞大而复杂的总体，即使经验丰富的调查者也难以完全保证自己的推断正确无误。在市场调查中，因推断失误而带来的风险，多少总是存在的，有时会造成巨大的损失。因此，要使营销决策合理，就要力求市场推断的正确；要正确地推断市场，就要进行统计检验。市场调查人员应当既能大胆的提出推断，又能谨慎地加以检验。统计推断与统计检验相结合，才能体现市场调查工作的科学性与创造性。

表 9-8　新款包装实验数据的统计分析表

方差来源	平方和	自由度	均方差	F 检验
不同包装之间	24.67	$3-1=2$	12.33	37.00
不同小组之间	2.00	$3-1=2$	1.00	3.00
不同实验次序	0.67	$3-1=2$	0.33	1.00
残差	0.67	$9-6-1=2$	0.33	

9.4　高级统计分析方法

资料的分析方法除了前面讨论的初步分析方法及假设检验中的统计分析方法外，还有一些高层次的统计分析方法，如回归分析、因子分析、主成分分析、聚类分析、判别分析等，这些分析在市场研究中有下面几个方面的主要作用。

1. 简化数据结构，选择变量子集合

在市场研究中常要从多个方面了解研究对象（产品、消费者、企业等）的信息，所涉及的变量或指数相当多。所选的变量是否一定要那么多？能否找到某个或某几个能基本上反映原有变量总体结构的综合变量？比如，人们购物时的众多考虑因素（物价、式样、颜色、材料、耐久性、牌号、销售商店）中，哪些是主要考虑因素？哪些因素相互重复解释？有没有综合变量存在？这种对多变量的简化处理分析对于研究中抓住主要矛盾、简化研究过程有很大帮助。采用主成分分析方法、因子分析方法、聚类分析方法都可以达到简化数据结构、选择变量子集合的目的。

2. 对数据进行分类处理、分类研究、构造分类模式

制定营销策略的第一步是对市场进行细分化，如把潜在的顾客分成不同类型以便有针对性地制定高效的营销策略；面对某个新的潜在顾客，需要将其归到现有的市场中，如判断某个家庭是报刊或牛奶的可能订户还是非可能订户等。要进行这样的工作需要对样本的多变量数据进行分类处理、分类研究。因子分析、聚类分析及判别分析等都可以帮助解决这样的问题。

3. 构造模型

市场研究的目的之一是探索企业经营活动的数量规律，如寻求销售量与市场营销变量(广告费、价格等)的相关性数学模型。多变量分析中模型有两类：一类是预测模型，可用回归分析方法解决；另一类是描述性模型，可用聚类分析、因子分析等方法处理。

高级统计分析方法的功能很强，但计算却比较复杂，不是手工能胜任的。目前已有各种计算机软件可供使用。国内已开发出一些简单的统计分析软件，而且某些经济统计分析书中也列有相应的计算机程序。国外也早有了这方面的通用软件，如 SAS、SPSS、SYSTAT 等可供选购使用。

9.4.1 相关分析法

相关系数是度量两个变量之间相互联系程度的统计量，用 r 表示。相关系数因数据资料性质不同，统计分析方法也不同，因而有皮尔逊相关、斯皮尔曼相关、肯德尔相关、净相关等。一般所说的相关系数是指皮尔逊相关系数。

$$r=\frac{n\sum xy-\sum x\sum y}{\sqrt{n\sum x^2-(\sum x)^2}\sqrt{n\sum y^2-(\sum y)^2}}=\frac{\sum(x-\bar{x})(y-\bar{y})}{\sqrt{\sum(x-\bar{x})(y-\bar{y})}}$$

(1) r 的取值范围为 $-1\leqslant r\leqslant 1$；

(2) 当 $r=\pm 1$ 时，表示 y 与 x 完全线性相关；

(3) 当 $r=0$ 时，表示 y 与 x 零相关或完全无关；

(4) 当 $0<|r|<1$，即 $-1<r<0$ 或 $0<r<1$ 时，y 与 x 之间关系的密切程度介于中间状态；r 的绝对值愈接近 1，说明相关性愈强；相关系数的取值范围在 -1 和 1 之间，以小数形式表示。正负号表示相关的方向。相关系数的绝对值愈大，两变量之间的关系愈密切，反之亦然。

在判断两个变量是否真正存在相关关系时，不能简单地以相关系数为依据来作推论，还必须把所抽取的样本结合起来，进行相关系数的显著性检验，并以检验结果判断两变量的共变关系是否存在，因为不这样有时可能会导致错误的结论。

9.4.2　回归分析法

回归分析是通过观测值寻求一个或数个自变量与一个因变量之间的函数关系的一种统计方法。回归分析的基本思路是根据多次观测值计算出回归系数，建立回归方程并进行回归系数的显著性检验。根据自变量是一个还是多个，回归分析可划分为一元回归分析和多元回归分析。一元回归分析只能处理一个因变量和一个自变量的关系，并根据回归方程由自变量推测因变量。多元回归可决定一个因变量和多个自变量之间的关系，通过建立多元回归方程式，对未知的因变量做出预测。此外，利用多元回归分析，还可以判定在多个自变量中哪些是显著的影响变量，并比较各个自变量对因变量的预测能力。在多元回归分析中，建立多元回归方程式的技术主要有三种，即多元线性回归、逐步回归分析和最佳回归子集法。其中逐步回归分析又可分为前进法（逐步引入法）、后退法（逐步剔除法）和增减法三种。需要指出的是，回归分析并不能确立变量之间的因果关系。

在经济现象中，存在着大量的一种变量随着另一变量的变化而变化的情况，这种对应的因果变化往往无法用精确的数学公式来描述，只有通过大量观察数据的统计处理才能找到它们之间的关系和规律，解决这一问题的常用方法是回归分析。把两个或两个以上的数量关系用函数形式表示出来，就是回归分析要解决的问题。回归分析就是通过对观察数据的统计分析和处理来研究与确定事物间相关关系和联系形式的一种方法。

回归分析是从定量的角度寻找变量之间的因果关系，从而判断某些因素的变化对其他因素的影响，是一种非常有用且灵活的分析方法，被广泛地用于解释市场占有率、销售额、品牌偏好及其市场营销效果等。

在回归分析中，如果研究的因果关系涉及两个变量，就叫做一元回归分析或单回归分析；如果涉及两个以上的变量，则叫做多元回归分析或复回归分析。如果变量之间的相关关系呈线性变化，则叫线性回归；如果变量之间的相关关系呈非线性变化，则叫非线性回归。在实际应用中，由于事物的复杂性，很多情况下要采取多元回归分析，在有些特殊情况下，还必须采用非线性回归分析。回归分析的步骤如下。

1. 相关分析

通常，根据变量间的相关分析，可以了解两个变量间线性相关程度的强弱状态。当相关程度较强时，将 x 与 y 的观察值（x_i，y_i）描绘在由 x 和 y 轴构成的直角坐标系中，形成一个散点图。通常纵轴表示因变量，横轴表示自变量。通过观察散点图上数据点的分布状况，能够直观地发现两个变量间的关系，表明在 x 与 y 之间是否能够构建回归模型。

2. 构建回归模型

一元线性回归方程的基本模型为

$$y = a + bx + e$$

式中：n——样本容量，即样本中数据点个数；

a——常数项（截距）；

b——回归系数；

e——回归剩余项，即不能由 x 和 y 的线性关系来解释的那部分剩余值。

3. 估计参数值

确定参数值 a、b 的方法可以采用最小二乘法，这种方法是使散点图上的所有点到回归直线的距离的平方和最小的准则。以一元线性回归方程为例，利用最小二乘法估计值 a 和 b 的计算公式为

$$b = \frac{n\sum xy - \sum x \sum y}{n\sum x^2 - (\sum x)^2}$$

$$a = \bar{y} - b\bar{x}$$

估计值 b 为回归系数，表示当 x 变化一个单位时，y 随着发生的变化量。

4. 回归模型的统计检验

回归分析法是一种比较严格的数学方法，在对预测精度要求比较高的情况下，回归模型用于分析估计之前或确立后，应做一些数理统计方面的检验。

（1）简单相关检验。变量 y 与 x 之间是否存在线性相关的问题，用相关系数可以比较精确地描述两变量间线性相关的密切程度，通常用字母 r 表示。r 的计算公式是：

$$r = \frac{n\sum xy - \sum x \sum y}{\sqrt{n\sum x^2 - (\sum x)^2}\sqrt{n\sum y^2 - (\sum y)^2}} = \frac{\sum(x-\bar{x})(y-\bar{y})}{\sqrt{\sum(x-\bar{x})(y-\bar{y})}}$$

利用 r 检验 x、y 的相关性，首先判断相关的方向。当 $r > 0$ 时为正相关，$r < 0$ 时为负相关。相关系数 r 的绝对值越大，r 和 x 两变量的线性关系越强，反之越弱。而 r 的大小，与计算所依据的样本大小有关。若样本小，即选择较少的数据点，可能计算的相关系数较大；反之，样本大，选择较多的数据点，可能计算的相关系数就偏小。所以根据样本计算的相关系数的大小，能否反映 x、y 存在线性相关，必须进行检验。

为了保证分析的精度，可以查相关系数临界值 r_α 表。查相关系数检验表，根据 α 值及自由度 f 确定相关系数 r 的临界值 r_α。查表时，选择显著性水平，通常 α 取 0.05 或 0.01；$df = n - k - 1$，k 为回归方程中解释变量即自变量的个数，对于一元线性回归方程 $k = 1$，自由度 $f' = n - 2$。

比较 r 和 r_α，当 $|r| > r_\alpha$ 时，则称 y 与 x 之间存在线性相关关系；当 $|r| \leqslant r_\alpha$ 时，称 y 与 x 之间不存在线性相关关系，即认为两变量间不存在线性关系，线性回归方程不宜应用于分析估计。

（2）回归方程的关联强度和显著性检验。x 与 y 的关联强度可用 R^2 度量，它表示解释变量 x 所能解释的离差在被解释变量 y 的总离差中所占的比例。y 的总离差的分解与方差分

析中的分解方法类似，这时总离差 S_y 可以被分解为回归直线能解释的离差 $S_{回归}$ 和剩余离差 $S_{剩余}$，即 $S_y = S_{回归} + S_{剩余}$。

要判定回归方程在整体上是否显著成立，即用所配合的回归方程来解释因变量的变化是否有效，用 F 检验法。F 检验的步骤如下：

①分解离差平方和，$S_{总离差} = S_{剩余} + S_{回归}$，计算 $S_{剩余}$ 和 $S_{回归}$。

$$S_{总} = \sum_{i=1}^{n}(y_i - \bar{y})^2$$

$$S_{剩余} = \sum_{i=1}^{n}(y_i - \hat{y}_i)^2$$

$$S_{回归} = \sum_{i=1}^{n}(\hat{y}_i - \bar{y})^2$$

式中：y_i——观察值；

$\hat{y}_i$——拟合值；

n——样本容量（数据点个数）。

$$\bar{y} = \frac{1}{n}(\sum_{i=1}^{n}y_i)$$

②计算关联强度　　　　$R^2 = \dfrac{S_{回归}}{S_y}$

③计算统计量 F　　　　$F = \dfrac{S_{回归}/m}{S_{剩余}/(n-m-1)}$

式中：　　m——$S_{回归}$ 的自由度，是回归方程中自变量个数；

$n-m-1$——$S_{剩余}$ 的自由度；

n——样本观察值个数。

④查表检验显著性。根据选定的显著水平 α 及自由度 m，$n-m-l$，查 F 分布表，得临界值 F_α。比较 F 和 F_α，若 $F > F_\alpha$，则认为回归方程线性关系显著，若 $F < F_\alpha$，则认为回归方程线性关系不显著。

9.4.3　方差分析

方差分析又称变异数分析，主要用于分析数据中的不同来源的变异对总变异的影响大小，从而确定自变量是否对因变量有重要影响。使用方差分析的条件是：

（1）总体正态分布；

（2）变异是可加的；

（3）各处理组内（即实验组内部）的方差一致。

在进行检验时，有单侧检验与双侧检验两种情况。方差分析的种类有单因素方差分析（一个因变量和多个自变量）、协方差分析（将足以影响总变异但无法控制的有关因素从变异中剔除后的方差分析）和多元方差分析（多个因变量和多个自变量）。

9.4.4 聚类分析

聚类分析是研究分类聚集的方法。它是将一批样本或变量按其在性质上联系的紧密程度进行分类，按观测值大小聚成若干可以定义的类别。在聚类分析中，描述被聚类事物间的紧密程度的相似性指标主要有距离（如绝对值距离、欧氏距离等）和相似系数（如相关系数、指数相似系数等）。常用的聚类分析方法有系统聚类法和动态聚类法两种。系统聚类是先将所有待分类事物各自看成一类，求出两两间的距离，将距离最近的两类合并，并重新计算类与类之间的距离，逐次重复上述过程，直至归为一类。动态聚类是先对分类事物作一个粗糙的分类，然后按照某种原则逐步修改到比较合理为止，也称逐步聚类法。

9.4.5 判别分析

判别分析主要用于解决根据观测数据对所研究的对象进行分类和预测的问题，也用于在用某种方法或原则已经将部分对象分成若干类的情况下，确定新的观测数据属于已知类别的哪一类。与聚类分析不同，判别分析必须以事先存在不同的类别为前提。

判别分析是一种统计判断和分组技术，是根据观测或测量到调查对象的若干变量值，判断被研究对象属于哪一类的方法。例如，判断某个顾客是可能购买者还是非可能购买者；是某产品的可能使用者还是非可能使用者。判别分析与因子分析和聚类分析的差别在于后两者是将样本进行分类，而前者是判断新样本所属的已知类型。对研究对象进行判别分析的主要工作是收集资料，并在此基础上计算判别系数，只要能计算出判别系数，就可以判断研究对象所属的类型。常用的判别方法有：距离判别、Fisher 判别和 Bayes 判别。

例如，某报纸每年都要为扩大订户开展很多宣传促销活动，征集订户的一种方法是由各销售点的发售员到居民家庭推销。为提高推销的有效性，应针对那些可能的订户作重点工作，该报发行部进行了一次市场研究。他们在全市随机地选择了 5 000 户家庭作为访问对象，请发售员记下每个家庭的情况：是否决定订报、收入范围、户主教育程度等。对调查结果进行分析后将被调查家庭分为两类：可能订户和非可能订户。然后根据研究得出的判断标准，对全市所有的家庭的收入、教育程度、职业、年龄等方面的情况进行判别分析，找出那些可能但尚未订该报的家庭，让各发售人员重点针对这些可能订户进行该报的征订工作。

9.4.6 主成分分析

主成分分析技术是指把原来多个指标（变量）简化成少数几个相互独立的综合变量，利用少数指标的分析来达到简化问题的目的。综合后的变量就是原变量的主成分。其主要步骤包括：计算指标间的相关矩阵；计算特征方程的特征根、特征向量、贡献率和累积贡献率；确定主成分个数及主成分方程。

9.4.7 因子分析

因子分析也称为因素分析，是从众多的可观测变量中概括缩减出少数起主导作用的共同性变量（因子），用以解释最大量的观测事实的统计分析技术。因子分析可分为探索型和验证型，前者通过变量组合而总结数据，往往用于研究初期提出假设阶段；后者则用于检验有关潜在结构的假设，常在研究的后期运用。因子分析的重要前提是符合实际的理论假设和严格的测量数据，尤其适用于纵向研究。因子分析的基本步骤如下：

（1）收集数据，形成关联性测度数据；

（2）抽取因素，即将方差矩阵或协方差矩阵进行处理，求得初始因素解。其中主要有主成分分析法、最小二乘法、最大似然法等；

（3）因子轴的旋转变换与解释，即将初始因子解进行因子轴旋转（如分析旋转、斜交旋转）求得最终因子解，并对其意义进行解释。因子的解释应以研究的理论假设和实际因素负荷为基础，从最大负荷的变量得出因子的主要含义。

9.4.8 路径分析

路径分析是研究变量之间的因果关系的数学分析方法，它实际上是多元回归分析的一种形式。路径分析的特点在于能够对变量之间的相关系数进行数量性的分解，即将相关系数分解为直接效应、间接效应、归于相关原因和归于共同原因，因而能更好地解释变量之间的关系，指出各个自变量对因变量的相对重要性。需要指出的是，路径分析所涉及的因果关系是研究者事先假设的。路径分析可以计算出自变量对因变量的直接效应和间接效应，并用路径系数表示，然后用路径图表示变量之间的结构关系。

9.4.9 结构方程模型

结构方程模型是验证检验变量之间复杂的因果关系的数学方法。它是因素分析和路径分析的深化和综合。结构方程模型尤其适合纵向研究，其最大优点在于它能够用非适用的数据检验因果关系，以统计控制代替实验控制。目前结构方程模型主要用于假设检验，即对理论的结构效度进行检验。结构方程模型的运用步骤如下：

（1）建立模型，即将需检验的理论假设（因果关系）转换成可检验的模型；

（2）检验模型，用数据对假设的模型进行检验；

（3）修改模型，通过估计值与其标准差的比较或对残差的检验，减去或增添路径以提高模型的适应性。

虽然高级的分析方法能得出一些常规分析无法得到的数据和结论，但是在选用各类统计方法时，不要误认为方法越复杂、公式越深奥就越有用。在做研究时，首先明确要达到什么样的目的，得到什么样的结论，然后根据事先确定的目标去选择分析方法。方法仅仅是研究的工具，方法的选用不在于其复杂性，关键是能否得出有用的结论，并有利于解释现实中的各种现象。若是运用了一大堆谁也看不懂的烦琐的公式和模型，表面上看非常科学，但如果仅仅得出的是一些现实中无法解释和运用，甚至完全不通的结论，则所有的努力都是徒劳的。

在数据处理中，常用的并不是那些高级、复杂的数学和统计分析方法，而那些普通且又简单的基本统计分析方法在绝大多数场合独立发挥着作用。事实上，方法作为工具，本无所谓高级、先进与否，区别只在于在特定的场合究竟哪种更为适合。因为对市场调查项目来说，由于调查的目的侧重于应用，数据的及时性要求很高，研究的区域和经费都有严格限制，所以一般说那些高级、艰深的数学和统计分析方法既不需要也不太容许。

思考练习题

一、问答题

1. 描述统计方法有哪些？

2. 什么是参数检验和非参数检验？有什么差别？

二、实践操作题

请你进行一次有关学校教学质量水平的学生调查，并检验男生与女生的意见是否有显著差别。

三、计算分析题

1. 消费者协会在对某食油厂的检查中发现了该厂装 1000 毫升香油的瓶子里有的分量不够。对 400 个样本油瓶的检查发现，平均每瓶装油量为 990 毫升。但在 0.07 的显著性水平

下的检验接受总体 μ 为 1000 毫升的虚无假设,说明制造厂家并没有少装。请对上面的检验进行重新检查。在显著性水平为 0.01 和 0.05 时,上面的虚无假设是否成立?消费者协会应如何应对?

2. 某一市场调查从城市居民中随机选择了 2500 个邮寄调查样本,最后回收 1158 份问卷。回收的问卷按家庭收入分布如表 9-9 所示,而城市的各收入范围家庭数的百分比也列在表中。该调查的委托人想知道寄回问卷的家庭的结构分布是否能代表该城市的总体家庭分布情况。

表 9-9 回收问卷的代表性

收入范围	寄回问卷的家庭的分布/个	城市中家庭分布/%
<100元	107	9
101~150元	210	21
151~200元	354	29
201~250元	302	26
251~300元	111	9
>300元	74	6
总 数	1 158	100

问题:选用何种方法检验回收到的样本的代表性?请使用这种检验方法进行检验。

四、案例分析

先分析市场和企业自身,后制定战略

——稀世宝矿泉水的深度市场分析

(一)市场现状分析

1. 竞争态势分析

(1)饮料市场竞争激烈。饮料市场不断被细分,众多果汁、功能饮料不断涌现,瓜分着消费者的钱袋,挤占着饮料水的市场。

(2)品牌繁多。饮料水分为纯净水(包括太空水、蒸馏水)和矿泉水两大类。全国共有这两大类生产企业各 1000 多家。在武汉市场,有纯净水 29 种,矿泉水 21 种;在北京市场,矿泉水品牌多于纯净水,但品牌繁杂,良莠不齐。

(3)纯净水各方面较之矿泉水占上风。从广告宣传、营销水平、品牌号召力到消费者选择偏好,整体上矿泉水不敌纯净水。纯净水利用的客观优势是:成本低廉,消费者现阶段认为纯净水优于矿泉水。

（4）矿泉水前景良好，潜力巨大。在发达国家，饮用矿泉水才是讲健康、有品味的标志。世界知名水饮料品牌都是矿泉水，如法国"依云"。矿泉水在世界上已有近百年的历史。

我国消费者对矿泉水的认识有较快的提高，饮水已不仅仅是解渴，同时还追求对身体有益。

我国矿泉水质量有大幅度的提高，合格率从 1992 年的 34.5％上升到 1997 年的 78.2％，部分品牌矿泉水销量也相当大。

2. 市场竞争者分析

第一集团军：乐百氏、娃哈哈、康师傅等，它们是领先品牌；第二集团军：怡宝、小黑子、获特满，它们是强势品牌；其他 40 余种水饮料相对来说是弱势品牌。

在武汉市各种销售场所市场占有率综合排名前三名是：康师傅 30.64％；乐百氏 28.56％；娃哈哈 15.74％。

特点：品牌知名度高，企业实力强大，广告投入大，其中乐百氏既生产纯净水又生产矿泉水，既靠纯净水低成本赚钱，又靠矿泉水树形象从长计议。乐百氏、娃哈哈、农夫山泉相继在武汉抢滩登陆建分厂，实施本地化战略，降低成本，强化竞争力。

3. 消费者分析

消费者已形成购买饮用水的习惯，经常购买者占 48.89％，偶尔购买者占 48.15％，只有 2.96％的人从来不购买。年龄结构明显偏小。

消费行为特征：重品牌，重口感，对矿泉水、纯净水概念模糊，但已有一部分消费者认识到，长饮纯净水无益，开始留意选择优质矿泉水了。

4. 市场潜量

武汉是四大"火炉"之一，饮料水销量极大。武汉市 750 万人，经常购买饮料水的人夏季日均购买 1 瓶（600mL，1.20 元）以上，销量是 3.96 亿元。偶尔购买的人夏季周均购买 1 瓶，销量是 5 572.88 万元。其他季节暂忽略不计，武汉市饮料水实际销量至少为 4.5 亿元。

5. 稀世宝市场表现

（1）知名度、美誉度不高。在武汉，稀世宝原市场占有率仅 1.7％，消费者对稀世宝"不了解"者占 89.41％，"了解"者占 10.59％；品牌知名度为 10.20％。

（2）销量极低。1998 年共生产 1 700 吨，各地总销售额不足 400 万元，武汉地区销售额仅 80 万元左右。

（3）稀世宝有特点，但表现不突出。稀世宝富硒特点区别于其他纯净水、矿泉水，但较少人知。

（4）售价高。在消费者不知是好水的情况下，价格缺乏竞争力。

（5）有品牌生存基础。稀世宝在武汉靠人际关系销售了 3 年，维持住了品牌生存基础。

从分析中我们可以发现，纯净水和矿泉水的市场潜力极大，教育转变消费者任务极重。

消费者已经被培养起消费商业饮料水的习惯，这个消费习惯是纯净水和矿泉水共同完成的。从长远来说，目前纯净水消费者有相当大的部分会转到矿泉水的消费中来，市场潜力极大，但培养教育消费者是较长期渐进的过程，矿泉水企业任重而道远。

越来越多的消费者认识到，选择对身体有益的矿泉水才是选择健康，才是有品位的生活。上海市明令禁止中小学生饮用纯净水就是这场转变的开端。稀世宝矿泉水应抓住机遇，加速这种转变。

稀世宝自身问题很多，但可变因素更多，只要方向对头，工作到位，就会有良好效果。其中两点很重要：一是产品有特点，产品质量很好，只是原来没有把它很好地传播出去；二是稀世宝品牌虽然没有做好，影响面不大，但也没有出现负效应。此时进入矿泉水行业，可谓风险与利益同在，机遇与挑战并存。

（二）企业诊断

稀世宝矿泉水公司成立于 1992 年，生产地在湖北省恩施州，设计生产能力为年产 2 万吨。

稀世宝上市已 3 年，市场占有率、美誉度、销售总量还处在一个很低的水平上，其主要问题如下。

1. 经营管理粗放随意。没有建立起一套科学的、统一的、权威的销售指挥中心和有序高效的销售队伍。武汉分公司和商贸公司各自为战，互相扯皮。

2. 人员布局失衡。做管理的多，做业务的少。

3. 想法主观。只知道埋头生产，却不知怎样打开市场；只知自己的产品是好东西，却不知人家凭什么非得选择你；只知在生产设备上勇敢地投入，却不敢在广告宣传上大胆地花钱等。

4. 无明确定位。稀世宝无市场定位，无产品功能定位，产品概念、产品形象模糊。

5. 无市场调查，无广告宣传。无市场调查就像让瞎子打前战，无广告宣传，消费者怎么敢喝"从没听说过的水"。因此，消费者对它无兴趣，经销商也没信心。

6. 铺货工作极不到位。商场、超市、旅游景点、街头摊点很少见到稀世宝的影子。

7. 营销乏术。由于营销人才短缺，造成稀世宝的营销水平很低，没有市场研究，无战略策划，无长远规划，营销策划不连贯、不系统；广告定位模糊，广告力度不够，手法落后，盲目开拓市场，无重点无主次等。

8. 包装设计极差。瓶贴看上去显得陈旧、无档次、无品位。

9. 瓶体软，易变形。

10. 外部竞争环境恶劣。饮料水行业是市场竞争最激烈的行业之一，而矿泉水面对的最强劲的竞争对手——纯净水非常强大，它们以低成本，依仗大品牌和雄厚的资金支持，在对路的市场策略指导下，占据着饮料水的霸主地位。打开矿泉水市场对谁来说也不是一件容易的事。

（三）战略规划

1. 战略策略

旗帜鲜明地与纯净水划清界限，不打价格战，不与它一块走下坡路；大打功能牌，凸显稀世宝天然富硒价值，明晰消费者可获得的超值利益；向全社会倡导绿色健康的生活方式，传播科学正确的消费观念，从而树立稀世宝健康高品位的品牌形象，并塑造一个对社会真诚负责、为人类造福而工作的企业形象。

2. 战略步骤

树立品牌，做地方老大；强化品牌，做中国矿泉水名牌；延伸品牌，做世界以硒为核心的绿色健康产业龙头。

3. 战略部署。

以武汉为大本营，以北京为北方重点市场，率先突破，稳住阵脚后，走向全国。

4. 品牌形象定位

健康、活力与高品位。

5. 产品功能定位

富硒，保护视力。

物以稀为贵。稀世宝矿泉水的稀缺资源是其中的矿物质硒，它是我国硒含量唯一达标的天然矿泉水，是国内仅有的硒、锶、低钠重碳酸钙三项矿物质同时达标的优质矿泉水。这是产品定位的重要依据，是实现价值垄断、竞争制胜的立足点。硒有很多功效，抗癌、改善心脑血管疾病、保护视力等，只有保护眼睛，提升视力最符合水的身份和最适应水的消费心理，消费者能够相信并且愿意接受，因而是恰当可行的。

6. 核心产品三层次

第一解渴；第二改善视力；第三提供人体所需的各种微量元素。

7. 消费人群定位

以年轻人为主，以中小学生为突破口。由于稀世宝矿泉水第一功效依然是解渴，因此广义上来说它适合所有人喝，但调查表明，矿泉水的消费主体年龄集中在 9 岁到 32 岁（占被调查人数的 78%）。根据稀世宝的功能定位硒，改善视力，因此消费群明晰：学生、知识分子、计算机操作者、视力不佳的中老年人及游客。针对各消费群的沟通，要分步骤有主次，学生群体是重点，要率先突破。

稀世宝矿泉水仅用不到半年的时间，在市场竞争最激烈的饮料行业，一举打开了武汉和北京两个市场，使稀世宝成为家喻户晓的知名品牌，知名度达到 90%，美誉度达到 75%，销售比上年同期增长 10 多倍，取得了广告投入 800 万元而销售 2 000 万元的骄人业绩。

（四）案例点评

孙子曰：凡战者，以正合，以奇胜。企业在做市场规划，制定企业营销战略时，必须要认清楚市场态势，正视自身的优势和劣势。在进行详细的市场分析和企业诊断的基础上，稀世宝制定了与众不同的战略规划，正确的战略意味着成功的一半。在明确了企业的战略定位、产品定位和消费者定位之后，成功自然是水到渠成。国内的很多企业在制定战略规划或者实施营销策略时，存在着急功近利的心态，不进行详细的市场分析和企业自身状况分析，就急着制定营销战略，结果制定出来的战略往往缺乏可操作性，甚至战略的指导思想就是错误的。不仅浪费了大量的精力和财力，更为有害的是错过了实施有效策略的时机，使得企业不能抓住身边的有利机遇，最终被竞争对手打败。

问题：

1. 稀世宝矿泉水对市场做了哪些方面的详细分析？采用什么统计分析方法？
2. 从这个案例可得到什么启示？

第 **10** 章

撰写市场调查报告

　　调查资料经过统计整理与分析之后，下一步的工作就是如何利用这些素材，采用合适的研究方法得出客户感兴趣的最终结论，并基于这些结论得出有针对性的行动建议，使调查真正能够起到帮助客户解决营销实际问题、服务于客户企业的作用。这就需要撰写调查报告。

10.1　撰写调查报告概述

10.1.1　撰写调查报告的意义

　　市场调查报告是指用书面表达的方式反映调查过程和调查结果的一种分析报告，它是通过文字、图表等形式将调查研究成果表现出来，以使客户和读者对所调查的市场现象和所关心的问题有全面系统的认识。

　　对于企业来说，开展市场调查活动的目的就是为了获得包含决策所需信息和依据的调查报告。撰写出一份高质量的调查报告，是决定调查本身成败与否的重要环节。市场调查报告撰写的意义归纳起来有三点。

（1）是市场调查所有活动的综合体现、是调查成果的集中体现。市场调查报告是调查与分析成果的有形产品。调查报告是将调查研究的成果以文字和图表的形式表达出来。因此调查报告是市场调查成果的集中体现，并可用做市场调查成果的历史记录。

（2）是通过市场调查分析，透过数据现象分析数据之间隐含的关系，使我们对事物的认识从感性认识上升到理性认识，更好地指导实践活动。市场调查报告比起调查资料来，更便于阅读和理解，它能把死数字变成活情况，起到透过现象看本质的作用，使感性认识上升为理性认识，有利于商品生产者、经营者了解、掌握市场行情，为确定市场经营目标、工作计划奠定基础。

（3）市场调查报告是为社会、企业、各管理部门服务的一种重要形式。市场调查的最终目的是写成市场调查报告呈报给企业的有关决策者，以便他们在决策时作参考。一个好的调查报告，能对企业的市场活动提供有效的导向作用。

10.1.2　调查报告的类型

市场调查的内容极其广泛，每一个调查项目都是围绕特定目标展开的，因此，作为调查结果集中表现的调查报告也具有不同的类型。

1．根据市场调查报告的内容分类

（1）综合报告。综合报告是提供给用户的最基本的报告。此类报告的目的是反映整个调查报告的全貌，详尽说明调查结果及其发现。主要包括下述内容：调查概况、样本结构、基本结果、对不同层次调查对象的分析、主要项目间的关联性分析等。

（2）专题报告。专题报告是针对某个问题或侧面而撰写的报告。例如，针对住房消费问题、私人轿车问题，都可以分别写出专题调查报告。

（3）研究性报告。研究性报告实际上也可以看成是某种类型的专题报告，但是学术性较强，需要进行更深入的分析研究。

（4）技术报告。技术报告是对调查中许多技术性问题进行的说明，如对抽样方法、调查方法、误差计算等问题的说明，以反映调查结果的客观性和可靠性。

2．根据企业开展经营活动的需要分类

根据企业开展经营活动的需要可将市场调查报告分为：市场商品供给的调查报告、市场商品需求的调查报告、市场与潜在需求的调查报告、商品价格调查报告、商品销售渠道调查报告、市场竞争情况调查报告和经营效益调查报告等七类。

市场商品供给的调查主要包括商品生产的状况、商品资源总量及构成、产品的更新换代速度和不同商品所处市场生命周期的阶段等。

市场商品需求的调查主要包括消费者数量及其结构，家庭收入、个人收入及家庭按人口平均收入，用于商品支付购买力的大小及购买力的增减变化等，潜在需求量及其投向，其中包括城乡人民存款额的增减及尚待实现的购买力的大小等，消费者在消费支付中吃、穿、用等类商品所占比重的变化情况，需求层次的变化情况，不同消费者对商品的质量、品种、花色、款式、规格等的不同要求，消费者的心理变化等。

市场与潜在需求的调查主要指企业在各地区销售额及销售额的价位变动趋势给企业带来的影响。

商品价格调查主要包括商品成本、市场价格变动情况、消费者对价格变动情况的反应等。

商品销售渠道的调查主要包括对商品的流转环节、流通路线、运输、储存等一系列属于市场营运问题的调查。

市场竞争情况的调查主要包括对竞争对手、手段、各种竞争产品的质量、性能等情况的调查。

经营效益的调查主要包括各种推销手段的效果、广告效果及变化原因等的调查。

3. 按市场调查报告呈递形式分类

按照市场调查报告的呈递形式可以分为书面调查报告和口头调查报告。

通过书面报告向读者介绍调查成果，一般要求达到三个目的：①要使读者能够充分了解本次调查研究的主要问题及其作用；②要提供相关的资料和数据以支持报告中的结论；③要对资料做出解释，使读者能够正确理解其含义。为了实现上述目的，在撰写书面报告时要求概念清楚，结论明确。图、表与文字解释相互对应，在正文中没有展示的各种资料数据，则要尽量收录在附录中。

市场调查报告既可以是书面报告形式，也可以是口头报告形式，或者是两种结合使用。书面报告则是最为常用的形式。无论提交哪一种形式的报告，其目的都是为了向客户或听众介绍研究成果，实现双方之间的最佳沟通。但不同形式的报告在表达方式上相应也有差别，只有根据各种报告的特点，掌握有关的撰写技术和要求，才能获得理想的沟通效果。

书面调查报告一般分为两类，即技术性报告和一般性报告。技术性报告的读者主要是懂得调查研究方法的专家技术人员，因此，报告内容要着重强调调查所使用的资料收集方法和分析方法、抽样技术等，并要求详细描述研究的发现。在附录中要列出研究过程中所用的数量方法、有关表格及其他补充性资料。对于报告中引用的他人的研究成果和理论，要给予简短说明。一般性报告的读者主要是决策者和其他不懂研究技术的非专业人员。由于这些读者一般对研究方法不感兴趣，主要关心研究的结论和成果，故在撰写技术上，要求简明扼要地对重点和结论部分进行说明，对技术细节和方法的描述则尽量要简略，且要多用标题、图片和统计图，少用表格、句子，段落也要简短，内容也较技术性报告要短。

10.1.3　调查报告的撰写技巧

撰写一份好的调查报告不是件容易的事，调查报告本身不仅能体现调查机构的研究水平和质量，同时也反映撰写者的知识水平和文字功底。好的调查报告，不仅要考虑这些读者的技术水平、对调查项目的兴趣，还应当考虑他们可能在什么环境下阅读报告，以及他们会如何使用这个报告。在撰写调查报告时，应注意以下事项。

1. 有针对性

撰写调查报告必须明确调查的目的，做到有的放矢，围绕主题展开论述。调查报告必须明确阅读对象，报告应当是为特定的客户或读者而撰写的，如果既不明确解决什么问题，又不明确读者对象，针对性不强，这样撰写出来的调查报告就是盲目的和毫无意义的。针对市场研究人员而写的调查报告，可以篇幅长些，突出一些技术性细节，有助于其判明市场调查结果的科学性，以决定其对报告有关资料的取舍及应用程度；针对企业决策者而写的调查报告则要简明扼要，突出结论和重点，并注意运用图表加以表现，调查过程和细节可以略写。

2. 图文并茂

在报告中，适当地插入图、表、画片及其他可视性较强的表现形式来强调重要信息是必要的。直观可视的图表等对帮助报告撰写者和读者之间进行交流很有好处，也可以增强报告的明晰程度和效果。但图表、画片的数量不应过多，否则会适得其反。一般地，图表、画片应与相关的文字内容放在一起，这样将方便读者进行图文交互阅读。在报告正文部分中使用图表还有一种特殊的作用，那就是通过图表去突出某些方面的资料，或强调某种关系和变化趋势。

通常情况下，在总结调查结果和报告正文当中所使用的图表，应该只是扼要地介绍资料的图表。详细地介绍一切所搜集到的重要资料的图表，应该归入报告附件部分。此外，使用图表说明还必须认真考虑图表的设计和格式。作为报告附件部分的图表，要求格式设计必须完整，主要是为了更好地向读者全面介绍有关的资料，以便读者进行独立思考和分析问题。因此，在报告正文中选用图表列载的资料，一般须有较大的选择性。为了方便阅读，图表中各项资料的数值通常应选用整数，但经常也会使用百分比和指数，或作补充说明，或使用代替某些绝对数值的资料。

3. 实事求是

首先，调查报告的突出特点是用事实说话，应以客观的态度来撰写报告。在文体上，最好用第一人称或非人称代词，如"我们发现……"、"据资料表明……"等语句。行文时，应以向读者报告的语气撰写，不要表现出力图说服读者同意某种观点或看法。客户关心的是调查的结果和发现，而不是研究者个人的主观看法。

其次，报告应当准确地给出项目的研究方法、调查结果的结论，不应略去或故意隐藏所知事实。如果调查实施中出现严重的问题（如回收率过低等），研究者应有勇气承认，同时不能随便报道结果，以免误导读者。即便是成功的调查，在调查报告中也不应只选择那些对自己有利的结果作出报道，其他则避而不提。

再次，调查人员在任何时候都不应被外界因素所迷惑而忘记他们中立的角色。无论是介绍调查方法，还是做出调查结论和建议，或指出问题，都要体现客观性，不要为了迎合客户而去歪曲调查的客观事实。

4. 内容新颖

调查报告应紧紧抓住社会经济活动的新动向、新问题，引用一些人们未知的通过调查研究得到的新发现，提出新观点，形成新结论。特别是能紧密结合市场发展的新形势、新变化，为科学决策提供依据。这样的调查报告，才更有使用的价值。避免只把众所周知的、常识性的或陈旧的观点和结论写进去。

10.1.4　撰写市场调查报告的注意事项

（1）切忌将分析工作简单化即资料数据罗列堆砌，只停留在表面文章上，根据资料就事论事。简单介绍式的分析多，深入细致的分析及观点少，无结论和建议，整个调研报告的系统性很差，使分析报告的价值不大。只有重点突出，才能给人留下深刻的印象。

（2）切忌面面俱到、事无巨细进行分析。把收集来的各种资料无论是否反映主题，全都面面俱到、事无巨细地进行分析，使读者感到杂乱无章，读后不知所云。一篇调研报告自有它的重点和中心，在对情况有了全面了解之后，经过全面系统地构思，应能有详有略，抓住主题，深入分析。

（3）报告长短根据内容确定确定。调查报告的长短，要根据调研目的和调查报告的内容而定。对调研报告的篇幅，做到宜长则长，宜短则短，尽量做到长中求短，力求写得短小精悍。

（4）引用资料详加注释。这一点是大多数人常忽视的问题之一。通过注释，指出资料的来源，以供读者查证，同时也是对他人研究成果的尊重。注释应详细、准确，如被引用资料的作者姓名、书刊名称、所属页码、出版单位和时间等都应予以列明。

（5）格式规范。报告的外观是报告的外部包装，它不仅体现报告本身的专业水平，而且它还是调查机构企业形象的反映，组织得好的有专业水平的报告更可信、更有价值。所以，应该认真选择设计报告中所用字体的类型、大小、颜色、字间距等，文章的编排要大方、美观，有助于阅读。另外，报告应该使用质地好的纸张打印、装订，封面应选择专门的封面用纸。总之，最后呈交的报告应当是非常专业和规范的文件。

10.1.5　调查报告的实施与评价

报告呈送给用户后，调研人员还要做两项工作，其一是帮助客户理解和实施报告，其二是自我评价调查报告。

1. 帮助客户理解和实施报告

当用户看完报告后，可能会对报告中的一些内容提出问题，尤其是那些专业性较强的内容，调查人员有义务为他们释疑。有时，调查人员还要帮助企业实施报告中提出的营销建议，经常会出现这样的情况，用户决定聘请调查人员帮助企业处理新产品上市及公司的广告事务，或协助制定价格策略等。例如，调查人员和客户可能达成协议，在两年后继续这项调查，对此，调查人员均应给予响应。最后，调查人员应该协助客户把在市场调查报告中所获得的信息转入企业的市场管理信息系统。

2. 对调查报告的自我评价

尽管市场调查是一项专业性较强的工作，但它仍然与调查人员的创造性、直觉与专长密切相关。因此，每一项调查都是一个很好的学习机会，调查人员应该及时总结整个活动以增长见识，起码要进一步去了解计划是否被有效执行了？这个问题毫无疑问会引出许多具体问题。比如，所有调查设计都是最好的吗？数据收集的方法合理吗？应该用电话访问代替面访吗？采用的抽样设计是最好的吗？结论与建议对客户可行、有用吗？报告的写作与呈送过程正确适宜吗？计划在预定时间内完成了吗？等。这样的评估，会使调查人员受益匪浅。

10.2　调查报告的基本结构

调查报告是企业进行市场经营决策时的重要参考依据，不管市场调查报告的格式或外观如何，每个调查报告都应该有一些特定的议题。即报告本身在结构安排和写作手法上必须能够及时、准确和简洁地把信息传递给决策者。在撰写报告时必须考虑到企业的中高层决策者工作的繁忙性，这就要求一方面所撰写的报告应该尽量简洁，特别应该避免使用晦涩的文字。另一方面，要恰当地安排汇报资料的结构。报告的结构不是固定不变的，不同的调查项目、不同的调研者或调查公司、不同的用户及调查项目自身性质不同的调查报告，都可能会有不同的结构和风格。

市场调查报告的结构一般由标题、目录、摘要、调查概况、调查结果、结论与建议、局限性和附件等部分组成。

10.2.1　标题

标题可以做成调查报告的封面，单独占用一张纸，包括市场调查报告的标题、委托方、调查方的项目负责人（撰写调查报告者）、提交报告日期等。如果报告属于机密的，应该在标题页的某处写清楚。报告的提供对象是调查项目的委托方，报告的撰写者是提供调查服务的市场调查公司。特别正规的调查报告，在标题页之前还安排标题扉页（封面），此页只写调查报告标题。

很多专业的调查公司将封面做得极富特色，比如，西安方元市场研究公司为西安市某乳品企业做的液态奶消费者调查报告的封面，将该乳品企业的包装商标设计作为封面背景，突出了客户的企业形象，颇具创造力和吸引力，效果很好（见图 10-1）。

西安银桥乳业集团-液态奶口味测试
研究项目计划书

—专为西安银桥乳业集团准备—

西安方元市场研究有限公司提供
2005年9月29日

机密

此方案仅供西安银桥乳业集团内部使用，未经西安方元书面许可，其他机构不得擅自传阅、引用或复制

图 10-1 市场调查报告标题扉页

提交信是以调查报告撰写者个人名义向报告提供对象个人写的一封信，表示前者将报告提交给后者的意思。在此信中，撰写者向报告提供对象汇报调查的情况和最一般的成果，其所用口气是个人对个人，因而可以不大受机构对机构的形式拘束，便于沟通双方的思想。在较为正规的调查报告乃至比其更正规的调查报告中，都应该安排提交信。当调查报告的正规性要求较低时，提交信可以从略。授权信是由调查项目执行部门的上司给该执行部门的信，表示批准这一项目，授权给某人对项目负责，并指明可用于项目开展的资源情况。在许多情况中，汇报信会提及授权问题，这样也可以不将授权信包括在调查报告中。但是当调查报告的提供对象对授权情况不了解，或者他需要了解有关授权的详情时，由授权信提供这方面的信息则是必要的。

标题必须准确揭示报告的主题思想，做到题文相符。标题要简单明确，高度概括。好的标题，有画龙点睛的作用，对读者具有较强的吸引力。写标题的形式一般有以下三种。

（1）直叙式标题。指反映调查意向或指出调查地点、调查项目的标题。如《西安市××乳业液态奶消费者调查报告》等，这种标题的特点是简明、客观。

（2）表明观点式标题。指直接阐明作者的观点、看法，或对事物做出判断、评价的标题。如《对当前的需求不旺不容忽视》、《太阳牌锅巴在西安市场畅销》等标题。这种标题既表明了作者的态度，又揭示了主题，具有很强的吸引力。

（3）提出问题式标题。指以设问、反问等形式，突出问题的焦点和尖锐性，吸引读者阅读、思考。例如，《消费者愿意到网上购物吗?》、《二级房地产市场交易为什么冷冷清清?》等。

标题按其形式又可以分为单行标题和双行标题。单行标题是用一句话概括调查报告的主题或要回答的问题，一般是由调查对象及内容加上"调查报告"或"调查"，如《关于西安市家用电脑销售情况的调查》等。双行标题由主题加副题组成，一般用主题概括调查报告的主题或要回答的问题，用副题标明调查对象及其内容。如《女人生来爱逛街——都市女性消费面面观》等。

10.2.2　目录

提交调查报告时，如果涉及的内容和页数很多，为了便于阅读，应把各项内容用目录或索引形式标记出来，使读者对报告的整体框架有一个具体的了解。目录是报告中完整反映各项内容的一览表，包括题目、大标题、小标题、附件及各部分所在的页码等，特别短的报告可免去此项（如图 10-2 所示）。

10.2.3　摘要

摘要是市场调查报告中的内容提要，是对调查研究活动所得的主要结果的概括说明。这是调查报告为客户经理等主管人员写的部分，在整个调查报告中占有特别重要的地位。客户的经理主管人员往往对调查过程的细节没有专业的知识和兴趣，只想知道主要结果与结论。一般要在整个报告完成后再回过头来总结撰写这一部分。摘要一般要简略提及研究目的、范围和方法，重点说明研究的发现和结果。摘要写作应注意以下事项：

（1）摘要只给出最重要的内容，一般不要超过 2～3 页；

（2）可分成若干个段，每段要有小标题，内容应当简练；

（3）应当能够引起读者的兴趣和好奇心去进一步阅读报告的其余部分。

目　录

图10-2　某产品消费者调查报告目录

10.2.4　调查概况

也可以将调查概况称为"序言"，着重强调为什么做调查，如何做的调查及怎样得出结论。可以从以下方面来叙述。

1. 背景和目的

在这一部分报告内容中，研究者要对调查的由来或受委托进行该项调查的原因作出说明。说明时，尽可能以有关的背景资料为依据，简短罗列客户企业在生产经营中面临的问题，在对研究背景分析所存在的问题的基础上，提出调查的目的及所包含的信息范围。撰写时有以下几种形式。

（1）开门见山，提示主题。文章开始就先交代调查的目的或动机，提示主题。例如，"我公司受西安市某饮料开发公司的委托，对消费者进行一项有关中药保健可乐饮料市场需求状况的调查，了解消费者对中药保健饮料的购买意向，为××公司开发该产品提供可行性决策参考"。

（2）结论先行，逐步论证。先将调查的结论写出来，然后逐步论证。许多大型的调查报告均采用这种形式。特点是观点明确，使人一目了然。如对于中药保健可乐饮料的购买意向调查项目可以这样开头："通过我们对××保健饮料在西安市消费者购买意向的调查，认为它不具备开发价值，原因主要从以下几方面阐述。"

（3）交代情况，逐步分析。先交代背景情况、调查数据，然后逐步分析，得出结论。"本次关于非常可乐的消费情况的调查主要集中在北京、上海、重庆、天津，调查对象集中于中青年"。

（4）提出问题，引入正题。用这种方式提出人们所关注的问题，引导读者进入正题。例如，"从去年下半年开始，随着台湾康师傅方便面的上市，各种合资的、国产的方便面如统一、营多、一品、加州等牌号似雨后春笋般地涌现，面对种类繁多的方便面，作为上帝的顾客是如何选择的？厂家该如何在激烈的竞争中立于不败之地？带着这些问题，我们对北京市部分消费者和销售单位进行了有关调查"。

开头部分的写作方式灵活多样，可根据调查报告的种类、目的、资料及调查报告的篇幅要求等情况适当选择，应围绕着为什么进行调查、怎样进行调查和调查的结论进行论述。

2. 调查研究方法

对调查的过程、时间、地点、对象、资料收集方法和抽样方法等做比较详细的介绍，对调查研究的局限性和不足之处也应予以实事求是的说明。在这一部分中，需要加以叙述的内容如下。

（1）调查地区。说明调查活动在什么地区或区域进行，如分别在哪些省市进行，选择这些地区的理由。

（2）调查对象。说明从什么样的对象中抽取样本进行调查。通常是指产品的销售推广对象，或潜在的目标市场，如"18 岁以上 45 岁以下的女性消费者"。

（3）访问完成情况。原来拟定调查多少人，实际上收回的有效问卷是多少，有效问卷的回收率，问卷丢失或无效的原因，是否采取补救措施等。

（4）样本的结构。根据什么样的抽样方法抽取样本，抽取后样本的结构如何，是否具有代表性，与原来拟定的计划是否一致。

（5）资料采集。是入户访问，还是电话访问；是观察法，还是实验法等。如果是实验法，还必须对实验设计做出说明。调查如何实施，遇到什么问题，如何处理。

（6）访问员介绍。访问员的能力、素质、经验对调查结果会产生影响。所以对访问员的资格、条件及训练情况也必须简略地介绍。

（7）资料处理方法及工具。指出用什么工具、用什么方法对资料进行处理和统计分析。

10.2.5　调查结果

这是调查报告的主体部分，主要是将调查的结果报告出来，包括数据图表资料及相关的文字说明。要对调查研究中发现的基本事实资料进行有组织、有重点、层次分明的陈述，以便于读者理解有关文字说明。可选择重要且简单明了的数据分析图表插入相应的叙述内容中，过分复杂冗长的图表则列入附录部分。

在一份调查报告中，常常要用若干统计表和统计图来呈现数据资料，但是仅用图表将调查所得的数据资料呈现出来还不够，研究人员还必须对图表中数据资料所隐含的趋势、关系或规律加以客观地描述和分析，也就是说，要对调查的结果做出解释。对调查结果的解释是找出数据资料中存在的趋势和关系，识别资料中所隐含的意义，并用适当的语言加以描述。

为了将事实和结果陈述清楚，可将其分为基本情况和分析两部分。

1. 基本情况部分

反映客观事实，但不是对事实的简单罗列，而应该是有所提炼。主要有三种方法。

（1）先对调查数据资料及背景资料做客观的介绍，然后在分析部分阐述对情况的看法、观点或分析。

（2）提出问题。提出问题的目的是要分析问题，找出解决问题的办法。

（3）先肯定事物的一面，由肯定的一面引申出分析部分，又由分析部分引出结论，循序渐进。

2. 分析部分

这是调查报告的主要组成部分。在这个阶段，要对资料进行质和量的分析，通过分析，了解情况，说明问题和解决问题。分析有以下三类情况。

（1）原因分析。指对出现问题的基本成因进行分析，如《对××牌产品滞销原因的分析》就属这类。

（2）利弊分析。指对事物在社会经济活动中所处的地位、所起到的作用进行利弊分析等。

（3）预测分析。指对事物的发展趋势和发展规律做出的分析。

大多数调查的结果都是部分调查对象的资料，研究者还必须根据调查的数据来说明总体的情况。这部分涉及内容很多，文字较长，可以用概括性或提示性的小标题，突出报告的中心思想，结构亦要安排恰当。

10.2.6　结论和建议

从调查研究的性质来说，调查报告是不提供建议的，所以是否撰写这部分内容，完全由研究人员自己决定。但是随着市场研究业务竞争越来越激烈，研究人员主动提供建议以提高用户满意度的情况越来越普遍，有些调查项目的客户方也要求研究人员提出建议。研究人员可简要地引用背景资料和调查结果对所得结论进行解释和论证，说明调查获得哪些重要结论，应该采取什么措施。结论的提出方式可用简洁而明晰的语言对调查前所提出的问题作明确的答复，可用以下方式得出结论。

(1) 概括全文。经过层层剖析后，综合说明调查报告的主要观点，深化文章的主题。

(2) 形成结论。在对真实资料进行深入细致的科学分析的基础上，得出报告的结论。

(3) 提出看法和建议。通过分析，形成对事物的看法，并在此基础上，提出建议和可行性方案。

结论并不一定要单独列出来写，它与调查课题有关，如果调查课题小，结果简单，可以直接与调查结果合并成一部分来写。反之，就应分开来写。

建议是针对调查获得的结论提出可以采取哪些措施、方案或具体行动步骤。如媒体策略如何改变，广告主题应是什么，与竞争者抗衡的具体方法，价格、包装、促销策略等。

需要指出的是：大多数建议应当是积极的，要说明采取哪些具体的措施或者要处理哪些已经存在的问题。尽量用积极的、肯定的建议，少用否定的建议。肯定的建议如"应加大广告投入"，"将广告理性诉求为重点变为感性诉求为主"等建议。否定建议如"应立即停止某一广告的刊播"，使用否定建议只叫人不做什么，并没有叫人做什么，所以应尽量避免使用。

10.2.7　局限性

应当让客户知道本次调查的局限性，如陈述样本规模和样本选择、抽样框、抽样误差及"只有17%的问卷回收率"等。陈述研究局限性的目的在于，指出研究成果的弱点，以便在应用研究结果时引起注意。描述这些局限性时必须实事求是，对局限性过分夸大会使人对研究成果产生怀疑。

10.2.8　附件

附件是指调查报告中正文没有包含或没有提及，但与正文有关、必须附加说明的部分。这一部分包括调查报告中引用的数据资料、统计报表、资料的分类统计数据、研究方法的详细说明，以及获取二手资料的有关参考文献等。它是正文报告的补充或更详尽的说明，通常用作市场调查报告附件部分的资料有下列几种。

（1）项目策划书。

（2）实地调查问卷的抄本，并加序言说明这份问卷要求达到的目标。

（3）抽样有关细节的补充说明。

（4）现场走访人员约访时间表的抄本或日记，以便有必要再与对方联系约访时参考。

（5）主要质量控制数据，如调查中的拒访率、拒答率等，一些有经验的市场研究人员可以根据这些内容判断结果的有效性。

（6）技术细节说明，如对一种统计工具的详细阐释。

（7）调查获得的原始数据图表，而且这些图表在报告正文中已有提及。

（8）提供资料人员的名单，标明作为文案调查和实地调查资料来源的单位和个人的名称和地址等。

10.3　调查结果的口头报告

10.3.1　口头报告的重要性

在提交书面调查报告的同时，大多数委托方还要求采用口头形式对研究结果作以汇报。对某些公司的决策者来说，他们对阅读文字报告兴趣不大，希望通过口头报告来了解调查结果。与书面报告相比，口头报告可以用生动的语言对某些用文字阐述不清的内容进行介绍，加深听众的理解；对于有疑问的地方，进行当面解答，提高沟通效果。口头报告最大的特点是加快了与听众沟通交流的速度，因而特别受工作繁忙、时间紧张的高层管理者欢迎。西方许多发达国家在开展市场调查时，项目的委托方和承担方都十分重视对项目结果的口头介绍这一环节，这是值得我们借鉴的。

10.3.2　口头报告的要求

口头报告介绍可以放在准备和递交书面报告之前或者之后。在作口头报告之前，必须进行十分充分、细致、周到的准备。

（1）要认真分析和了解听取报告对象的特征。要掌握听众们的身份、文化水平、兴趣爱好，更要了解和掌握听众们的需要及其关心点，以及他们对调查问题的熟悉程度及以后对决策的参与程度，等等，从而为确定口头介绍的内容、重点、形式等提供依据。

（2）要精心安排口头报告的内容。从总体上说，口头报告的内容总是以调查的结果为基础，以准确介绍有关情况为基本出发点，但是具体来说，针对不同的听众及其不同的要求、口头介绍的内容，其侧重点应该有所不同。

（3）要把口头报告的内容形成书面汇报大纲。事先周密准备好汇报的内容，能防止口头介绍时忙中出错，使介绍人心中有底；准备书面稿子时，还可以对有些内容进行补充和进一步加工，使汇报更加完善。

（4）在正式的口头报告之前最好进行演习。演习是一种很好的准备过程，它不但使介绍人员熟悉汇报的内容，而且可以完善汇报的内容形式。演习一定要看成与正式汇报一样，可以邀请一些人对演习情况进行评估，也可以借用现代化的设备，如录像机、录音机等，把演习情况实录下来，仔细进行分析，并给予改进完善。

10.3.3　口头报告的辅助教具

在口头报告时，最好借助某些辅助器材来说明问题。辅助器材可使报告内容表达更直观、更简洁，有助于听众理解和记忆，同时也可以提高听众的兴趣。在听众较多、形式更正规的场合中，更有必要借助辅助器材来提高报告效果。

在口头报告中常用的辅助器材是幻灯机和投影仪两种。把需要展示的有关内容用照相机拍摄下来制成幻灯片，在作报告时用幻灯机投影出来，彩色的效果更好。因幻灯片的制作时间较长、制作成本较高、且使用条件有限制（必须保持黑暗），所以投影仪在口头报告中的使用更为普遍。设计投影片以图表和文字提纲为主要内容，正如书面报告一样，图表应尽量简单；每张投影片上的文字，一行最好以不超过 30 字为宜，总行数以 8～12 行为宜。利用投影器把预先准备好的画面在口头报告时适时地在屏幕或墙上显示出来，是一种被广泛采用的辅助手段。所准备投影的内容可以是文字、图表，也可以是复杂的画面。还可以把需要在口头报告时向听众显示的有关内容摄制成带，介绍时进行放映。近年来，随着科技的发展，电子计算机的广泛应用，多媒体在口头报告中的优势越来越明显，某些投影软片的内容，如图表可以用专门的计算机软件制作，并直接由计算机输出已制好的投影软片。

在具体使用投影仪时，报告人员应注意以下几点。第一，投影仪的位置。最好将银幕放在报告人员右手方角落的某个适当角度。这样，报告人员站在中间，不至于遮挡听众的视线；第二，投影仪的关启。如果报告人员在讲解某些内容时无须投影仪协助，此时就应将投影仪关闭，以免分散听众注意，使听众目光重新集中到报告人员身上；第三，选择指示器。它可以是一支笔，也可以是一根指挥棒，在讲解投影内容时用它来起指示作用。

10.3.4　口头报告的技巧

要使口头报告取得好的效果，还必须充分注意介绍的技巧。

（1）要注意对报告现场的选择、布置。现场的大小应能容纳出席的人数，过大或过小的场所均不利于取得好的效果。现场的空气、温度、光线都应精心布置。介绍人的位置、听众的位置也应布置得当。

（2）要注意报告人在作报告时，切不可照本宣科、埋头读稿。报告人的眼睛要始终保持与听众的接触和交流。要学会抓住听众的注意力，语言要生动，注意声调、快慢、停顿等技巧的应用。

（3）要注意表情和形体语言的使用。表情要丰富，富有变化。要恰当地应用各种形体语言，配合口头的报告，既能使听众更好地理解有关信息，又能使报告生动有趣。

最后，为了取得好的效果，要注意有一个强有力的结尾。此外，要特别邀请客户单位高层领导亲自到场，以显示报告的重要性，对报告效果有较大益处。

思考练习题

一、简答题

1. 撰写市场调查报告有何意义？

2. 市场调查报告的写作格式及主要内容是什么？

3. 市场调查报告的标题通常采用哪几种形式？各有何特点？

4. 撰写书面报告应注意哪几个要点？

5. 保证口头报告成功要采取哪些措施？

二、实践操作题

（一）根据下面的调查资料，分析北京市微波宝的市场前景，并写出一份简单的调查报告。

北京微波宝的消费意向

微波炉进入中国城市居民家庭的历史虽不算长，但其市场成长速度却很快。随着微波炉市场的发展，微波辐射问题也引起了人们的关注，避免微波炉使用过程中微波辐射的产品也开始出现，微波宝就是其中的一种。为此，在1997年12月，国内某市场研究公司对北京地区微波宝消费者的意向进行了调查，以下是其中的部分调查结果。

1. 微波炉拥有情况

被调查者中，已经拥有微波炉的占20%，正在购买的占38%，打算购买的占42%。

2. 对微波炉安全问题重要性的认识

消费者购买微波炉时，认为安全性非常重要的占83%，比较重要的占15%，无所谓的占2%。

在购买微波炉考虑的因素中，各因素重视程度的百分比排序为：安全性：83%，售后服务：71%，品牌：62%，价格：32%，赠品：1%。

3. 对影响微波炉安全性的主要问题的认识

在影响微波炉安全性的问题中，认为是材料差的占 61%，产品说明不清的占 36%，使用不当的占 35%，缺少检测工具的占 27%，其他占 6%。

4. 对微波炉安全性及其关注程度的认识

被调查者中，知道微波炉有时会有微波泄漏的占 58%，不知道的占 42%。

认为泄漏的微波对人体有一定影响的占 55%，有很大影响的占 28%，没有影响的占 1%，说不清的占 16%。

认为微波炉的安全问题主要是漏电的占 46%，微波辐射的占 42%，其他的占 8%。

对微波炉微波泄漏的检测，认为用收音机的占 29%，用专门仪器的占 15%，用手机的占 4%，不知道的占 52%。

对微波泄漏的关注程度，非常关心的占 36%，比较关心的占 57%，无所谓的占 4%，不太关心的占 2%，非常不关心的占 1%。

5. 对微波宝的接受情况

微波宝作为专门用于检测微波泄漏的仪器，被调查者中非常想拥有的占 16%，比较想拥有的占 68%，无所谓的占 11%，不太想拥有的占 4%，不想拥有的占 1%。

在购买微波炉时，也希望购买微波宝的占 9%，比较希望购买的占 57%，无所谓的占 22%，不太希望的占 1%。作为购买微波炉的赠品，非常希望赠送的占 76%，比较希望赠送的占 18%，无所谓赠送的占 5%，不太希望赠送的占 1%。如果购买微波炉时有微波宝和其它赠品两种，被调查者选择微波宝的占 70%，选择其他赠品的占 3%，说不清的占 27%。

对赠送微波宝的微波炉品牌质量会有保障的认识，非常同意的占 8%，比较同意的占 55%，说不清的占 31%，不太同意的占 5%，非常不同意的占 1%。

对"有了微波宝，就等于提供了一种长期、全天候的安全服务"的说法，非常同意的占 11%，比较同意的占 44%，说不清的占 34%，不太同意的占 11%。

（二）五人一个小组，对某地某个消费品进行实地调查，参照下例写出一份市场调查报告。要求：图文并茂，不少于 6 000 字。

（以下案例资料来源：闫涛蔚，魏文忠，李玉玲. 市场营销调研：基础理论与实证研究. 济南：山东人民出版社，2002.）

威海市液体奶市场调查报告

牛乳是与母乳最为接近的动物乳汁，因而它成为世界上最普遍的"人类第二乳汁"。牛乳营养价值全面，被誉为断奶后的儿童及成人"最接近完善的食品"。经常饮用鲜奶势必成为新世纪人们科学饮食之大趋势。

(一) 调查背景

目前的国内奶业市场可谓群雄逐鹿，征战正酣。自1995年起，雀巢、达能、帕玛拉特等国外乳品生产企业纷纷进入中国市场。至今，全世界排名前20位的乳制品品牌已全部进入中国，这种强劲的竞争势头将促使国内各乳品生产厂家都使出浑身解数以应对变化无常的市场。有关专家预测，5年以后中国国内99％的乳品企业可能都要面临生存危机，能存活下来的将只是极少数。

面临挑战，国内一些乳业巨头已经奋起直追。三强鼎立的光明、伊利、三元都有一个共同的口号——"做中国乳业第一品牌"。可以说，光明、伊利、三元都在追求规模效应，跨类兼并，强力整合，以求通过积极的扩张战略，寻求更大的发展空间。通过兼并收购，乳业优势资源正逐渐集中到最有竞争力的企业手中。未雨绸缪，中国乳业只有这样才能在不久的将来免去灭顶之灾。面对国际乳业市场的严峻形势及国内激烈的市场竞争，地处威海的东晨乳业公司也深刻感受到竞争的残酷。在时隔一年的先后两次市场调查中显示：一年前在消费者最喜欢的品牌调查中，"东晨"提及率为23％，另一本地鲜奶品牌"鹏程"达到60％；而一年后"东晨"的提及率下降到12.2％，"鹏程"下降到41.1％。这些数据无不表明，虽然威海由于其特殊的地理位置，市场竞争相对缓和，但东晨鲜奶的市场状况仍不容乐观：既存在"内忧"又存在"外患"。面对一年多来威海液体奶市场的沉浮变化，东晨公司应采取什么样的营销策略，才能立于不败之地呢？因此，了解威海液体奶的市场状况及消费者的牛奶消费行为状况则显得尤为重要。

(二) 项目执行概况

本次调研历时近3个月，调研范围是威海市环翠区、高技术开发区及经济开发区，被访对象主要是这些地区的常住居民。根据调研计划，本次调研采用定性研究（二手资料研究、深层访谈）和定量研究（街头拦截式访问）相结合，二手资料研究及深层访谈贯穿于整个定量研究过程。

本次调研共发放问卷537份，其中：A卷发放300份，回收298份，回收率为99.3％，问卷有效率为93.3％；B卷发放237份，回收237份，回收率为100％，问卷有效率为96.2％。

本次调查的实施自始至终都进行了严格的质量控制，对完成的问卷进行了100％的当场检查，并对验收后的问卷进行了30％的复核。数据的处理、分析及相关图、表的制作主要使用SPSS和Excel软件进行，整个数据的采集、处理与分析具有很高的科学性和有效性。

(三) 调查数据、结果

此次调研获得了大量的有关威海市液体奶市场的数据信息，在此将提供部分重要的加工处理数据、图表、图形（参见威海市液体奶市场调查数据报告）。

(四) 威海市液体奶市场整体状况及竞争格局

目前，我国居民的乳品消费量只相当于世界水平的 1/10 左右，消费主要集中在城镇。近几年来，液体保鲜奶进入市场，有相当一部分消费者从喝奶粉转向喝鲜奶，使得鲜奶市场空前繁荣。

本次调查的液体奶仅指纯牛奶，包括果蔬、维生素、朱古力等口味液体奶，不包括酸奶类和豆奶类饮品。

1. 市场份额——相对分散

随着威海经济发展和人民生活质量的提高，人们的观念也发生了巨大的变化。喝鲜奶已不再被认为是一种不实惠的奢侈消费，而成为许多居民的普通饮品。在我们的调查中，有 93.4％的被访者选择"早上"或"晚上"喝鲜奶（见图表 12）。这在一定程度上也说明"早一袋牛奶，补充营养；晚一袋牛奶，安神助眠"的科学概念已深入人心。

尽管威海居民的喝奶意识在逐步提高，但威海乳品企业的繁荣却仅是这两三年的事情，在鲜奶市场上先后出现了"东晨"、"鹏程"、"金洋"、"盛美"、"威光"和"喜盈门"等本地品牌。

调查结果表明，"鹏程"占据了威海整个鲜奶市场的大头，其市场份额为 25.6％；其次为"蒙牛"，市场份额为 15.6％；"伊利"为 10.2％；而"东晨"仅占到 6.6％的市场份额（见图表 1）。

这些数据显示：尽管全国知名品牌依靠其品牌、口感、包装等优势占有一定市场份额，但本地鲜奶还是依靠其天时、地利和相对低廉的价格广受消费者的欢迎。但从整体来看，威海液体保鲜奶市场各种品牌所占市场份额相对分散，这主要是由于巴氏消毒奶是当前乳品市场的主导性产品，这种"冷链"产品保质期短，销售半径相当有限，从而客观上促成了本地生产、本地销售的格局。这是导致目前国内液体鲜奶市场呈严重零散性市场的主要原因，与此同时，这也促进了本地乳业的生存和个性发挥。谁最先树立起自己的品牌，谁就抓住了消费者，也就最先占领市场。

2. 外来品牌竞争风起云涌，本地品牌竞争平静入水

从 1999 年起，威海市场上的许多全国知名品牌、国际品牌价格竞争就已风起云涌，从"蒙牛"的买五赠一，到"伊利"、"三元"的买四赠一，再到国际品牌"帕玛拉特"的买三赠一。即便是如此的价格和促销，据有关媒体的报道，国内乳业的利润仍高达 30％～40％。所以说，竞争并不可怕，竞争促使质量的提高和价格的降低，最终最大的获益者是消费者。即企业在竞争中发展，消费者在竞争中获益。

但如果一部分企业积极参与竞争，而另一部分企业按兵不动，则结果对后一种企业就极为不利了。在本次调查中，有 25.2％和 31.7％的消费者在鲜奶促销方面分别选择了"买一赠一"和"长期购买优惠"两种形式。但据我们了解，本地品牌除"喜盈门"（酸奶）进行买二赠一促销活动外，其余像"东晨"、"鹏程"等市场占有率相对较大的品牌都可能未进行过任何价格促销方面的活动。适当的价格促销，会给本地生产企业带来一定的市场生气和变化，否则，谁也不会保证让理性的消费者永远忠诚于某一品

牌，特别是本地奶在质量、口感、包装、品牌等方面目前都与全国知名品牌产品有较大差距。

3. 潜在市场份额巨大

进一步的研究表明，有67.1％的消费者在提到不喝牛奶的主要原因时认为其"不喜欢牛奶的口味"；其次是"时间问题"，提及率为8.8％；另外，"购买不便"、"经济原因"、"怕胖"这三种原因的提及率分别为6.1％、4.4％和3.9％。可见，中国传统的饮食习惯是制约牛奶消费的主要原因（见图表14）。

与此同时，通过深入研究也表明，尽管许多消费者不喝鲜奶，但在回答"喝奶是否重要"这一问题时，有79.8％的消费者回答"重要"；有18％的消费者回答"不重要"；有5.7％的消费者回答"不清楚"。这就是说，如果牛奶企业市场策略对头，那么将有相当大的市场潜在消费量。此市场大有可为。

在认为"喝奶重要"的消费者中，认为"牛奶营养丰富"者提及率高达64.9％；另有14.4％的消费者提到牛奶有"补钙"、"美容"、"利于睡眠"的作用。在调查中也显示，提到以后"会考虑喝奶"的消费者为43％；回答"不会考虑此项消费"的消费者，为29.2％；回答"不一定"的消费者为21.5％。这表明公众对牛奶有一定的了解，只要条件成熟，他们极有可能饮用牛奶。

另外，中国农村乳品市场也是一个空白，如果能成功开拓此市场，那必将给企业带来丰厚利润。当然，企业要视自身实力及做大量的可行性研究后，再作决策。

目前威海市鲜奶市场各种品牌竞争日趋激烈，但其质量良莠不齐。面对知名品牌在威海鲜奶市场销量中呈现的整体上升趋势，"平静"的本地"霸主"们应如何应对？

（五）消费者的鲜奶消费行为

1. "鹏程"——独占鳌头

本次调查显示，在消费者最喜欢的品牌中，"鹏程"排在首位，占25.6％；紧随其后的是"蒙牛"，以15.6％的占有率进入了鲜奶市场的第二梯队。鹏程鲜奶自1998年打入市场以来一直占有不小的市场份额，这与鹏程公司良好的信誉及形象密不可分。

从图表1可以看出，处在鲜奶市场第二梯队的依次是蒙牛（市场占有率为15.6％）和伊利（10.2％）。来自内蒙古的蒙牛乳业，自1999年以"蒙牛"品牌打入威海鲜奶市场以来，以电视、车体等为主力媒体开展积极的广告攻势，快速树立起品牌形象；同时，其上乘的质量也是走俏市场的重要因素。"伊利"作为中国最大的乳业集团，其优势主要在冰淇淋、雪糕、奶粉生产上，但其鲜奶市场所占份额从全国来看也不容忽视。

排在鲜奶市场第三梯队的有东晨（6.6％）、三鹿（5.5％）、盛美（5.3％）、喜盈门（5.3％）和乐百氏（5.1％）等品牌。"东晨"作为本地品牌，其发展形势不容乐观。从消费者反馈的信息来看，"东晨"的顾客忠诚度相对偏低，这与"东晨"的品牌形象、促销方式、服务方式不无关系。而"三鹿"的优势则主要在奶粉生产上，因此在威海鲜奶市场上，其鲜奶市场所占比重相对偏低。另外，"盛美"、"喜盈门"的市场份额也不容忽视。"乐百氏"作为一种休闲饮品，其目标市场主要是各年龄段的儿童，因此，其鲜奶市场占有率相对不高。

在位居市场前 8 位的鲜奶品牌中，尽管本地品牌与外来品牌各占 4 位，但其总的市场份额本地品牌（市场份额为 42.8%）比外来品牌（46.4%）低了 3.6 个百分点。这一状况如果不能得到本地乳品企业的高度重视，那么面对外来品牌如此活跃的市场策略和经营手段，也许这种差距将会越拉越大。

2. 原味鲜奶最受欢迎

在鲜奶市场上，原味鲜奶消费比例要占整个鲜奶市场的 1/2 强，达到 56.7%，也可以说原味鲜奶较其他几种口味类别的鲜奶市场容量要大许多；其次是"甜牛奶"（包括学生奶），占 22.6%。根据调查反映，不少消费者不喜欢原味牛奶的口味，但又需要补充营养，故只能退而求其次，即选择喝甜牛奶。同样根据调查得到的数据，在不喝鲜奶的消费者中，有 67.1% 的人提到"不喜欢牛奶的口味"是其不喝鲜奶的主要原因，青少年也因口味原因放弃了牛奶而转向碳酸饮料。

如果乳品企业注重产品的口味与风味开发，突破目前牛奶只在家庭使用的局限，扩大到街头即饮、外出旅游、餐饮等场合，那么在不久的将来，中国乳品市场上原味牛奶一统天下的局面将被打破，呈现的将是"原味牛奶、风味牛奶、保健功能型牛奶"三足鼎立的格局。

3. 包装形式——塑料袋、保鲜纸袋、纸盒装三足鼎立

威海液体保鲜奶市场上，消费者最易接受的为塑料袋包装，提及率达到 36.9%；保鲜纸袋提及率 29.6%；纸盒装的提及率 16.6%。从总体上看，可以认为，目前鲜奶包装的形式主要是以上述三种分天下。

从口头反馈的信息来看，公众尽管选择了塑料袋包装，但对其并不是 100% 的满意，其中主要表现在：①不可降解，污染环境；②塑料有毒，对身体不好；③用微波炉加热不方便。从以上几点意见中不难看出，人们对环境、自身健康越来越关心，这也为某些企业为其产品包装宣传提供了不少卖点。但大部分消费者还是认为塑料袋具有包装简单、方便、价格低廉的特点，它是最易被接受的。

尽管保鲜纸袋装提及率不及塑料袋装，但其市场形象反映良好，消费者对其情有独钟。如果在成本提高不大的前提下，生产企业能够由塑料包括改为用保鲜纸袋包装，其产品形象与销量一定会有所改观。

4. 消费者购买的心理价位为 1 元左右

调查显示，消费者对鲜奶产品每袋（227mL/袋）最能接受的价格为 1 元左右。有 1/3 的消费者（约占 35.3%）认为每袋鲜奶的合理价格应该在 0.8～1 元之间；其次是 0.6～0.8 元，提及率为 26.6%（见图表 3）。由此可见，如果一个品牌要想获得工薪阶层这个大众市场的认可，每袋的价格在 0.6～1 元之间最为适宜。

但另有 8.6% 的消费者表示不在乎价格，主要看产品的质量、口感等能否与其价格相符。针对这一部分消费者，产品质量是关键，价格相对次要。为此，建议部分厂家可以考虑增加产品的层次性，向市场提供高、中、低等多档次产品，以满足不同消费群体的需要。

5. 奶基本每天都喝

从整体上看，基本每天都喝鲜奶的消费者最多。如图表2所示，目前消费者每天都喝奶的约占77.3%；每2～3天喝一次奶的占14.7%，两项合计为92%。从这里可以看出，威海市民的鲜奶消费量不容忽视，鲜奶市场巨大。

6. 最能喝奶者是儿童

在各类喝奶群体中，儿童对鲜奶的消费量明显高于其他群体，占到被调查者家庭的35.8%与其次是全家都喝鲜奶者（一般为订奶家庭），约占26.5%；两项合计达62.3%；占市场比率最小的群体为老人，仅占7.7%（见图表7）。

由此表明，目前意识到喝奶科学性的家庭所占比率不小。为了儿童的生长发育，家长要求其喝奶和学校为学生订奶是儿童群体消费量最高的主要原因。这些儿童喝奶习惯的养成将成为乳业可持续发展的重要一环，也为我国普及科学饮食提供了可能。

老年人市场比率低的原因主要为以下两点：①老年人的饮食习惯，喝不惯牛奶的口味；②群体的不被重视性。据科学表明，老年人是最需要牛奶营养的群体之一，在中国人口逐渐趋于老龄化的今天，老年人这一特殊群体，也是商家可以开发的重要市场。

7. 了解品牌渠道——电视广告，报纸、杂志，销售场所

消费者了解鲜奶品牌的渠道主要有三种方式：第一是"电视广告"，提及率为63.3%；其次为"报纸、杂志"，为6.5%；"路牌广告"的市场占有率最低，仅为1.0%。另据调查反映，"亲友介绍"也是其了解品牌、购买鲜奶的重要途径。

此项数据表明，一种鲜奶品牌要想成为一个畅销的品牌必须重视电视广告的宣传推广作用；其次有必要在报纸、杂志上进行相关的软性报道。这种平行双轨宣传方式有利于消费者由浅到深地了解、接受产品，从而有效地"刺激"其购买行为。

此外，通过对销售渠道方面的调查来看，消费者鲜奶购买行为主要集中于超级市场内，其提及率高达49.8%；其次是"送奶到户"，其提及率为24.9%；"小食品店"和"奶点"的提及率分别为10.0%和9.7%。

（六）小结与建议

通过对大量数据的分析可以得出如下结论：

（1）威海液体奶潜在市场巨大；

（2）液体奶市场份额相对分散；

（3）原味鲜奶消费量最大；

（4）包装形式以塑料袋装、保鲜纸袋装、纸盒装为主；

（5）一元左右的价格水平（227mL左右）最易被消费者接受；

（6）儿童对鲜奶的消费量最大；

（7）电视广告是宣传鲜奶品牌的最佳媒介，超市是产品销售的最主要渠道。

无论是中国乳业还是威海乳业在营销战略上，其观念都是相当陈旧的。鉴于以上的鲜奶市场调查分析，我们为本地公司提出以下几点营销建议。

（1）品牌定位。工薪阶层的大众品牌。成功范本：大宝化妆品，价格低廉（零售价 5.8 元/瓶）、形象时尚。

（2）目标市场。可同时进入不同的细分市场或选择进入几个容量较大的目标市场。如儿童市场、老人市场。

（3）产品卖点。以奶味香浓、纯度高，身边的牛奶最新鲜为主要卖点。

（4）产品包装。分两种，即 500 克和 250 克左右；产品分高、中、低三个档次；部分产品可以考虑采用保鲜纸袋装。

（5）价格定位。500 克高档奶定价为 2.5 元左右，中、低档为 1～1.5 元；250 克高档奶 1.5 元左右，中、低档 0.5～0.8 元。

（6）销售渠道。超市直供、食品批发市场直供。

（7）广告与促销。广告以电视广告为主；促销以不间断地在各类卖场开展各种形式的促销活动为重点，特别要注重让各种促销活动走进超市。

（8）软性新闻宣传。在威海几类主要的大众媒体上以软文形式宣传品牌、产品特点，从而在消费者心目中树立良好的专业品牌形象。

（9）定期做各类市场调查。定期对产品的概念、口味、包装、价格、广告、促销活动、品牌形象等方面进行市场调研，了解消费者的个性需求，以便制定出符合消费者需要的销售策略。

附：威海市液态奶市场调查数据报告

鹏程	25.60%
金洋	3.90%
东晨	6.60%
盛美	1.00%
喜盈门	5.30%
光明	3.50%
三元	0.20%
蒙牛	15.60%
亨奴	1.00%
乐百氏	5.10%
雀巢	3.10%
娃哈哈	4.30%
伊利	10.20%
均瑶	1.00%
三鹿	5.50%
其他	2.90%

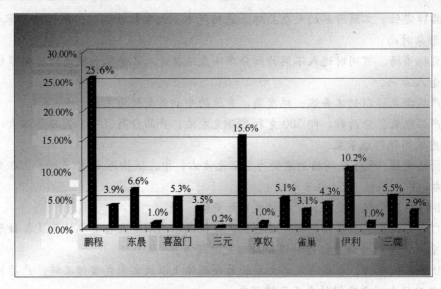

图表 1　消费者最喜欢的液态奶品牌及消费者情况统计图表

		Frequency	Percent	Valid Percent	Cumulative percent
Valid	0[1]	1	0.4	0.4	0.4
	基本上每天都喝	215	77.3	77.6	8.0
	2～3 天	41	14.7	14.8	92.8
	4～5 天	9	3.2	3.2	96.0
	一周至半月	11	4.0	4.0	100.0
Total		277	99.6	100.0	
Missing System		1	0.4		
Total		278	100.0		

注：1.“0”为缺省项

图表 2　消费者喝奶周期统计表

		Frequency	Percent	Valid Percent	Cumulative percent
Valid	0.5～0.6 元	32	11.5	11.5	11.5
	0.6～0.8 元	74	26.6	26.6	38.1
	0.8～1 元	98	35.3	35.3	73.4
	1～1.2 元	39	14.0	14.0	87.4
	1.2～10.5 元	11	4.0	4.0	91.4
	1.5 元以上	22	7.9	7.9	99.3
	9[1]	2	0.7	0.7	100.0
Total		2	100.0	100.0	

注：1.“9”为缺省项。

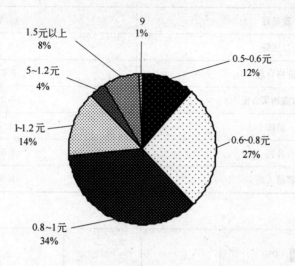

图表 3 消费者接受的袋装奶的价格（元/227mL）统计图表

		Frequency	Percent	Valid Percent	Cumulative percent
Valid	没有	169	60.8	60.8	60.8
	喝过	109	39.2	39.2	100
Total		278	100	100	

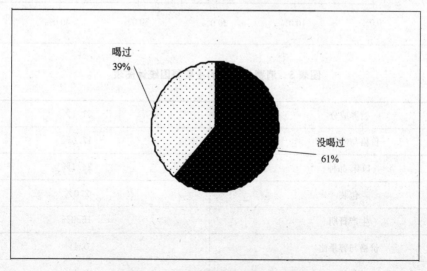

图表 4 "东晨"奶喝与否统计图表

质量好	25.1%
口感好	43.2%
价格合理	8.6%
订购或购买方便	6.0%
品牌	11.7%
补钙	4.5%
容易入睡	1.0%

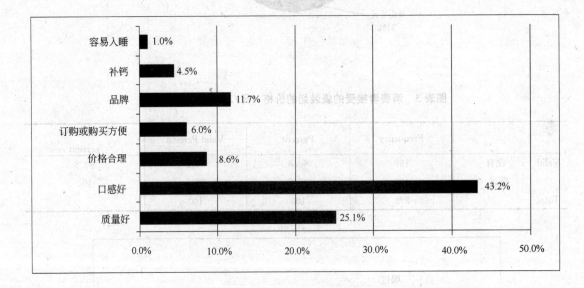

图表 5　消费者喝奶的主要原因统计图表

营养成分	31.1%
价格与质量比	17.0%
口味 品种	24.1%
包装	2.0%
生产日期	16.0%
价格与容量比	0.4%
品牌	9.4%

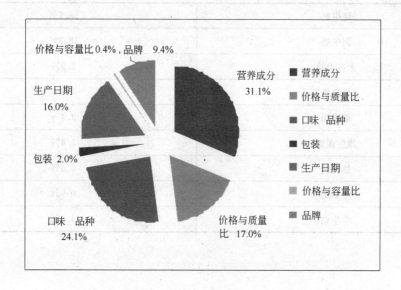

图表 6　选购牛奶最注重的因素统计图表

孩子	35.8％
年轻人	20.4％
中年人	9.6％
老人	7.7％
全家	26.5％

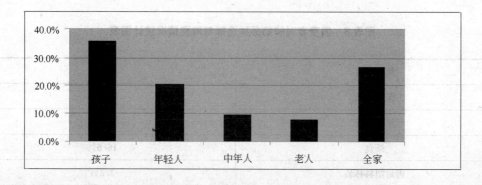

图表 7　家中喝奶者分布情况统计图表

纯牛奶	58.2%
甜牛奶	18.3%
朱古力奶	2.9%
果蔬奶	1.7%
低脂奶	3.4%
维生素奶	3.4%
加钙奶	6.3%
全脂奶	0.9%
学生奶	4.9%

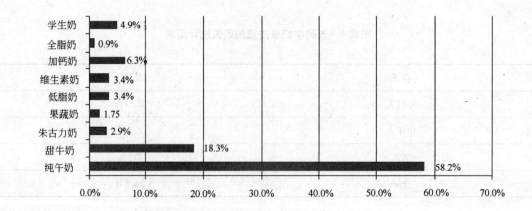

图表8　消费者对鲜奶品种选择与消费情况统计图表

塑料袋装	36.9%
保鲜纸装	29.6%
玻璃瓶装	9.4%
纸盒	16.6%
密封塑料杯装	3.3%
高压充气管装	1.2%
其他	3.0%

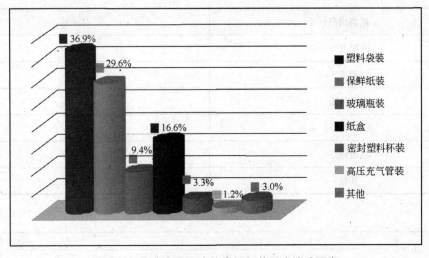

图表 9　消费者最喜欢的牛奶包装形式统计图表

电视	65.7%
广播	1.7%
报纸，杂志	6.7%
街头宣传单	4.4%
车身	2.4%
路牌	1.0%
其他	18.2%

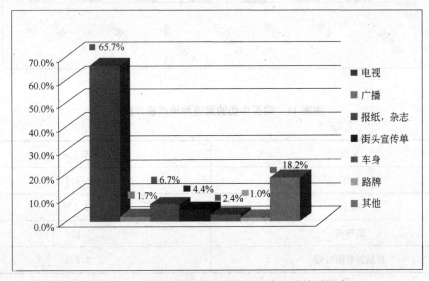

图表 10　消费者印象最深的牛奶广告形式统计图表

送奶到户	24.9%
奶点	9.7%.
超市	49.8%
小食品店	10.0%
大百货公司	2.7%
路边摊点	1.5%
其他	1.2%

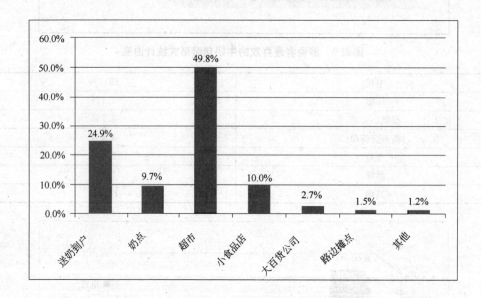

图表 11 购买牛奶的渠道和地点统计图表

早晨	65.5%
中午	1.4%
晚上	22.1%
临睡前	5.8%
根据需要随时喝	5.2%

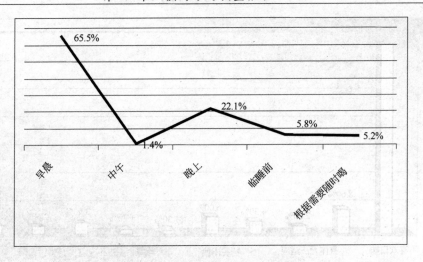

图表12　喝奶时间选择统计图表

重要，营养丰富	62.70%
重要，含钙高	10.20%
重要，易于消化	0.80%
重要，可美容	3.40%
不重要，没多大益处	6.50%
不重要，可找替代品	0.80%
不清楚	5.50%

图表13　对牛奶的认识统计表

不喜欢口味	67.50%
时间问题	8.60%
身体无法适应	2.60%
经济原因	4.30%
购买不便	6.00%
喝厌了	1.30%
对质量信不过	1.70%
怕胖	3.90%
身体好不必喝	2.60%
没有条件	3.40%

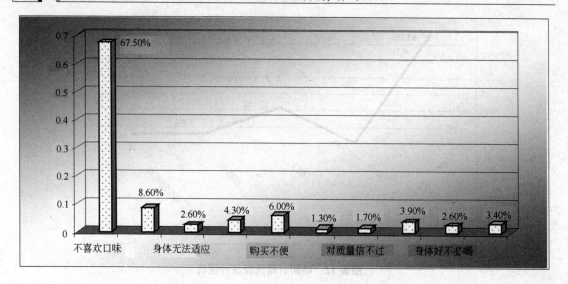

图表 14 不喝牛奶的原因统计图表

		Frequency	Percent	Valid Percent	Cumulative Percent
Valid	15～12 岁	32	11.5	11.5	11.5
	21～30 岁	126	45.3	45.3	56.8
	31～40 岁	84	30.2	30.2	87.1
	41～50 岁	19	6.8	6.8	91.9
	51～60 岁	17	6.1	6.1	100
	Total	278	100	100	

图表 15 被访者年龄统计表

附录 A　自　测　题

自测题一

一、单项选择题（每题 1 分，共 10 分）

1. 企业进行市场调研的主要目的是（　　）。

   A. 制定正确决策　　　　　　　　B. 了解消费需求

   C. 掌握内部信息　　　　　　　　D. 掌握外部信息

2. 经过他人收集、记录、整理所积累的各种数据和资料是（　　）。

   A. 一手资料　　　B. 二手资料　　　C. 内部资料　　　D. 外部资料

3. 观察法是调查者到现场利用（　　）来搜集被调查者行为表现及有关市场信息资料的一种方法。

   A. 感官　　　　　B. 仪器　　　　　C. 录像机　　　　D. 感官或仪器

4. 下列内容中（　　）属于微观市场调研。

   A. 国家关于企业生产过程产生的排放污水的规定的调研

   B. 食品销售许可的调研

   C. 行业基本情况的调研

   D. 对原材料供应企业的生产许可证的调研

5. 通过搜集各种历史和现实的动态统计资料，从中摘取与市场调查课题有关资料的市场调查方法是（　　）。

   A. 文案调查法　　B. 实地调查法　　C. 内部调查法　　D. 外部调查法

6. "神秘顾客购物法"是一套规范了的亲身经历的观察法，主要用来检查（　　）。

   A. 价格问题　　　B. 信息质量　　　C. 服务质量　　　D. 产品质量

7. 研究者根据自己的主观分析和判断，来选择那些适合研究目的的个体作为调查对象，这种抽样方法是（　　）。

   A. 任意抽样　　　B. 判断抽样　　　C. 配额抽样　　　D. 整群抽样

8. 问卷设计是否合理，调查目的能否实现，关键就在于（　　）的设计水平和质量。

   A. 前言部分　　　B. 主体部分　　　C. 背景部分　　　D. 说明部分

9. 在市场调研活动中，市场调研的主体是（　　）。

   A. 企业　　　　　B. 消费者　　　　C. 市场研究公司　D. 政府部门

10.（　　）是用来显示各部分在总体中所占的比重，以及各部分之间的比较。

   A. 线形图　　　　B. 圆饼图　　　　C. 条形图　　　　D. 散点图

二、多项选择题（每题 2 分，共 10 分）

1. 按研究性质（或功能）分类，市场调研主要有（　　）。

A. 可行性调研　　　　　B. 探索性调研　　　　　C. 因果关系调研

D. 预测性调研　　　　　E. 描述性调研

2. 市场营销组合要素调研，主要包括的内容有（　　）。

A. 产品调研　　　　　B. 竞争对手调研　　　　　C. 渠道调研

D. 促销调研　　　　　E. 价格调研

3. 文案调查中，外部资料获得的主要来源有（　　）。

A. 行业组织资料　　　　B. 新闻媒体资料　　　　C. 数据供应者资料

D. 公共机构的资料　　　E. 政府资料和金融机构资料

4. 定性调查的形式有（　　）。

A. 留置调查法　　　　　B. 投射技术法　　　　　C. 小组座谈法

D. 深度访问法　　　　　E. 网上调查法

5. 开放式提问的缺点主要有（　　）。

A. 整理分析困难　　　　B. 可能产生调查误差

C. 被调查者回答方便　　D. 易于编码和整理分析

E. 能获得意外的信息

三、判断修改题（指出下列问卷设计中问句或备选答案的不足之处，并改正。每题 2 分，共 16 分）

1. 您用哪种剃须刀？

2. 请问去年您喝过多少瓶啤酒？

3. 您认为黄酒的分销是否充分？

4. 您经常乘坐飞机吗？

5. 您认为《销售与市场》杂志是最好的营销杂志吗？

6. 买可口可乐，让外国人赚更多的钱；买非常可乐，扶持民族产业，您的选择是什么？

7. 您业余时间打麻将吗？

8. 您至今未买计算机的原因是

①买不起　　　②学不会　　　③没多大用处　　　④没地方放　　　⑤不好说

四、设计题（共 24 分）

1. 用语意差别量表测量某书店的形象。（意义相对的形容词不少于 5 个，共 5 分）

2. 用李克特量表测量对学生餐厅的看法。（陈述句不少于 5 个，共 5 分）

3. 某大学"市场调查中心"应后勤集团伙食科的要求拟对本校学生餐厅进行一次满意度调查，用以不断改善餐厅的经营管理水平，提高服务质量。按照统计学理论中关于抽样精度的要求，中心决定抽取 100 人进行入舍访问。按籍贯（南方籍、北方籍）、性别和年级（大一、大二、大三、大四）分配名额。请以此设计一份交叉配额抽样表。（14 分）

说明：籍贯比例为 1：1，性别比例男比女为 2：3，年级比例为 1：2：3：4。

五、简答题（每小题 5 分，共 20 分）

1. 简述市场调研策划书的内容？

2. 市场调研报告的基本结构和写作要求是什么？

3. 如何选择抽样方法？

4. 调查资料要经过哪些处理才能进行统计分析？：

六、案例分析题（共 20 分）

1. 某年夏季，广东一家化妆品公司从北京外语学院聘用了一批放暑假的大学生作兼职调查员。让他们将一瓶本公司近期生产的洗发水和一张调查问卷亲自送到北京某些居民家中，经过一段时间后，由这些学生将调查表收回交给该公司。

调查表的内容是：(1) 原来使用何种洗发水？(2) 该洗发水的各项品质如何（如头发的光泽度、蓬松程度、去屑能力等)？(3) 试用新产品之后，各项品质又如何？

问题：

①该化妆品公司采用的是哪种调查法？效果如何？

②通过这种方法搜集的相关信息资料，可为公司的决策提供哪些参考？

2. 美国的大型超级商场雪佛龙公司聘请美国亚利桑那大学人类学系的威廉·雷兹教授对垃圾进行研究。威廉·雷兹教授和他的助手在每次垃圾收集日的垃圾堆中，挑选数袋，然后把垃圾的内容依照其原产品的名称、重量、数量、包装形式等予以分类。如此反复地进行了近一年的收集垃圾的研究分析。雷兹教授说："垃圾袋绝不会说谎和弄虚作假，什么样的人就丢什么样的垃圾。查看人们所丢弃的垃圾，是一种更有效的行销研究方法。"他通过对土番市的垃圾研究，获得了有关当地食品消费情况的信息，做出了如下结论：(1) 劳动者阶层所喝的进口啤酒比收入高的阶层多，并知道所喝啤酒中各牌子的比率；(2) 中等阶层人士比其他阶层消费的食物更多，因为双职工都要上班，以致没有时间处理剩余的食物，依照垃圾的分类重量计算，所浪费的食物中，有 15％ 是还可以吃的好食品；(3) 通过垃圾内容的分析，了解们消耗各种食物的情况，得知减肥清凉饮料与压榨的橘子汁是高等阶层人士的良好消费品。

问题：

1. 该公司采用的是哪种类型的观察法？

2. 该公司根据这些资料将采取哪些决策行动？

自测题二

一、单项选择题（每题1分，共10分）

1. 产品进入市场后，经营者必须马上（　　）。
   A. 降低价格　　　　B. 跟踪信息　　　　C. 扩大销路　　　　D. 开发新产品

2. 在正式的市场调研中，收集整理和分析与市场营销有关的资料和数据的方式，必须是系统的和（　　）
   A. 详细的　　　　　B. 定量的　　　　　C. 集中的　　　　　D. 客观的

3. 了解企业在市场中可能遇到的问题，可以利用（　　）。
   A 预测研究　　　　B. 描述研究　　　　C. 探索研究　　　　D. 因果研究

4. 生活日用品市场调研的结果往往发表在（　　）。
   A. 报纸　　　　　　B. 电视　　　　　　C. 广播　　　　　　D. 互联网

5. 市场调查问卷是为搜集数据而设计好的一系列问题，问卷的设计使搜集数据的程序标准化和（　　）。
   A. 定量化　　　　　B. 信息化　　　　　C. 扩大化　　　　　D. 统一化

6. 市场询问调查前的基础工作往往是（　　）。
   A. 成立专家小组　　　　　　　　　　B. 指定态度量表
   C. 进行案头调查　　　　　　　　　　D. 进行电话调查

7. "神秘顾物法"是一套规范了的亲身经历的观察法，主要用来检查（　　）。
   A. 价格问题　　　　B. 信息质量　　　　C. 服务质量　　　　D. 产品质量

8. 分群随机抽样与分层随机抽样比较，其主要缺点是（　　）。
   A. 误差大　　　　　B. 系统单一　　　　C. 范围扩大　　　　D 不统一

9. 电话调查是一种非常省力、省时的直接调查方法，但它的问题是（　　）。
   A. 代表性差　　　　B. 访问量少　　　　C. 费用太大　　　　D. 沟通不畅

10. 最终调研报告的主要沟通对象是（　　）。
   A. 访谈对象　　　　B. 销售经理　　　　C. 主管经理　　　　D. 调研人员

二、多项选择题（每小题2分，共10分）

1. 世界知名市场调查公司有（　　）。
   A. 沃尔玛公司　　　B. 盖洛普公司　　　C. A·C·尼尔森公司　　　D. 路透社

2. 针对高科技含量的新产品，其上市前的定价调查可以用（　　）。
   A. 专家小组　　　　B. 态度量表　　　　C. 案头调查　　　　D. 电话调查

3. SPSS是社会科学用统计软件包，它特别适用于（　　）。
   A. 物理学　　　　　B. 心理学　　　　　C. 市场调研　　　　D. 人口学

4. 市场调研中不大用普查方法，而常用抽样调查方法，是因为普查方法（　　）。
   A. 可靠性差　　　　B. 时效性差　　　　C. 市场不好　　　　D. 调查费用高

5. 原始资料的收集方法有（　　）。

A. 文案调查法　　　B. 访问法　　　　C. 观察法　　　　D. 实验法

三、判断修改题（指出下列问卷设计中问句或备选答案的不足之处，并改正。每题 2 分，共 16 分）。

1. 您觉得麦德龙的 POP 广告吸引人吗?

2. 您觉得这种产品的新包装不美观吗?

3. 您觉得这部新款轿车的加速性能和制动性能怎么样?

4. 汉斯啤酒制作精细、泡沫丰富、口味清纯，您是否喜欢?

5. 您每天抽多少支烟?

6. 您去年生活费用的支出是多少?

7. 您喜欢××老师吗?

　　①喜欢　　②一般　　③厌恶

8. 您家目前的收支情况是

　　①较多节余　　②略有节余　　③收支平衡

四、设计题（共 24 分）

设计一份关于学生餐厅满意度的调查问卷。要求：

1. 写出标题及说明词;

2. 主体部分不少于 8 个封闭式问题和 2 个开放式问题;

3. 被调查者的个人背景资料。

五、简答题（每小题 5 分，共 20 分）

1. 什么是小组座谈法?

2. 一份完整的调查问卷，应包括哪几部分?

3. 导致模拟市场测试日趋普及的主要原因是什么?

4. 试比较开放式问题和封闭式问题的优缺点。

六、案例分析题（共 20 分）

20 世纪初，在美国有一家出口公司，向印度出口小五金制品，畅销产品是一种挂锁。该公司几乎每月都有一船的产品运往印度。但是，这种挂锁不太牢靠，用力一拉就开了，或者用一枚大头针也可以拨开它。1990 年以后，印度的生活水平不断上升，而这种锁的销量却大幅度下降。

老板认为可能是锁的质量问题影响了销路，就对它进行了技术改造。但是事与愿违，改造过的锁根本就卖不动。4 年后该公司破产了，被一个原来规模只有它 1/10 的小竞争者所取代。因为小竞争者了解到：原来挂锁向来是印度人神圣的象征，没有任何小偷敢去开启这种挂锁。因此，钥匙从来没有被使用过，而且经常丢失。而老公司强调挂锁的牢靠性，使消费者感到非常不方便。而对于新生的中产阶级来说，挂锁的功能又明显地无法满足安全需求。于是，销量就减少了。

新公司了解到这个情况后，生产了两种锁：一种是没有锁头和钥匙，只有一个拉栓的锁，其售价不到原来的 1/3；另一种则相当牢靠，配有 3 把钥匙，而售价是原来的两倍。结果两种产品都很好销。

问题：

1. 从该案例你得到什么启示？

2. 假设你打算在中东某国开设一家中餐馆，应该进行什么内容的市场调查？

自测题三

一、单项选择题（每题 1 分，共 10 分）

1. 某化工原料批发企业，向 100 家工厂和单位销售硫酸块，根据以往的销售统计，了解到其中有 10 家工厂的需要量占该企业总销售量的 80％左右，现对这 10 家工厂进行调查，以了解市场需求情况，这种调查属于（　　）。

A. 抽样调查　　　B. 典型调查　　　C. 市场普查　　　D. 重点调查

2. 我国的城市居民家庭生活调查，西方国家的生产调查，属于（　　）。

A. 固定样本调查　　　B. 市场普查　　　C. 典型调查　　　D. 重点调查

3. 日本某汽车公司为了了解美国普通消费者的消费习惯及行为，派出调查人员常住美国亲自体会、观察。这种调查方式是（　　）。

A. 市场模拟法　　　B. 市场询问法　　　C. 市场观察法　　　D. 市场实验法

4. 在调查吸烟行为时，出现了"吸烟有害健康，你认为呢？"语句，这个语句属于（　　）。

A. 使用了重叠语或语句不清

B. 该语句没有错误

C. 出现了诱导性问题

D. 出现了偏离调查目标的一般性问题

5. 问卷中，"当你看到古色古香时会想到什么？"属（　　）调查技术。

A. 回想法　　　B. 字词联想法　　　C. 故事完成法　　　D. 自由回答法

6. "你家电冰箱是什么牌号的？"①海尔　②上菱　③新飞　④西门子　⑤伊莱克斯　⑥其他。属市场调查技术中的（　　）。

A. 二项选择　　　B. 单项选择　　　C. 顺序填答　　　D. 多项选择

7. 要调查 30 家零售商店，规定大型商店 3 家，中型商店 9 家，小型 18 家；同时，还必须满足国有控股商店 10 家，股份制商店 12 家，私有商店 8 家，这种调查属（　　）。

A. 判断抽样　　　B. 概率抽样　　　C. 配额抽样　　　D. 任意抽样

8. 按照五分制评定学生的学习成绩，属于（　　）。

A. 类型量表　　　B. 顺序量表　　　C. 差距量表　　　D. 等比量表

9. 消费者对某种产品表示满意或不满意，这种量表是（　　）。

A. 类型量表　　　B. 顺序量表　　　C. 差距量表　　　D. 等比量表

10. 给受试者一些照片（或图片），内容是从商务经理到大学生各种各样的人，让受试者将人与品牌联系起来，即让受试者判断什么人使用该品牌，这种调查方法是（　　）。

A. 卡通测验　　　B. 消费者画画　　　C. 字词联想　　　D. 照片分类

二、多项选择题（每题 2 分，共 10 分）

1. 市场调查按其性质来划分，可以分为（　　）。

A. 专题性市场调查　　　　　　　B. 探测性调查

C. 描述性调查　　　　　　　　　D. 因果性调查

E. 预测性调查 .

2. 影响抽样误差大小的因素包括（　　　）。

A. 抽样方法　　　　　　　　　　B. 经费

C. 样本单位数　　　　　　　　　D. 总体标志差异

E. 调查人员素质

3. 判定二手资料价值大小的标准主要有（　　　）。

A. 原始资料提供者的信誉

B. 原始资料收集的目的

C. 原始资料收集时费用

D. 原始资料的采集时间

E. 原始资料的研究方法

4. 在市场调查中，常用的非概率抽样方法主要有（　　　）。

A. 方便抽样　　　　　　　　　　B. 判断抽样

C. 滚雪球抽样　　　　D. 配额抽样　　　　E. 分类抽样

5. 固定样本调查的优点是（　　　）。

A. 资料翔实准确　　　　　　　　B. 受访者配合度高

C. 提供动态资料　　　　　　　　D. 抽样误差小

E. 可以分摊研究经费

三、判断修改题（每题 2 分，共 16 分）

1. 您认为这种高质量的麦氏咖啡的口味如何？

2. 您是经常上网还是偶尔上网？

3. 您对××产品的价格和服务质量满意吗？

4. 如果有 10 万元，您愿意购买小轿车吗？

5. 您的月收入是多少？

6. 您觉得建国饭店怎么样？

7. 您家的恩格尔系数是多少？

8. 您最喜欢的电视节目是

　　①新闻　　②文艺　　⑦体育　　④经济　　⑤电影

四、设计题（共 24 分）

1. 用李克特量表测量您所在大学的形象。（至少用 5 个陈述句，10 分）

2. 用评价量表测量对某课程的态度。（4 分）

3. 某调查项目按照统计学关于抽样精度的要求，决定抽取 180 人进行街头拦截访问。请将下列按调查对象年龄、性别、收入的三种独立控制特征配额抽样表合成一张交叉配额抽样表。(共 10 分)。

年　龄		性　别		收　入	
18～29 岁	30	男	90	高	36
30～40 岁	50			中	90
41～55 岁	60	女	90		
56 岁以上	40			低	54
合　计	180	合　计	180	合　计	180

五、简答题 （每小题 5 分，共 20 分）

1. 市场调研的一般程序是什么？
2. 邮寄问卷调查的优点是什么？
3. 什么是深度访问法？
4. 分层抽样和分群抽样有何区别？

六、案例分析题 （共 20 分）

早在十几年前，我国上海的一家大企业决定上马新型电器厨具。他们首先购买了 50 台家用微波炉和电磁炉，然后在一个机电展销会上进行试销。结果全部产品在 3 天内销售完毕。考虑到展销会的顾客缺乏代表性，他们又购买了 100 台各种款式的微波炉和电磁炉，决定在上海南京路的两个商店进行试销，并且提前 3 天在《解放日报》和《文汇报》上登了广告。结果半夜就有人排队待购，半天时间全部产品都销售出去了。

他们很高兴，但是厂长仍然不放心，他让企业内的有关部门做一个市场调查。据该部门的负责人说，他们走访了近万户居民。据汇报上来的数据统计，有 80% 的居民有购买电磁炉和微波炉的要求。

他们想：上海有 1000 多万居民，加上各种不方便使用明火的地方、各种边远地区的、不方便做饭的小单位和各种值班人员，总之对于电磁炉和微波炉的需求量应该是很大的。如果加上辐射的江苏、浙江等省份，对微波炉和电磁炉需求量将是一个令人惊喜的数字。他们下决心引进新型的生产线，立即上马进行生产。

可是，当他们的第二个生产线投产的时候，产品已经滞销，企业全面亏蚀。厂长很不服气，他亲自到已经访问的居民家中核对调查情况。结果是：所拜访的居民都承认有人来问过他们关于是否买微波炉和电磁炉的事，而且他们当时都认为自己想买，但是他们后来却没有购买。问其原因，居民的回答各种各样。有的说，原来指望儿子给钱，可是现在儿子不给钱；有的说没有想到现在收入没有那么好；有的说单位给安装了煤气等。不管厂长如何生气，微波炉和电磁炉生产线还是只好停产。

你认为上海这家工厂的问题出在什么地方？如果你来进行这个市场调查活动，你将会怎样做？请进行详细分析和理由列举。

附录 B 统计分析用表

附表 B-1 标准正态分布概率表

z	F (z)	z	F (z)	z	F (z)	z	F (z)
0.00	0.000 0	0.65	0.484 3	1.30	0.806 4	1.95	0.948 8
0.01	0.008 0	0.65	0.490 7	1.31	0.809 8	1.96	0.950 0
0.02	0.016 0	0.67	0.497 1	1.32	0.813 2	1.97	0.951 2
0.03	0.023 9	0.68	0.503 5	1.33	0.816 5	1.98	0.952 3
0.04	0.031 9	0.69	0.509 8	1.34	0.819 8	1.99	0.953 4
0.05	0.039 9	0.70	0.516 1	1.35	0.823 0	2.00	0.954 5
0.06	0.047 8	0.71	0.522 3	1.36	0.826 2	2.02	0.956 6
0.07	0.055 8	0.72	0.528 5	1.37	0.829 3	2.04	0.958 7
0.08	0.063 8	0.73	0.534 6	1.38	0.832 4	2.06	0.960 6
0.09	0.071 7	0.74	0.540 7	1.39	0.835 5	2.08	0.962 5
0.10	0.079 7	0.75	0.546 7	1.40	0.838 5	2.10	0.964 3
0.11	0.087 6	0.76	0.552 7	1.41	0.841 5	2.12	0.966 0
0.12	0.098 5	0.77	0.558 7	1.42	0.844 4	2.14	0.967 6
0.13	0.103 4	0.78	0.564 6	1.43	0.847 3	2.16	0.969 2
0.14	0.111 3	0.79	0.570 5	1.44	0.850 1	2.18	0.970 7
0.15	0.119 2	0.80	0.576 3	1.45	0.852 9	2.20	0.973 6
0.16	0.127 1	0.81	0.582 1	1.46	0.855 7	2.22	0.972 2
0.17	0.135 0	0.82	0.687 8	1.47	0.858 4	2.24	0.974 9
0.18	0.142 8	0.83	0.593 5	1.48	0.861 1	2.26	0.976 2
0.19	0.150 7	0.84	0.599 1	1.49	0.863 8	2.28	0.977 4
0.20	0.158 5	0.85	0.604 7	1.50	0.866 4	2.30	0.978 6
0.21	0.166 3	0.86	0.510 2	1.51	0.869 0	2.32	0.979 7
0.22	0.174 1	0.87	0.615 7	1.52	0.871 5	2.34	0.980 7
0.23	0.181 9	0.88	0.621 1	1.53	0.874 0	2.36	0.981 7
0.24	0.189 7	0.89	0.626 5	1.54	0.876 4	2.38	0.982 7
0.25	0.194 7	0.90	0.634 9	1.55	0.878 9	2.40	0.983 6
0.26	0.205 1	0.91	0.637 2	1.56	0.881 2	2.42	0.984 5
0.27	0.212 8	0.92	0.642 4	1.57	0.883 6	2.44	0.985 3
0.28	0.220 5	0.93	0.647 6	1.58	0.885 9	2.46	0.986 1
0.29	0.228 2	0.94	0.652 8	1.59	0.888 2	2.48	0.986 9

z	F (z)	z	F (z)	z	F (z)	z	F (z)
0.30	0.235 8	0.95	0.657 9	1.60	0.890 4	2.50	0.987 6
0.31	0.233 4	0.96	0.662 9	1.61	0.892 6	2.52	0.988 3
0.32	0.251 0	0.97	0.668 0	1.62	0.894 8	2.54	0.988 9
0.33	0.258 5	0.98	0.672 9	1.63	0.896 9	2.56	0.989 5
0.34	0.226 1	0.99	0.677 8	1.64	0.899 0	2.58	0.990 1
0.34	0.273 7	1.00	0.682 7	1.65	0.901 1	2.60	0.990 7
0.36	0.281 2	1.01	0.687 5	1.66	0.903 1	2.62	0.991 2
0.37	0.288 6	1.02	0.692 3	1.67	0.905 1	2.64	0.991 7
0.38	0.296 1	1.03	0.697 0	1.68	0.907 0	2.66	0.992 2
0.39	0.303 5	1.04	0.701 7	1.69	0.909 0	2.68	0.992 6
0.40	0.310 8	1.05	0.706 3	1.70	0.910 9	2.70	0.993 1
0.41	0.318 2	1.06	0.710 9	1.71	0.912 7	2.72	0.993 5
0.42	0.325 5	1.07	0.715 4	1.72	0.914 6	2.74	0.993 9
0.43	0.332 8	1.08	0.719 9	1.73	0.916 4	2.76	0.994 2
0.44	0.340 1	1.09	0.324 3	1.74	0.918 1	2.78	0.994 6
0.45	0.347 3	1.10	0.728 7	1.75	0.919 9	2.80	0.994 9
0.46	0.354 5	1.11	0.733 0	1.76	0.921 6	2.82	0.995 2
0.47	0.361 6	1.12	0.737 3	1.77	0.923 3	2.84	0.995 5
0.48	0.368 8	1.13	0.741 5	1.78	0.924 9	2.86	0.995 8
0.49	0.375 9	1.14	0.745 7	1.79	0.926 5	2.88	0.996 0
0.50	0.382 9	1.15	0.749 9	1.80	0.928 1	2.90	0.996 2
0.51	0.389 9	1.16	0.754 0	1.81	0.929 7	2.92	0.996 5
0.52	0.396 9	1.17	0.758 0	1.82	0.931 2	2.94	0.966 7
0.53	0.403 9	1.18	0.726 0	1.83	0.932 8	2.96	0.996 9
0.54	0.416 8	1.19	0.766 0	1.84	0.934 2	2.98	0.997 1
0.55	0.417 7	1.20	0.709 9	1.85	0.935 7	3.00	0.997 3
0.56	0.421 5	1.21	0.773 7	1.86	0.937 1	3.20	0.998 6
0.57	0.431 3	1.22	0.777 5	1.87	0.938 5	3.40	0.999 3
0.58	0.438 1	1.23	0.781 3	1.88	0.939 9	3.60	0.999 68
0.59	0.444 8	1.24	0.785 0	1.89	0.941 2	3.80	0.999 86
0.60	0.451 5	1.25	0.788 7	1.90	0.942 6	4.00	0.999 94
0.61	0.458 1	1.26	0.792 3	1.91	0.943 9	4.50	0.999 993
0.62	0.464 7	1.27	0.795 9	1.92	0.945 1	5.00	0.999 999
0.63	0.471 3	1.28	0.799 5	1.93	0.946 4		
0.64	0.477 8	1.29	0.803 0	1.94	0.947 6		

附表 B-2 t 分析临界值表

Pr	0.25	0.10	0.05	0.025	0.01	0.005	0.001
df	0.50	0.20	0.10	0.05	0.02	0.010	0.002
1	1.000	3.078	6.314	12.706	31.821	63.657	318.31
2	0.816	1.886	2.920	4.303	6.965	9.925	22.327
3	0.765	1.638	2.353	3.182	4.541	5.841	10.214
4	0.741	1.533	2.132	2.776	3.747	4.604	7.173
5	0.727	1.476	2.015	2.571	3.365	4.032	5.893
6	0.718	1.440	1.943	2.447	3.143	3.707	5.208
7	0.711	1.415	1.895	2.365	2.998	3.499	4.785
8	0.706	1.397	1.860	2.306	2.896	3.355	4.501
9	0.703	1.383	1.833	2.262	2.821	3.250	4.297
10	0.700	1.372	1.812	2.228	2.764	3.169	4.144
11	0.697	1.363	1.796	2.201	2.718	3.106	4.025
12	0.695	1.356	1.782	2.179	2.681	3.055	3.930
13	0.694	1.350	1.771	2.160	2.650	3.012	3.852
14	0.692	1.345	1.761	2.145	2.624	2.977	3.787
15	0.691	1.341	1.753	2.131	2.602	2.947	3.733
16	0.690	1.337	1.746	2.120	2.583	2.921	3.686
17	0.689	1.333	1.740	2.110	2.567	2.898	3.646
18	0.688	1.330	1.734	2.101	2.552	2.878	3.610
19	0.688	1.328	1.729	2.093	2.539	2.861	3.579
20	0.687	1.325	1.725	2.086	2.528	2.845	3.552
21	0.686	1.323	1.721	2.080	2.518	2.831	3.527
22	0.686	1.321	1.717	2.074	2.508	2.819	3.505
23	0.685	1.319	1.714	2.069	2.500	2.807	3.485
24	0.685	1.318	1.711	2.064	2.492	2.797	3.467
25	0.684	1.316	1.708	2.060	2.485	2.787	3.450
26	0.684	1.315	1.706	2.056	2.479	2.779	3.435
27	0.684	1.314	1.703	2.052	2.473	2.771	3.421
28	0.683	1.313	1.701	2.048	2.467	2.763	3.408
29	0.683	1.311	1.699	2.045	2.462	2.756	3.396
30	0.683	1.310	1.697	2.042	2.457	2.750	3.385
40	0.681	1.303	1.684	2.021	2.423	2.704	3.307
60	0.679	1.296	1.671	2.000	2.390	2.660	3.232
120	0.677	1.289	1.658	1.980	2.358	2.617	3.160
∞	0.674	1.282	1.645	1.960	2.326	2.576	3.090

附表 B-3　χ^2 分布的临界值表

自由度	显著性水平						
	0.500	0.250	0.100	0.050	0.025	0.010	0.005
1	0.454 937	1.323 30	2.705 54	3.841 46	5.023 89	6.634 90	7.879 44
2	1.386 29	2.772 59	4.605 17	5.991 47	7.377 76	9.210 34	10.596 6
3	2.365 97	4.108 35	6.251 39	7.814 73	9.348 40	11.344 9	12.838 1
4	3.356 70	5.385 27	7.779 44	9.487 73	11.143 3	13.276 7	14.860 2
5	4.351 46	6.625 68	9.236 35	11.070 5	12.832 5	15.086 3	16.749 6
6	5.348 12	7.840 80	10.644 6	12.591 6	14.449 4	16.811 9	18.547 6
7	6.345 81	9.037 15	12.017 0	14.067 1	16.012 8	18.475 3	20.277 7
8	7.344 12	10.218 8	13.361 6	15.507 3	17.534 6	20.090 2	21.955 0
9	8.342 83	11.388 7	14.683 7	16.919 0	19.022 8	21.666 0	23.589 3
10	9.341 82	12.548 9	15.987 1	18.307 0	20.484 1	23.209 3	25.188 2
11	10.341 0	13.700 7	17.275 0	19.675 1	21.920 0	24.725 0	26.756 9
12	11.340 3	14.845 4	18.549 4	21.026 1	23.336 7	26.217 0	28.299 5
13	12.339 8	15.983 9	19.811 9	22.362 1	24.735 6	27.688 3	29.819 4
14	13.339 3	17.117 0	21.064 2	23.684 8	26.119 0	29.141 3	31.319 3
15	14.338 9	18.245 1	22.307 2	24.995 8	27.488 4	30.577 9	32.801 3
16	15.338 5	19.368 8	23.541 8	26.296 2	28.845 4	31.999 9	34.267 2
17	16.338 1	20.488 7	24.769 0	27.587 1	30.191 0	33.408 7	35.718 5
18	17.337 9	21.604 9	25.989 4	28.869 3	31.526 4	34.805 3	37.156 4
19	18.337 6	22.717 8	27.203 6	30.143 5	32.852 3	36.190 8	38.582 2
20	19.337 4	23.827 7	28.412 0	31.410 4	34.169 6	37.566 2	39.996 8
21	20.337 2	24.934 8	29.615 1	32.670 5	35.478 9	38.932 1	41.401 1
22	21.337 0	26.039 3	30.813 3	33.924 4	36.780 7	40.289 4	42.795 6
23	22.336 9	27.141 3	32.006 9	35.172 5	38.075 7	41.638 4	44.181 3
24	23.336 7	28.241 2	33.196 3	36.415 1	39.364 1	42.979 8	45.558 5
25	24.336 6	29.338 9	34.381 6	37.652 5	40.646 5	44.314 1	46.927 8
26	25.336 4	30.434 5	35.563 1	38.885 4	41.923 2	45.641 7	48.289 9
27	26.336 3	31.528 4	36.741 2	40.113 3	43.194 4	46.963 0	49.644 9
28	27.336 3	32.620 5	37.915 9	41.337 2	44.460 7	48.278 2	50.993 3
29	28.336 2	33.710 9	39.087 5	42.556 9	45.722 2	49.587 9	52.335 6
30	29.336 0	34.799 8	40.256 0	43.772 9	46.979 2	50.892 2	53.672 0
40	39.335 4	45.616 0	51.805 0	55.758 5	59.341 7	63.390 7	66.765 9
50	49.334 9	56.333 6	63.167 1	67.504 8	71.420 2	76.153 9	79.490 0
60	59.334 7	66.981 4	74.397 0	79.081 9	83.297 6	88.379 4	91.951 7
70	69.334 4	77.576 6	85.527 1	90.531 2	95.023 1	100.425	104.215
80	79.334 3	80.130 3	96.578 2	101.879	106.629	112.329	116.321
90	89.343 2	98.649 9	107.565	113.145	116.136	124.116	128.299
100	99.334 1	109.141	118.498	124.342	129.561	135.807	140.169

附表 B-4 相关系数临界值表

$n-2/\alpha$	0.05	0.01	$n-2/\alpha$	0.05	0.01
1	0.997	1.000	23	0.396	0.505
2	0.950	0.990	24	0.388	0.496
3	0.878	0.959	25	0.381	0.487
4	0.811	0.917	26	0.374	0.487
5	0.754	0.874	27	0.367	0.470
6	0.707	0.834	28	0.361	0.463
7	0.666	0.798	29	0.355	0.456
8	0.632	0.765	30	0.349	0.449
9	0.602	0.735	35	0.325	0.418
10	0.576	0.708	40	0.304	0.393
11	0.553	0.684	45	0.288	0.372
12	0.532	0.661	50	0.273	0.354
13	0.514	0.641	60	0.250	0.325
14	0.497	0.623	70	0.232	0.302
15	0.482	0.606	80	0.217	0.283
16	0.468	0.590	90	0.205	0.267
17	0.456	0.575	100	0.195	0.254
18	0.444	0.561	200	0.138	0.181
19	0.433	0.549	300	0.113	0.148
20	0.423	0.537	400	0.098	0.128
21	0.413	0.526	1 000	0.062	0.081
22	0.404	0.515			

附表 B-5 斯皮尔曼等级相关系数临界值表

α 单边	0.05	0.025	0.005	α 单边	0.05	0.025	0.005
$n=4$	1.000	—	—	$n=18$	0.401	0.472	0.600
5	0.900	1.000	—	19	0.391	0.460	0.584
6	0.829	0.886	1.000	20	0.380	0.447	0.570
7	0.714	0.786	0.929	21	0.370	0.435	0.556
8	0.643	0.738	0.881	22	0.361	0.425	0.544
9	0.600	0.700	0.833	33	0.353	0.415	0.532
10	0.564	0.648	0.794	24	0.344	0.406	0.521
11	0.536	0.618	0.755	25	0.337	0.398	0.511
12	0.503	0.587	0.727	26	0.331	0.390	0.501
13	0.484	0.560	0.703	27	0.324	0.382	0.491
14	0.464	0.538	0.679	28	0.317	0.375	0.483
15	0.446	0.521	0.654	29	0.312	0.368	0.475
16	0.429	0.503	0.635	30	0.306	0.362	0.467
17	0.414	0.485	0.661				
α 双边	0.10	0.05	0.01	α 双边	0.10	0.05	0.01

附表 B-6 随机数字表

03 47 43 73 86	56 48 90 32 12	60 32 09 88 54	01 98 56 25 87	11 32 36 55 25
97 74 24 23 69	33 20 14 58 95	45 03 21 56 01	65 55 29 80 21	88 95 15 42 71
12 58 98 14 11	01 74 54 36 90	34 85 40 19 85	78 57 41 05 76	29 45 62 01 44
78 89 54 41 24	11 35 42 62 83	22 59 64 14 36	36 23 05 85 06	65 22 55 17 51
46 63 32 12 77	66 25 29 87 32	03 66 87 49 32	25 90 13 47 26	95 33 25 81 60
16 22 77 94 36	70 18 90 73 82	36 54 18 29 90	11 55 48 65 25	33 77 48 90 25
84 82 17 53 31	90 61 28 69 46	11 84 59 61 02	87 54 15 68 51	12 42 61 09 24
63 01 26 34 59	03 29 58 54 74	26 42 08 33 45	26 02 34 46 10	33 21 84 12 87
33 21 12 35 55	07 30 05 98 88	89 55 79 88 44	22 35 89 92 06	26 95 12 07 49
34 87 36 56 85	22 92 56 41 32	40 14 09 33 27	22 35 44 29 87	94 58 65 20 30
70 26 69 12 75	48 59 57 26 13	76 59 23 33 01	99 56 30 82 81	47 74 10 35 02
56 62 63 37 89	01 51 52 36 46	99 58 25 13 33	15 74 62 02 92	54 85 18 17 91
69 42 41 69 12	99 58 69 36 12	20 14 58 54 14	44 94 58 84 43	47 84 51 09 06
95 65 46 23 01	47 15 29 37 02	88 59 65 02 50	54 14 43 38 20	21 32 92 58 46
88 74 15 61 25	88 68 69 02 10	64 62 25 86 60	45 65 25 10 32	93 41 75 65 08
56 23 25 74 46	45 23 62 95 65	11 41 51 24 73	65 98 49 07 84	21 65 25 20 41
22 03 80 10 20	06 55 49 68 74	21 82 56 60 20	71 15 13 62 59	36 44 55 62 01
78 09 32 47 19	58 96 32 12 08	66 26 51 01 42	73 26 81 01 62	47 55 84 14 19
51 04 83 44 36	99 26 11 04 51	44 26 52 27 92	55 62 01 41 36	99 28 32 08 54
10 32 39 45 66	33 19 84 02 84	66 36 25 80 09	54 65 85 21 02	07 60 20 25 85
77 14 20 37 49	39 29 66 54 32	23 42 02 14 09	65 36 23 92 02	82 20 18 92 13
95 12 34 46 58	50 95 90 30 24	92 16 64 30 81	78 95 12 90 23	30 26 56 79 58
33 21 04 95 67	61 09 80 27 22	31 33 25 86 30	55 65 25 02 10	95 96 31 10 47
88 25 29 37 38	56 96 25 12 31	47 58 90 12 30	66 95 26 36 35	22 96 18 27 39
47 51 23 96 70	88 36 25 90 10	31 04 78 26 90	58 45 67 25 12	65 83 92 07 98

参 考 文 献

[1] 王静. 现代市场调查. 北京:北京经济学院出版社,2000.

[2] 范伟达. 现代社会研究方法. 上海:复旦大学出版社,2001.

[3] 陈启杰. 市场调研与预测. 上海:上海财经大学出版社,1996.

[4] 李小勒. 市场调查的理论与实务. 广州:暨南大学出版社,2000.

[5] 黄合水. 市场调查概论. 上海:东方出版中心,2000.

[6] 张自利. 市场调查完全手册. 北京:中国纺织出版社,2004.

[7] 杜子芳. 市场调查实务. 北京:中国财政经济出版社,2004.

[8] 袁岳. 市场调查手册. 杭州:浙江人民出版社,2002.

[9] 雷培莉,姚飞. 市场调查与预测. 北京:经济管理出版社,2004.

[10] 景奉杰. 市场营销调研. 北京:高等教育出版社,2002.

[11] 韩伟东. 市场调查与预测. 上海:上海交通大学和出版社,2001.

[12] 徐飚. 市场调查. 北京:北京工业大学出版社,2002.

[13] 马承霈. 市场调研与预测. 成都:西南财经大学出版社,2001.

[14] 张庚淼. 市场营销调研. 大连:东北财经大学出版社,2002.

[15] 庄贵军. 市场调查与预测. 西安:陕西人民出版社,1993.

参考文献